MONIQUE LEYRAC
LE ROMAN D'UNE VIE

François Dompierre

Monique Leyrac

Le roman d'une vie

LES ÉDITIONS **LA PRESSE**

Catalogage avant publication de Bibliothèque et Archives nationales du Québec et Bibliothèque et Archives Canada

Dompierre, François, 1943-, auteur

Monique Leyrac : le roman d'une vie / François Dompierre.

ISBN 978-2-89705-804-3

1. Leyrac, Monique. 2. Chanteuses - Québec (Province) - Biographies. 3. Actrices - Québec (Province) - Biographies. I. Titre. II. Titre : Roman d'une vie.

ML420.L584D66 2019 782.42164092 C2018-942971-2

Président : Jean-François Bouchard
Directeur de l'édition : Pierre Cayouette
Directrice administrative : Nancy Lauzon
Responsable, gestion de la production : Emmanuelle Martino
Communications : Marie Thore

Éditeur délégué : Éric Fourlanty
Conception graphique : Simon L'Archevêque
Photo de couverture : Ronald Labelle
Photo de l'auteur : Paul Laramée
Révision linguistique et correction d'épreuves : Louise Verreault

L'éditeur bénéficie du soutien de la Société de développement des entreprises culturelles du Québec (SODEC) pour son programme d'édition et pour ses activités de promotion.

L'éditeur remercie le gouvernement du Québec de l'aide financière accordée à l'édition de cet ouvrage par l'entremise du Programme de crédit d'impôt pour l'édition de livres, administré par la SODEC.

Nous reconnaissons l'aide financière du gouvernement du Canada par l'entremise du Fonds du livre du Canada (FLC).

Dépôt légal — 2e trimestre 2019
ISBN 978-2-89705-804-3
Imprimé et relié au Canada

LES ÉDITIONS **LA PRESSE**
Les Éditions La Presse
750, boul. Saint-Laurent
Montréal (Québec)
H2Y 2Z4

Je ne suis ni biographe ni écrivain. Je suis compositeur et, depuis plus de 50 années, je crée des musiques sur les histoires des autres. D'une certaine manière, c'est ce que j'ai fait en écrivant les pages qui suivent, en juxtaposant mes mots sur l'image d'une personne que j'admire énormément, Monique Leyrac.

En m'inspirant de divers témoignages, en recueillant des bribes de confidences, en parlant amicalement avec l'héroïne de ce livre, j'ai imaginé et redessiné mille et une situations que Monique Leyrac a peut-être vécues. Elle saura me le dire. Me pardonnera-t-elle mes inexactitudes, mes exagérations, mes regards biaisés sur sa vie ? Je l'espère ardemment, car Monique est l'interprète féminine que je préfère entre toutes ! La seule pensée de lui déplaire me dévasterait.

Oui, je l'ai rêvée, ma Monique, c'est indéniable, mais je dois dire que j'ai pu aussi, grâce en grande partie à l'aide précieuse de sa fille, Sophie Gironnay, rétablir des faits, préciser des situations, clarifier des propos, certifier des dates et des adresses. Et je lui en suis très reconnaissant.

Je suis un admirateur absolu de Monique Leyrac ! Je considère cette autodidacte comme une sorte de génie du théâtre, de la scène et de la chanson. Notre meilleure femme de scène ? « N'ayons pas peur des mots, disait Gilles Vigneault à son sujet, il y a quelques années. Si c'est la meilleure, affirmons-le tout net, puisque c'est la vérité ! »

C'est pour cette raison que, bien humblement, je veux lui rendre hommage tout en ravivant la mémoire de mes contemporains.

Il était temps que l'on parle d'elle dans un livre, ne serait-ce qu'imparfaitement. Un jour, un biographe, un vrai, fouillera tous les détails de sa vie. Mais quoi qu'il trouve, quoi qu'il révèle, il devra bien admettre que la vie de Monique s'est déroulée comme celle d'un personnage de roman.

Le roman Leyrac !

Prologue

Je me souviens très bien, c'était un mardi. Je déambulais dans l'allée centrale de l'épicerie, la tête dans les nuages. Une dame âgée, très droite, très énergique, était arrêtée devant un étalage et choisissait avec soin quelques denrées. Ça n'a pas raté. Arrivé à sa hauteur, j'ai heurté de plein fouet son chariot, qui s'est presque renversé sous l'impact. Me fusillant du regard, elle s'est exclamée :

— Vous ne pouvez pas faire attention ?

Confus, j'ai balbutié :

— Euh… Excusez-moi, je n'avais pas bien mesuré la distance…

Elle avait une belle tête, l'air déterminé, un visage jeune encore, très animé, avec du feu dans les yeux. Tout en elle était gracieux, sa dégaine, ses gestes. Il semblait y avoir du chat dans cette femme. Un félin prêt à bondir. Pendant mon hésitante explication, son air sévère s'était peu à peu dissipé pour faire place à un vague sourire qui éclairait maintenant son visage.

— François ! J'ai failli être désagréable !

Elle m'avait reconnu et, du coup, moi aussi, en entendant de nouveau sa voix, cette voix magnifique qui pendant des décennies a enchanté le Québec, le Canada, la France et le monde. Cette voix que la jeune génération ne connaît pas. Cette voix qu'elle voulait sans doute elle-même faire oublier, par besoin d'isolement, de tranquillité, de paix.

Elle ! Monique ! La grande Monique, la grande Leyrac. Je la retrouvais ici dans une épicerie de province.

La conversation reprit là où elle s'était interrompue 12 années auparavant, lors d'une entrevue qu'elle m'avait accordée sur les ondes de la radio. La toute dernière qu'elle ait consenti à donner avant son retrait définitif de la vie publique.

— Alors, vous ne chantez plus ?

— Non, mon cher, je préfère préserver intacte l'image que l'on garde de moi plutôt que de faire comme certains : m'entêter à chanter avec une voix et des moyens diminués. Je souhaite être un souvenir heureux dans le passé collectif plutôt qu'une présence emmerdante dans le participe présent.

Toujours le sens de la formule, Monique. Un peu orgueilleuse aussi. Fière ? Sûrement. Encore se dépasser, donner le change, ne pas abandonner, ne jamais baisser la garde. Et cette décision de passer à autre chose, prise en pleine lumière, illustre à merveille le côté volontaire de sa personnalité : être finalement la seule à contrôler sa propre vie, sa carrière, son destin.

Nous avons continué à bavarder ainsi entre deux rangées de conserves jusqu'à ce que nos activités respectives nous rappellent à la réalité. Avant de la quitter, je lui promis un pot-au-feu, chez moi, à l'automne.

— Monique, une dernière question, comment occupez-vous vos journées ?

— Depuis que je ne voyage plus, le jardinage, mes fleurs, mes semis printaniers me demandent beaucoup de temps, et même mes amis me reprochent de les négliger au profit de mes hortensias. En été, je jardine, la vie est belle ! Et l'hiver, je lis, je me repose et... je prépare l'été.

Sans se retourner, elle me lança :

— Je n'oublie pas le pot-au-feu... J'apporterai une bouteille !

Le lendemain de cette rencontre, le temps s'était enfin mis au beau : vent léger, doux soleil, quelques pépiements d'oiseaux. La journée s'annonçait radieuse. Les minutes s'étiraient paresseusement, sans se bousculer. J'imaginais Monique, les regardant défiler une à une avant d'entreprendre son labeur jardinier.

Elle s'était sans doute levée aux aurores, comme à son habitude, avait fait durer son thé une courte éternité, déjeuné de peu, lu deux lignes, parcouru le journal. Recevrait-elle des visiteurs aujourd'hui ?

De sa véranda, la ligne bleue des montagnes dessinait une sorte de parenthèse à son monde, une ellipse à sa vie. Stowe, Jay Peak, le Vermont, les Adirondacks lui rappelaient, disait-elle, la montagne Sainte-Victoire, la Provence, Seillans où elle avait vécu 35 années auparavant, un arrêt dans sa carrière mouvementée.

Elle m'avait précisé que, déjà, à cette époque, elle commençait à se lasser du show-business. Elle souhaitait mettre un terme à cette vie ébouriffante où la journée s'achevait au lever du jour après des libations interminables Chez son Père, rue Craig. Quelles soirées ! On triomphait dès 22 heures au théâtre et on s'attablait à minuit devant les merveilles de Monsieur Bouyeux : champignons à la crème, pannequets de homard, steak au poivre, servis impeccablement par Alphonse, souriant et imperturbable. Ça parlait haut et fort. Ça buvait sec et beaucoup. Et on recommençait tous les soirs, la tête en fête, les oreilles pleines de bravos, le cœur grisé.

En Provence, à Seillans, au contraire, tout se faisait au ralenti : pas de public, pas de foule en délire, pas de bravos. Elle recevait de la grande visite quelquefois, celle des amis de la vallée de Chevreuse, la belle Suzanne, le fier Fred qui chantait encore, lui. Là, on cuisinait de belles et bonnes choses : entrées d'oranges et d'oignons crus, pintades aux cerises à l'eau-de-vie, soufflé aux abricots du jardin. Et qu'il était beau, ce jardin ! Comme celui d'aujourd'hui, qu'elle s'applique à reproduire presque à l'identique.

À son retour au Québec, elle avait acquis un petit bout de terrain dans les Cantons-de-l'Est, un refuge pour fuir la grande ville. Avec les années, sa passion pour les fleurs et le jardinage se faisant plus ardente, elle s'était mise en tête d'acheter la terre voisine, de la mettre à sa main. Longtemps, elle avait conservé son point d'ancrage à Montréal, peut-être par sécurité.

Puis, un jour, adieu les activités artistiques, les camarades d'occasion, les reliquats de vie sociale, Monique avait largué les amarres et pris racine de manière permanente au milieu des champs et des arbres, le nez au vent, la tête dans les fleurs. Depuis cet arrêt définitif, elle plantait des boutures, parlait à ses marguerites, s'appliquait à reconfigurer l'allée de sapins en bordure de la route, à tailler les plates-bandes de lupins, de mauves et autres phlox, jetant à l'occasion un coup d'œil attendri à ses roses. « Le terrain est immense, se plaignait-elle quelquefois. Il faut ratisser tout cela, sarcler, c'est long et harassant. Mais c'est bon, aussi. Vivifiant. Gratifiant. »

Elle m'avait expliqué que, dès les premières neiges, elle se mettait à la lecture, se remémorait les événements marquants de sa vie, mesurait l'usure du temps, histoire de le défier dans son miroir, une vieille habitude. J'avais bien constaté, la veille, à l'épicerie, que l'âge l'avait inévitablement rattrapée. Mais elle avait gardé un air de jeunesse, ce port altier, ce visage déterminé, avec cette bouche aigüe et ce regard de défi comme celui qu'elle avait déjà à 12 ans, sur cette photo de classe qui a, jadis, fait la couverture du livre qu'elle a écrit sur son enfance à Rosemont.

« Monstre d'orgueil… » lui lançait alors mère des Vertus, une religieuse de son école, rue Charlemagne, près de Masson, dans le Rosemont de son enfance. Une école ? Une annexe de l'école plutôt. Un ersatz d'école. Déçue du lieu, Monique m'avait raconté qu'elle s'était braquée, avait fait front, serré les lèvres et foncé, défoncé les portes, rué dans les brancards, s'était hissée au premier rang de sa classe, puis, regardant droit devant elle et affrontant la vie toutes voiles dehors, elle s'était convaincue que, contrairement à ceux qu'elle côtoyait quotidiennement, elle n'était pas née pour un petit pain. Oui, sa vie, elle la vivrait !

Cette vie, m'avait-elle confié, elle la parcourait souvent en feuilletant l'album qu'un cousin lui avait offert récemment. Certaines images floues remontaient à la surface, comme celle de son arrière-grand-mère maternelle, Marie-Inisile Plante, une Amérindienne de Pointe-Bleue qui avait épousé un Français, Monsieur Banlier, dit Laperle. Durant la majeure partie de son existence, Monique avait ignoré cette ascendance autochtone, jusqu'au jour où, par hasard, on lui avait révélé, à voix basse, cet événement singulier, comme s'il s'agissait d'une tare, de quelque secret honteux. Pourtant, les photos en faisaient foi, ses sœurs, sa mère, sa famille, tous avaient les pommettes saillantes et les yeux en amande.

D'autres images défilaient encore, comme celle de sa grand-mère qui vivait chez elle, à Rosemont, fragile, immobilisée par l'arthrite, mais courageuse et toujours souriante; celle de sa mère, Lucienne, qu'elle avait tant aimée, qui l'avait comprise, suivie dans sa carrière, toujours discrètement, jusqu'à assister incognito à une fête donnée en l'honneur de sa fille à l'occasion de son retour triomphal de Sopot. C'est là qu'elle avait décroché le premier prix d'interprétation au concours international de la chanson avec «*Mon pays, ce n'est pas un pays...*» La ville tout entière, le maire Jean Drapeau en tête, l'avait accueillie avec fanfare, bravos et vivats. La maman, dans son coin, regardait fièrement sa fille.

L'album de photos révélait encore d'autres moments du temps passé, d'autres visages aimés: son frère cadet, François, ses sœurs, l'aînée, Gisèle, les jumelles; puis Suzie et la plus jeune, Lise; également les cinq filles ensemble; son père enfin, un peu pâle, un peu absent, pensait-elle... Eh oui, c'était comme ça... Plus loin, il y avait aussi la photo presque effacée de son autre frère, Jacques, l'aîné, dont le curé avait payé les études au collège classique et qui, bien sûr, était destiné à la prêtrise. Jacques, son favori, aphasique, victime d'une maladie neurologique congénitale, mort prématurément à 30 ans. Mélancolie... Suivaient les photos d'elle: Monique en guide, Monique à l'école, Monique à sa naissance, février 1928.

«Je ne regarde pas les photos trop longtemps. Elles m'usent le cœur, soupirait-elle. Je me repose en rêvant dans cette grande pièce que j'ai fait construire en prolongement de la maison d'origine. Ma conception personnelle, cette annexe… Une sorte de revanche sur l'autre annexe, celle de l'école de mon enfance, ma déception, ma haine, mon gros chagrin. C'est un coin privilégié dans la maison. Il compense pour mon enfance de privations. C'est moi qui l'ai rêvé, dessiné, qui en ai supervisé tous les détails, qui me suis impliquée dans sa réalisation.»

Elle me racontait qu'elle y avait aménagé une bibliothèque à la mesure de sa boulimie de lecture, cette passion qui l'avait bâtie, qui l'avait portée. Et, concluait-elle, c'est cet attrait pour la magie des livres qui avait métamorphosé l'enfant jadis lunatique et distraite en championne de la connaissance. C'est ainsi que la petite Monique était devenue Leyrac, autodidacte absolue, armée intellectuellement pour affronter la vie!

Toute une vie! Une vie qui défilait dans sa tête, une vie menée à un train d'enfer et qu'elle n'avait jamais su décliner autrement qu'à l'indicatif présent.

ACTE 1

CHAPITRE 1

Madame Maubourg

— GISÈLE, Y A-TU EU DE LA *MALLE* AUJOURD'HUI ?

— J'ai pas regardé, pis j'ai pas l'temps. Va voir toi.

Dans un coin de la cuisine, les deux frères, Jacques et François, ricanent doucement.

— Monique, elle a un amoureux… Monique, elle a un amoureux, pis elle attend une lettre de lui… Na, na, na !

Parce que, depuis quelque temps, tous les jours, c'est le même manège : Monique est préoccupée ; elle veut savoir à quelle heure passe le facteur, s'il est venu, s'il y a une lettre pour elle. Sa vie se déroule au rythme des aléas de la poste.

Sans un regard pour les deux garnements, elle se dirige d'un pas faussement désinvolte vers la porte d'en avant et glisse son bras dans l'ouverture de la boîte aux lettres… Rien. Rien, encore aujourd'hui. Cela fait pourtant trois mois qu'elle a fait parvenir sa requête. Avec une enveloppe de retour, écrite de sa propre main, dûment timbrée et adressée à son nom. Une demande toute spéciale qu'elle a fait suivre personnellement à Madame Jeanne Maubourg, émission *La pension Velder*, a/s de Radio-Canada.

Chère Madame Maubourg,

J'ai beaucoup le goût de devenir une actrice comme vous et j'aimerais suivre des cours de diction, de déclamation sous votre direction. J'ai appris une fable de Jean de La Fontaine et je peux vous la déclamer par cœur.

Monique Tremblay, 14 ans

P.-S. Je peux payer ce que ça coûte.

« Madame Maubourg pense peut-être que je suis trop jeune encore », s'inquiète Monique. Et, par précaution, elle fouille de nouveau dans la boîte aux lettres. Surprise ! Une enveloppe un peu chiffonnée est restée coincée dans la fente du couvercle. Le cœur battant, la fillette extirpe la missive et reconnaît son écriture. C'est son enveloppe de retour !

« Ma réponse. C'est ma réponse ! Madame Maubourg m'a répondu. Enfin ! Mon Dieu, Sainte Vierge, faites qu'elle accepte et je vous promets que j'irai à la messe tous les matins du mois. »

Les deux garçons qui n'en ratent jamais une, bien conscients de l'inquiétude de Monique, tourbillonnent à côté d'elle, Jacques à gauche, François à droite. À force de virevolter, ils parviennent à lire l'endos de l'enveloppe où ils reconnaissent l'écriture de leur sœur.

— Ha ! ha ! Monique, la nounoune, elle s'écrit à elle-même pour nous faire croire qu'elle a un *boyfriend* !

— Pis a pense qu'on va la croire… Na, na, na !

Ils se rendent compte que Monique n'est pas d'humeur à rire et que ses mains s'agitent dangereusement dans leur direction. Prudents, ils s'éloignent sans demander leur reste et se contentent de faire des gorges chaudes à bonne distance.

Monique s'éclipse dans un coin de la petite maison, à l'abri des regards indiscrets, et décachette la lettre, fébrile. Elle a attendu ce moment si longtemps qu'elle tarde à lire la réponse de Jeanne Maubourg. S'il fallait qu'elle soit négative, elle ne s'en remettrait pas. Paralysée par la peur, elle n'ose porter le regard sur cette écriture bien soignée qu'elle devine à travers l'enveloppe et dont elle appréhende le sens.

Ces quelques mots représentent pour elle une étape essentielle dans sa quête d'émancipation. C'est que, depuis quelque temps déjà, elle a pris conscience de son besoin de liberté, de sa soif d'indépendance. Elle en a fait une priorité absolue.

D'abord, à 13 ans, elle a dû quitter l'école en plein milieu d'année, sa mère ayant été contrainte de reprendre son métier de chapelière afin de boucler les fins de mois. Il fallait une remplaçante à la maison et Monique était la seule de la famille à pouvoir tenir ce rôle. Elle a appris à faire la tarte aux pommes, le pâté chinois, s'est astreinte aux tâches ménagères et quotidiennes. Il a fallu repriser, coudre les boutons, accueillir les plus jeunes après l'école, surveiller les devoirs, faire réciter les leçons.

Mais ce changement de vie lui a permis de lire un peu, d'apprendre des choses nouvelles et surprenantes dans les livres du cours classique de Jacques. Elle est passée peu à peu à Paul Bourget, à Ernest Renan, s'est mise à pianoter, à pratiquer le solfège, à chantonner des airs de Tino Rossi, Mireille, Maurice Chevalier, Lucienne Boyer et de tout ce qu'elle entendait quotidiennement sur les ondes de CHLP. Un jour, bien consciemment malgré son jeune âge, elle a pris la décision de quitter l'école, où elle s'ennuie, et d'affronter la vie avec son seul bagage d'autodidacte.

Enfin, cette liberté nouvelle s'est élargie quand Monique est devenue travailleuse salariée comme sa grande sœur Gisèle. Avec aplomb, elle a su convaincre sa mère en lui jurant qu'elle ne changerait rien à sa routine habituelle : tous les matins, déjeuner en vitesse, départ des jeunes pour l'école, époussetage de surface et hop, elle suit son aînée jusqu'à l'usine où, avec un bel aplomb, elle est parvenue à se faire engager en mentant sur son âge. Dès lors, la petite Tremblay s'est retrouvée quotidiennement rue Fairmount, derrière un long établi, avec une douzaine de filles, à assembler des pièces d'avion.

Ça va faire bientôt une année qu'elle travaille, elle a 15 ans, la guerre perdure et elle en a plein le dos de l'usine. En prime, elle croise tous les jours le contremaître, un gros sanguin sans manières qui essaie de la tripoter dès qu'elle se retrouve seule en sa présence. Fini bientôt tout ça. « Je ne moisirai pas longtemps dans cette prison », se promet-elle.

Cette lettre qu'elle tient fébrilement représente peut-être son visa de sortie. Après l'usine, elle pourra enfin vivre sa vie comme elle l'entend, de la façon qui lui convient.

« Mon Dieu, si y fallait qu'a me refuse, j'pense que j'en mourrais ! »

Dans sa petite enfance, elle était pourtant moins anxieuse, se souvient-elle. Bien obéissante, pieuse, silencieuse très souvent. Distraite aussi, on l'appelait « la lune ». Ça ne l'offusquait pas, elle est jolie, la lune. Mais cela ne l'empêchait pas d'être consciente de tout ce qui se passait en elle et autour d'elle.

Oui, consciente tout d'abord de son goût inné pour la connaissance. Tout lire, tout apprendre, tout savoir. Dévorer le peu de livres qu'elle dénichait dans la bibliothèque, *Bécassine*, les romans de la comtesse de Ségur, mais aussi, à dix ans, l'œuvre complète d'Eugène Labiche, cet homme de théâtre français dont elle a lu toutes les pièces sans toujours en comprendre le sens. Qu'importe, les mots sonnaient si bien !

Consciente aussi de sa fierté naturelle, ce que les religieuses de l'école appelaient quelquefois son orgueil mal placé. Non, elles ont eu tort, cette arrogance apparente n'est que le refus de la médiocrité. Ne jamais baisser les bras, toujours faire face et en toutes circonstances.

Consciente enfin de la précarité matérielle de la famille. Car elle en connaît un bon bout sur la pauvreté, elle pourrait en parler à tout le monde. Mais c'est une vérité qu'elle n'évoque jamais : la honte que l'on garde pour soi, en dedans. Cependant, quand tout le monde dort, Monique garde ses oreilles bien ouvertes. Ainsi, elle est à même d'entendre son père, Thomas, et sa mère, Lucienne, se morfondre dans le fond de la cuisine de la rue Masson :

« Ah ! si je pouvais me trouver une job ! C'est la crise... C'est pas de ma faute... Faire son possible... Né pour un p'tit pain. J'espère que ton frère Harry va nous donner un coup de main encore c't'année... »

Toujours la même rengaine. Toujours les mêmes espoirs déçus. Toujours les mêmes projets de faire fortune avec des idées abracadabrantes comme cette fois mémorable où on s'est essayés à mettre des patates en conserve ! L'aventure s'est terminée quand les pommes de terre ont fermenté dans les pots mal stérilisés et qu'on a dû aérer les armoires de la cuisine, d'où s'est dégagée une odeur pestilentielle pendant un mois !

Consciente de tout donc, mais surtout d'elle-même et de ses possibilités. De son talent. Et cette lettre qu'elle tient sur son cœur répond, peut-être, à toutes ses angoisses. C'est dans cette enveloppe que se trouve, peut-être, la clé de son envol vers la vie.

Tremblante, Monique la décachète enfin.

Mademoiselle,

Votre petit mot est très touchant et vous semblez déterminée à apprendre les rudiments du théâtre : diction, déclamation, gestuelle et tout ce qui peut vous faire progresser dans ce domaine que vous souhaitez découvrir. Je suis donc disposée à vous prendre à l'essai. Il ne vous reste plus qu'à préparer votre audition, c'est-à-dire à bien apprendre par cœur cette fable de La Fontaine dont vous me faites mention dans votre lettre. Je vous attends chez moi mercredi prochain, à 14 heures. Soyez à temps. La ponctualité est la première des vertus d'une actrice.

Jeanne Maubourg

Si d'aventure leurs pas les avaient menées, le mercredi suivant, vers 13 heures, des frontières de Rosemont au centre-ville de Montréal, les commères de la rue Masson auraient eu la surprise d'apercevoir la petite Tremblay, fille de Thomas et de Lucienne, faisant le pied de grue, morte d'angoisse, devant l'hôtel La Salle, rue Drummond.

Quatorze heures, enfin ! Elle se décide. Elle entre. Le réceptionniste la toise de haut. Une jeune fille de 14 ans, seule dans un hôtel, c'est très inhabituel et, dirait-on même, c'est louche. Tremblante, elle demande d'une voix à peine audible :

— La chambre de Madame Jeanne Maubourg, s'il vous plaît.

— De la part de qui ?

— De la part de Mademoiselle Monique, répond-elle en omettant son nom de famille.

Le réceptionniste, un peu pincé, faussement déférent, laisse échapper un long soupir, décroche le téléphone à cornet et obtient aussitôt la standardiste de l'hôtel.

— Oui, Simone, il y a ici une demoiselle… Monique… qui demande l'appartement de Madame Maubourg. Vous transmettez ? Merci.

Puis, après quelques secondes de silence, on entend le réceptionniste, d'une voix soupirante, puis respectueuse mais les yeux au ciel :

— Oui, Madame Maubourg, c'est Edgar à la réception. Il y a quelqu'un pour vous en bas… une certaine Monique… Je la fais monter ? Bien sûr… Je lui dis donc que vous venez la chercher… Bien sûr, madame… Oui, madame… Tout de suite, madame… Merci, madame !

Sur un ton radouci, l'homme indique un fauteuil du hall d'entrée.

— Assoyez-vous mademoiselle, Madame Maubourg va venir vous rejoindre dans quelques minutes.

Monique en profite pour observer autour d'elle. À gauche de l'entrée, elle aperçoit une salle à manger comme elle n'en a vue que dans les magazines et dans les annonces de chez Dupuis Frères. La salle lui semble immense, avec des chariots roulants partout et un énorme présentoir à gâteaux sur lequel repose une montagne de pâtisseries qui lui font envie. Les derniers convives, des hommes pour la plupart, cigare au bec, terminent leur café et s'apprêtent à quitter l'endroit. Dans le hall, de sombres boiseries recouvrent les murs sur lesquels sont accrochés des tableaux de paysages champêtres. L'ensemble confère au lieu une dignité de bon aloi. « C'est un hôtel de classe », pense la jeune visiteuse, qui n'ose décidément pas se carrer bien au fond du fauteuil de cuir où elle a à peine posé les fesses. Tout autour, les serveuses et les grooms vont et viennent dans un bourdonnement incessant. À intervalles réguliers, la cloche de l'ascenseur se fait entendre, suivie du ton artificiel de la préposée.

— *Ground floor*, premier étage, *going up*…

Chaque fois, Monique sursaute et regarde en direction des clients qui entrent et sortent de la cage métallique. Tout à coup, une grande et belle femme, jeune encore malgré la soixantaine qu'on lui prête, blonde et sensuelle, les ongles peints en rouge, du noir sur les yeux, des bagues aux doigts, se dirige vers sa petite personne. Monique reconnaît Madame Maubourg dont on voit régulièrement la photo dans le journal *La Patrie*. Elle bondit sur ses pieds et se met presque au garde-à-vous en apercevant la vedette.

— C'est vous, Mademoiselle Tremblay ? demande l'actrice avec un sourire avenant.

Monique remarque la belle dentition de l'actrice, chose rare dans son quartier où ceux qui ont des dents blanches sont en général affublés d'un dentier. On dit que Madame Maubourg est une redoutable séductrice. On chuchote même qu'elle a été la maîtresse du roi Léopold de Belgique, son pays d'origine. « Ça m'étonne pas, pense Monique, qui ignore pourtant le sens du mot maîtresse, une belle femme de même ! »

— Suivez-moi, continue Madame Maubourg. Vous faites plus vieux que votre âge. Vous n'avez vraiment que 14 ans ?

— Oui, madame.

— Et vous n'allez plus à l'école ?

— Non, madame, mes parents m'ont retirée. Je travaille à l'usine pour les aider, mais je suis tannée et je veux faire autre chose.

L'actrice, toujours le sourire aux lèvres, semble très amusée par l'aplomb de la jeune fille. Elles entrent dans l'ascenseur.

— *Third floor*, au revoir, Madame Maubourg, dit la préposée.

L'appartement n'est pas grand mais très bien aménagé : deux pièces et une immense salle de bain, une commode, un secrétaire, un grand lit double, comme chez l'oncle Harry. Partout, les murs sont décorés des photos de Louis Jouvet, Fernandel, Arletty, Marcel Pagnol et autres personnalités. Madame Maubourg a également fait de la place aux grands auteurs, les poètes célèbres comme ceux que Monique commence à découvrir : Victor Hugo, Musset, Alfred de Vigny dont elle connaît le poème *Le cor*, qu'elle a déjà triomphalement récité lors d'une fête de famille chez son oncle Jean-Pierre, parvenant à tirer des larmes à l'assemblée tout entière. Alors, pour faire bonne impression, surmontant sa timidité, elle glisse à son nouveau professeur de théâtre en commentant la photo :

— Alfred de Vigny… Je connais bien son poème *Le cor*.

Et sans attendre la permission, Monique enchaîne :

J'aime le son du cor, le soir au fond des bois...

Madame Maubourg, de plus en plus amusée, l'interrompt gentiment :

— Vigny viendra plus tard, mademoiselle. Vous m'aviez promis une fable de Jean de La Fontaine... Qu'en est-il ?

— Oui, j'ai appris *Les animaux malades de la peste*, je peux vous la réciter au complet.

Sans attendre qu'on l'y invite, Monique se campe bien droite dans le milieu de la pièce, toute nervosité évanouie, et se met à déclamer :

Un mal qui répand la terreur,
Mal que le Ciel en sa fureur inventa pour punir les crimes de la terre,
La peste (puisqu'il faut l'appeler par son nom)...

Puis, plus loin, en imitant le grognement du lion de la Metro-Goldwyn-Mayer qu'elle a vu au cinéma :

Le Lion tint conseil, et dit :
Mes chers amis,
Je crois que le Ciel a permis
Pour nos péchés cette infortune...

Rendue au renard, elle prend une petite voix flûtée qui, selon elle, évoque bien le caractère rusé de l'animal :

Sire, dit le Renard, vous êtes trop bon Roi ;
Vos scrupules font voir trop de délicatesse...

Madame Maubourg, d'abord étonnée par la déclamation imagée de sa jeune visiteuse, ne se retient maintenant plus de rire tout à fait ouvertement. « Décidément, cette Monique a un talent rare. Si elle est bien formée, elle deviendra rapidement une actrice professionnelle. »

— C'est très bien, mademoiselle, conclut-elle, radieuse, à la fin de la fable, vraiment très bien et j'accepte de m'occuper de vous. Le parcours sera long, et quelquefois ardu, mais si vous persistez, vous deviendrez dans quelques années une comédienne accomplie, prête à affronter la scène. Je vous préviens cependant, le théâtre n'est pas une sinécure.

— Ah ! madame, je suis prête à travailler toute la journée s'il le faut et quant à la difficulté du métier d'actrice, ça ne peut pas être pire que de travailler en usine !

— On va commencer par modifier un peu votre accent qui est… comment dire… qui ne convient pas aux grands auteurs classiques de notre belle langue française. Vous irez vous acheter un recueil des poèmes d'Alfred de Musset, et comme vous m'avez confié tout à l'heure que l'on vous surnommait « la lune », vous choisirez celui dans lequel se trouve *Ballade à la lune*, que vous me réciterez la semaine prochaine, ici même, à 14 heures.

— Bien sûr, madame, craignez pas, je vais vraiment bien le savoir et sans accent à part de t'ça ! lui répond la jeune fille avec enthousiasme en disant au revoir à son nouveau professeur.

— Vous connaissez le chemin, je ne vous reconduis pas, mon petit. Travaillez bien, conclut Madame Maubourg sur le pas de la porte.

Monique, qui depuis quelques semaines a pris l'habitude de confier ses états d'âme à son miroir, s'arrête devant celui du couloir. Ses yeux brillent d'excitation, son allure est plus déterminée que jamais et, sur un ton de défi, s'adressant à sa propre image, elle lui prophétise à mi-voix, en grasseyant comme les comédiens français qu'elle a vus dans les films, au cinéma Rosemont :

— Actrice, ma fille, tu vas devenir une actrice… Tu vas devenir célèbre comme Arletty et tu ne finiras pas ta vie dans une usine !

Elle ne sait pas que, quelques semaines plus tard, l'usine sera complètement détruite par un incendie. Elle ignore qu'elle y perdra tous ses livres imprudemment laissés dans son casier ; que l'entreprise sera relocalisée à Lachine ; qu'elle tiendra tête à son patron ; qu'elle fomentera une grève après avoir refusé de porter un filet protecteur de coton bleu sur ses cheveux et qu'elle quittera l'usine en claquant la porte.

Rue Sainte-Catherine, toute à sa joie, Monique chasse l'usine de ses pensées, la remplaçant par l'image de Madame Maubourg.

« Quelle classe, songe-t-elle. Quelle distinction ! À part de t'ça, elle vit à l'hôtel comme les grands acteurs français, comme Raimu. Et quelle carrière aussi ! » Elle a lu dans un magazine artistique que son idole avait débuté comme chanteuse classique en interprétant *Chérubin*, sous la direction de Massenet lui-même, au Covent Garden de Londres. Elle était ensuite montée sur la scène du Metropolitan Opera aux côtés de Caruso avec le grand chef italien Toscanini. Occuper toute la scène, c'est ce que je veux, conclut-elle en franchissant la porte de la librairie Flammarion.

Le lendemain, une petite Parisienne un peu hautaine fait une entrée remarquée à l'usine de la rue Fairmount.

— Qu'essé qui t'arrive, Monique ? T'as-tu oublié de sortir de la vue d'Arletty ?

— Si ça continue, la Tremblay, a va aller travailler à Outremont.

— Ouin, on va être trop ordinaires pour elle.

— Anyway, je l'savais qu'avait toujours été snob, celle-là !

Même sa sœur Gisèle est abasourdie.

— Monique, arrête ça, tu vas t'faire achaler par toutes les filles. Pis mônan est ben inquiète à part de t'ça. A se d'mande vraiment si t'es pas tombée s'a tête ? A va finir par s'en douter que tu prends des leçons pour devenir une actrice.

Pour toute réponse, Monique serre les dents et pense à sa nouvelle vie ainsi qu'à ce beau poème d'Alfred de Musset qu'elle a commencé à mémoriser. Il y a aussi ce rôle qu'on lui a demandé d'apprendre : celui de Junie dans *Britannicus*, de Racine, auteur qu'elle ne connaît ni d'Ève ni d'Adam. Le seul Racine dont elle a entendu parler est dentiste au coin de Sherbrooke et d'Orléans, et il fait mal !

Mentalement, elle compte aussi ses sous. Cinq dollars par semaine pour Madame Maubourg, cinq dollars à sa mère, 75 cents pour les tramways, il reste 1,75 $ et les livres ne sont pas encore achetés. Tant pis, elle se débrouillera.

Elle se débrouille si bien que le mercredi suivant, à l'hôtel La Salle, elle déclame sans une seule erreur et avec une intonation parfaite *Ballade à la lune*. Après quoi, elle s'initie à la rythmique des alexandrins, en insistant comme il se doit sur les accents toniques à toutes les six syllabes.

Triste, levant au ciel ses yeux mouillés de larmes,

Qui brillaient au travers des flambeaux et des armes,

Belle, sans ornements, dans le simple appareil

D'une beauté qu'on vient d'arracher au sommeil…

C'est ponctuée par les visites chez Madame Maubourg et les promesses rassurantes faites à sa mère que la quinzième année de Monique Tremblay défile à la vitesse de l'éclair. Point de place ici pour les amours adolescentes, et très peu pour l'amitié. Elle a la tête dans les nuages, le cœur à la poésie, les oreilles à la musique. Les seuls moments de détente que la jeune fille s'accorde sont les concerts au parc Lafontaine auxquels elle assiste avec son frère Jacques. Les deux complices vibrent alors au tournoiement des valses de Strauss, aux galops d'Offenbach, à l'extase des épanchements amoureux de *La veuve joyeuse*, après quoi ils retournent bien vite à la maison en rêvant de merveilles et d'enchantements.

L'année de ses 15 ans, Monique a tant progressé que Madame Maubourg lui propose un défi supplémentaire : se présenter à des auditions.

Justement, il y en a une qui s'annonce très intéressante. Elle a pour cadre le théâtre radiophonique Lux, du nom de la marque de savon qui commandite l'émission. Et la pièce proposée est tout à fait d'actualité, puisqu'elle connaît un succès international. Il s'agit d'une dramatique originale américaine ayant pour sujet la vie de Bernadette Soubirous, *Le chant de Bernadette.*

Avec l'appui de sa professeure, Monique se prépare fébrilement et apprend son rôle avec le sérieux et le professionnalisme d'une actrice accomplie. Le jour dit, elle se retrouve à la station de radio CKAC où la pièce doit être diffusée pour un soir seulement. Un monsieur affable se présente à elle.

— Bonjour. Soyez la bienvenue, mademoiselle. Je suis Paul Langlais, le réalisateur du théâtre Lux. Veuillez prendre place avec vos jeunes camarades.

Monsieur Langlais désigne une rangée de chaises où sont déjà assises une douzaine de jeunes filles qui bavardent amicalement. Plusieurs d'entre elles se connaissent déjà. On devine à leur aplomb qu'il s'agit pour la plupart d'actrices expérimentées qui viennent passer l'audition sans appréhension particulière.

Monique, pour qui c'est une première, ne ressent pourtant aucune nervosité. Elle est simplement heureuse de tenter sa chance, de vivre une nouvelle aventure, de faire un pas de plus dans cet univers qu'elle découvre.

On appelle les candidates à tour de rôle : Mesdemoiselles Marjolaine Hébert, Janine Sutto, Huguette Oligny et bientôt, Mademoiselle Monique Tremblay.

Monique se lève et entre dans le studio. On l'installe devant un micro, lui demande de lire le texte qu'elle a préparé. Son débit est rapide, sa voix manque d'inflexion, le rythme est déficient, son accent lui semble moins naturel qu'à l'accoutumée, bref, elle est mauvaise se dit-elle et quand elle quitte le studio, elle se dirige d'un pas rapide vers la sortie sans attendre la suite.

« Ne partez pas, lui crie une assistante, ce n'est pas terminé, Monsieur Langlais veut vous réentendre. »

C'est ainsi que Monique se retrouve une heure plus tard au dernier tour éliminatoire qui se déroule entre Janine Sutto et elle. Son cœur commence à battre la chamade. Et quand Monsieur Langlais, après de longues délibérations, sort enfin du studio et annonce d'une voix forte que le rôle est attribué à Mademoiselle Monique Tremblay, celle-ci manque de s'évanouir. Heureusement, Madame Maubourg la rattrape avant qu'elle ne s'effondre de surprise et de bonheur.

Le tramway, aujourd'hui, a pris un autre aspect. Il ne ressemble en rien à celui des autres jours de l'année. Sa couleur est différente, plus éclatante. La clochette ponctuant les arrêts tinte de manière plus cristalline. Les passagers, a-t-on l'impression, portent un regard plus personnel, plus inquisiteur sur la jeune fille. On croirait les entendre penser : « Tiens, une nouvelle actrice, elle va aller loin. » Quand le tramway s'arrête rue Masson, Monique oublie de descendre et de rentrer chez elle. Désormais, sa maison, sera Montréal, le Québec, le Canada, le monde entier !

CHAPITRE 2

La liberté

Ce qui attire d'abord le regard du passant en mal d'encanaillement, c'est l'escalier bancal aux marches recouvertes d'un épais tapis rouge. Une enseigne lumineuse clignote de tous ses feux : Au Faisan Doré. Il y a aussi les deux sbires à la porte d'entrée à qui il faut montrer patte blanche. Ils n'effraient personne. En 1947, sous le règne de Maurice Duplessis, on y est habitués, ils ont l'air de braves travailleurs d'élection.

C'est ensuite l'oreille qui est sollicitée. Dès 20 heures et jusqu'au petit matin, les voix des différents interprètes s'enchaînent, à peine couvertes par les accents métalliques de la batterie et les arpèges d'un vieux piano à queue. Le public, que l'on perçoit en toile de fond, n'est aucunement gêné par le son ambiant et les trémoussements des vedettes sur scène ; il en profite, au contraire, pour contribuer à la cacophonie générale.

Chaque fois que la porte s'ouvre, une épaisse fumée enveloppe le nouveau venu, qui est littéralement aspiré vers l'intérieur avec le nuage. On fume ici comme partout et même un peu plus, dirait-on. Le panneau publicitaire en anglais à l'angle de la rue Sainte-Catherine et du boulevard Saint-

Laurent est là pour rappeler aux passants que *Whatever the pleasure, Player's complete it.*

Monique et son amie Denise auront toutes les deux 20 ans dans quelques mois. Anticipant un peu l'événement, elles ont convenu de le souligner par une soirée bien arrosée. Au Faisan Doré est le nouvel endroit à la mode. Elles ont hâte de le découvrir. En attendant, prenant la pause qui convient aux jeunes demoiselles, elles portent à leurs lèvres une longue cigarette qu'elles tachent de rouge, comme c'est l'usage, l'allument, inhalent la fumée bien à fond et exhalent ce qu'il en reste avec un air vaguement blasé. L'âge officiel de la majorité est de 21 ans, mais qu'importe. Après tout, elles travaillent toutes les deux, contribuent aux dépenses familiales et n'ont plus de permission à demander à qui que ce soit.

— Heille, on rentre-tu ? demande Monique. On gèle pis à part ça, y aura pus de place !

Les deux jeunes filles se retrouvent à l'intérieur où le placier leur déniche une petite table en bordure de scène. Au milieu de celle-ci, le micro à la main, un très jeune homme aux allures de vieux *crooner* fait du charme au public en promenant son regard langoureux de gauche à droite. À la fin de la chanson, l'animateur s'avance et le remercie en plaisantant :

— Mesdames et messieurs, vous venez d'entendre le jeune Fernand Gignac, la révélation du Faisan Doré, gagnant du concours d'amateurs dont j'étais un des membres du jury. C'est un peu grâce à moi s'il a une belle carrière devant lui !

La foule rit bruyamment. On voit bien que l'homme mène sa barque comme il l'entend, qu'il manipule son auditoire avec une aisance et un naturel remarquables. Il ajoute quelques bons mots avant de conclure insolemment : « Chers amis, je sais que vous êtes surtout venus pour m'entendre… et vous ne perdez rien pour attendre ! »

Le public applaudit en s'esclaffant.

— Mais, continue la vedette, il y aura maintenant une pause de quelques minutes. Je vous invite à faire le vide en arrière, aux toilettes, après quoi vous pourrez refaire le plein en avant, au bar !

Un immense éclat de rire accueille cette dernière facétie un peu triviale pendant que celui qui l'a provoquée disparaît en coulisses.

— C'est lui, c'est Jacques Normand, dit Denise, qui semble en connaître un bon bout sur les secrets du monde des artistes.

Et poursuivant sur le ton de la confidence :

— Il est marié avec Lise Roy. C'est elle qui était sur la première page du *Radiomonde*, la semaine passée. C'est même pas son vrai nom, Jacques Normand. Y s'appelle Raymond Chouinard pis y vient de Québec. C'tait pas un artiste avant pis y voulait même pas chanter pis faire des *jokes*. Non, c'était un champion nageur, un plongeur. Mais un jour, y a eu un accident pis y a ben failli mourir. En tout cas, y ont eu peur qu'y marche pus jamais. Vois-tu ça, un bel homme de même, dans une chaise roulante à l'hôpital pour le restant de sa vie ? Ça en aurait fait des veuves de guerre ! C'est pour ça qu'y marche un peu croche quand y rentre dans les coulisses. Mais ça enlève rien à son charme. T'as vu son sourire ?

Monique, qui n'avait pas particulièrement remarqué la démarche chaloupée de l'animateur, est cependant bien d'accord avec son amie : quel homme charmant. Insolent et spirituel en plus, ce qui ne gâte rien.

C'est un homme comme ça qu'elle souhaiterait connaître un jour et peut-être même épouser, qui sait ? Un homme avenant, sensible, intelligent, drôle, qui a de l'esprit, de la culture aussi ; quelqu'un qui s'intéresse à la musique et au théâtre, comme elle. Denise lui a d'ailleurs appris que Jacques Normand avait récemment participé à des revues au Monument-National. Il est donc un peu comédien. Monique s'imagine très bien jouant les grands textes classiques avec un partenaire qui soit aussi son amoureux. Ce serait le bonheur parfait.

Le théâtre ? Sa passion. Quand elle se met à y penser, tout s'estompe autour d'elle. Au Faisan Doré, la foule bruyante, les verres qui s'entrechoquent, Denise qui bavarde, tout cela n'existe plus. Il n'y a qu'elle sur scène, seule avec l'auteur qu'elle révèle à un public attentif. Comme trois années auparavant au Monument-National quand elle a tenu le premier rôle dans le cadre du théâtre Lux.

« Mon Dieu que le temps passe vite », marmonne-t-elle à voix basse en voyant ces trois dernières années défiler dans sa tête. Depuis ce succès dans *Le chant de Bernadette*, la petite fille s'est transformée en une jeune demoiselle autonome et responsable. Elle qui se jugeait boulotte et peu avenante se regarde maintenant dans le miroir sans trop d'agacement. Elle ose même esquisser quelques sourires, se faire les yeux doux, histoire de mesurer son charme naissant. Sa beauté est un peu ténébreuse, cheveux noirs, yeux pers. Sa démarche assurée de fonceuse compense pour sa petite taille, et l'on peut facilement croire qu'en tout temps elle saura faire preuve d'audace. A-t-elle de l'ambition ? L'avenir le dira, mais elle sait en avoir suffisamment pour développer un talent dramatique dont elle est maintenant pleinement consciente.

Dans ce domaine, elle a acquis de l'expérience, gagné en confiance et c'est maintenant avec aplomb qu'elle récite les textes que sa professeure lui confie. Son aventure radiophonique a été un si grand succès qu'elle a eu droit à sa photo dans le journal et à plusieurs critiques louangeuses. Cette notoriété soudaine lui a même valu, à l'occasion, d'être reconnue dans la rue et dans les tramways. Suivant les conseils de Madame Maubourg, elle s'est dotée d'un nom d'artiste comme c'est l'usage. Elle a troqué son patronyme Tremblay pour Leyrac, qu'elle a découvert en parcourant le courrier du cœur du journal *La Presse*.

Ses leçons d'art dramatique se sont transportées au studio Quinze. C'est là qu'enseigne maintenant Jeanne Maubourg, à laquelle s'est jointe Eleanor Stuart, qui lui apprend à poser sa voix et à jouer en anglais. Monique a même décroché un petit rôle à la radio dans la série *Yvan l'intrépide* et une figuration pour le personnage de Constance Bonacieux dans *Les trois mousquetaires*. Sa vie sociale s'est transformée grâce à son assiduité au studio Quinze. Elle y a fait la connaissance de deux nouveaux camarades : Robert Rivard, un talentueux jeune comédien, et Paul Berval, un infatigable boute-en-train qui la fait beaucoup rire. C'est également au studio Quinze qu'elle a rencontré celle qui l'accompagne ce soir au Faisan Doré, son inséparable amie, la future comédienne Denise Proulx.

Divers souvenirs encore plus anciens remontent à la surface ; ceux de ses premiers moments de liberté, éloignée de sa famille, de ses sœurs et de ses frères. Monique Leyrac a vécu toute son enfance dans un monde de femmes, entourée de sa mère, de ses tantes et de ses sœurs. On peut dire que, jusqu'à l'aube de la vingtaine, les trois seuls hommes qu'elle ait côtoyés ont été son père et ses frères, Jacques et François.

De ces deux derniers, c'est avec l'aîné qu'elle ressentait le plus d'affinités, partageant les mêmes idéaux, les mêmes centres d'intérêts culturels. Son décès prématuré a révolté Monique, qui a eu du mal à s'en remettre. Cet événement, croit-elle, l'aura peu à peu éloignée de son frère François. Quant à son père, il lui avait toujours semblé être le maillon faible de la famille, et cette opinion s'est confirmée avec le temps…

Il est loin le temps du scoutisme, l'époque où le curé de sa paroisse l'avait inscrite à la troupe des guides de la rue Masson, dans la patrouille des Écureuils. Sa vie s'était alors élargie d'un coup. Elle revit en pensée son enthousiasme au départ pour son premier camp à Sainte-Agathe. Criant et chantant à tue-tête dans le camion qui emportait la petite troupe à travers les chemins poussiéreux du nord de Montréal, elle en avait perdu la voix. Dès son arrivée, on l'avait transportée à l'infirmerie. Elle y avait passé sa première nuit à la campagne après avoir raté le repas de bienvenue.

Elle revoit au ralenti l'été de ses 13 ans, celui de sa rencontre avec Léone, sa première vraie amie, celle à qui elle se confiait, avec qui elle partageait tout, peines et joies ; Léone, la physique, la sportive, habile en toutes choses, celle qui savait faire et défaire les nœuds ; Léone, toujours disponible ; Léone, le complément direct de Monique qui était, elle, plutôt intellectuelle et cérébrale, la championne des charades et des jeux de piste.

Quelles vacances ! Quel été ! Celui des premières plaies et bosses, de la première bicyclette. Comment l'avait-elle obtenue ? Un cadeau sans doute. Le curé peut-être. Peu importe, le reste de la saison avait été consacré à sillonner les rues de la ville, à en explorer les différents quartiers, au-delà du boulevard Pie-IX, à l'est, et aux limites de Westmount, à l'ouest.

À la fin de la saison, les deux jeunes filles avaient étendu leur territoire jusqu'à Pointe-aux-Trembles et à Lachine.

L'hiver suivant, Monique s'était mise à l'examen minutieux des rares cartes routières et autres fascicules touristiques disponibles, empruntés à droite et à gauche. Comme cette année 1942 était la première que la jeune fille passait seule à la maison à faire la mère de famille, elle avait eu beau jeu de colliger les informations qui allaient permettre aux deux complices de projeter un vrai voyage cycliste. Celui-ci avait eu lieu l'été suivant, après la semaine de camp scout. Le court temps de vacances disponible avant le retour au travail leur permettrait de visiter les régions environnantes, celles de Lanaudière, Nicolet et Vaudreuil.

Peu à peu, d'année en année, elles s'étaient enhardies, exaltées, enthousiasmées et, en septembre 1945, les voisins de la rue Masson avaient assisté au départ de deux jeunes coureuses des bois intrépides, enfourchant leur bécane, histoire de fêter à leur manière la fin de la guerre.

Monique venait de quitter son emploi à l'usine de pièces d'avion et elle avait proposé à son amie Léone une virée plus ambitieuse que les précédentes. Cette fois-ci, le voyage se déroulerait jusqu'à Noël. Dès le début du périple, une troisième partenaire s'était jointe à elles, transformant le placide duo d'origine en un trio plus agité. C'est que Faby, la nouvelle venue, s'était rapidement révélée extravagante, imprévisible, imaginative, fantasque, toujours partante pour quelque coup tordu. On aurait pu la qualifier de « sympathique tête folle » !

Après avoir accompli un long périple en Gaspésie, les trois amies s'étaient enfin établies à Val d'Or, au restaurant *La pépite du Klondike*, où Monique avait appris à préparer œufs-bacon-toasts-café, spaghettis *meat balls*, sandwich *hot chicken* et pâté chinois selon les règles de l'art. Tous les jours, de sept heures du matin jusqu'à tard le soir, elles servaient cette cuisine rustique à de rudes bûcherons descendus du Nord ou à de blafards mineurs remontés des puits aurifères. Bien entendu, ces jeunes hommes, portés sur la bière et privés de présences féminines, lançaient des œillades aux trois jolies filles un peu naïves mais tout de même bien conscientes de leurs charmes.

C'était la première fois que Monique usait de son pouvoir enjôleur. À la fin du séjour, par la seule magie de leur présence, les trois étaient parvenues à amasser une somme rondelette en prévision des cadeaux de Noël. Mais le pactole allait plutôt servir à régler de nouvelles dépenses touristiques.

Au grand dam du patron du restaurant qui voyait s'envoler la poule aux œufs d'or, la petite bande avait mis le cap sur Québec, un jeudi soir de la fin de novembre. Tout était déjà enneigé. Pas question d'utiliser les bicyclettes. Celles-ci avaient donc été fourguées dans la boîte d'un camion et les trois passagères s'étaient entassées dans la cabine, en compagnie du chauffeur.

Trente-six heures plus tard, après une courte nuit chez une tante de Léone, les trois complices découvraient une ville de Québec immaculée et déserte. Encore endormie et ensevelie sous une bonne couche de nouvelle neige, la Vieille Capitale, ce samedi-là, ressemblait à un décor de conte de fées. Tout était blanc, les arbres étaient recouverts de glaçons et les seules taches de couleur que l'on pouvait apercevoir provenaient des décorations de Noël dans les vitrines.

À l'invitation de Monique, sa grande amie Denise avait promis de se rendre à Québec, histoire de faire connaissance avec les deux autres et de visiter la ville en leur compagnie.

Hélas ! à la toute dernière minute, Denise avait dû changer ses plans. Faby, que rien ne perturbait, avait rapidement proposé une solution de rechange. « Pourquoi pas une bataille de boules de neige ? On visitera la ville après. »

Malgré le froid intense et le peu de vêtements chauds qu'elles avaient sur le dos, les trois filles avaient déclenché les hostilités au beau milieu de la rue Saint-Jean. Bien vite, elles s'étaient réchauffées, se projetant leurs munitions de plus en plus violemment. Soudain, un projectile glacé avait atteint Monique, qui s'était effondrée, immobile, dans la neige, la figure ensanglantée. Le jeu s'était arrêté. Faby, la responsable du lancer fatidique, ne savait plus à quel saint se vouer.

— Réponds, Monique, réponds-moi, de grâce, dis-moi que t'es pas morte, dis-moi que j't'ai pas fait mal !

Pour toute réponse, Monique, superficiellement blessée, jouait son rôle de victime à la perfection en se lamentant et en faisant durer la comédie plus que de raison. Mais comme elle saignait abondamment, son amie était vraiment catastrophée, au bord de la panique.

— Monique, maudit, dis quelque chose, je t'en supplie !

La « victime » continuait son numéro. Pendant que Léone l'épongeait avec un bout de mouchoir, Faby s'était mise à courir et s'était réfugiée en larmes dans la caserne de pompiers d'une rue adjacente.

— C'est pas d'ma faute, c'est pas d'ma faute, j'pense que j'ai tué mon amie, venez vite, venez m'aider !

Les pompiers n'avaient fait ni une ni deux et avaient suivi la jeune fille, après avoir contacté leurs collègues de la police.

Un attroupement s'était formé en plein milieu de la rue Saint-Jean, les badauds s'étant joints aux forces de l'ordre. Bien sûr, tous donnaient leur avis.

— J'les ai vues, moé, y s'battaient comme des sauvagesses.

— Ben non, on faisait juste jouer.

— Y jouaient pas pantoute, y s'battaient pour de vrai.

— Envoyez, les filles, suivez-moé, on va aller éclaircir ça au poste, avait conclu le constable.

C'est ainsi que Monique Tremblay, alias Leyrac, actrice vedette du *Chant de Bernadette*, s'était retrouvée en prison pour la journée et la nuit suivante avec ses deux amies en larmes qui criaient comme des perdues. « C'tait juste pour jouer, je vous jure ! On voulait pas la blesser ! »

Les trois filles, penaudes, avaient passé leur journée du dimanche à ruminer derrière les barreaux.

Le lundi, vers 11 heures, Léone, consternée, Faby, pleurnicheuse, et Monique, furieuse, comparaissaient devant le brave juge Labonté de la cour municipale de Québec. La victime, lèvres serrées, regard de braise, arborait cet air de défi, son arme de défense habituelle depuis la fin de ses années d'école. Faire front toujours et partout.

Ravalant son sourire, portant son regard vers elle, le juge avait simplement demandé : « Nom, état civil, profession. »

— Monique Tremblay, mais j'ai changé mon nom pour celui de Monique Leyrac parce que je suis une actrice professionnelle, pis une actrice connue, à part de ça. C'est moi qu'on a choisie pour jouer le rôle de Bernadette Soubirous à CKAC.

Et, sur son élan, sans attendre le commentaire du juge Labonté :

— Je trouve que la Ville de Québec manque grandement à son devoir d'hospitalité en traitant les visiteurs comme elle l'a fait hier. Je jouais avec mes amies. On a beau être artistes, monsieur le juge, on n'en est pas moins jeunes pour autant. On a bien le droit de s'amuser.

Le magistrat pouffait littéralement dans son mouchoir. Reprenant contenance, il s'était adressé aux trois jeunes filles :

— Allez, mesdemoiselles, vous êtes libres. Ayez bien du plaisir à Québec, mais pas trop quand même... Et vous, Mademoiselle Monique, soignez bien votre œil.

Dix minutes plus tard, les trois amies se retrouvaient sur le trottoir, soulagées mais résolues à ne pas rester plus longtemps dans cette ville qui les avait si mal accueillies.

De retour à Montréal, elles avaient décidé de se livrer à un jeu plus risqué. À l'exemple des trois mousquetaires, elles s'étaient adjoint une quatrième équipière, l'amie Denise. À l'occasion des fêtes, la petite bande avait convenu, comme Robin des Bois, de prendre aux riches pour distribuer aux pauvres. Prudence et circonspection. Surtout ne pas se faire épingler.

Elles firent donc la tournée des grands magasins. Une véritable razzia. Hop, un parfum pour ma tante, tiens, des gants pour maman, une cravate pour papa, une pipe pour le grand-père, des chocolats pour les filles, un disque de musique classique pour Jacques, un livre pour François. Et elles s'enhardissaient, pensaient un peu à elles. Après tout, Noël, c'est pour tout le monde, même pour les fées des étoiles.

Elles avaient prévu une visite chez Dupuis Frères, une autre chez Eaton, une troisième chez Morgan. Elles s'étaient beaucoup promenées : rues Sherbrooke et Sainte-Catherine entre Guy et Papineau, mais aussi rues Saint-Hubert et Saint-Denis, tout cela dans la joie et l'allégresse.

Puis soudain, la catastrophe !

Le portefeuille en cuir avait pourtant été facile à escamoter chez Holt Renfrew. L'enfance de l'art pour Monique. Cependant, un agent de sécurité l'avait accostée, poliment mais fermement, à sa sortie du magasin, sur le trottoir de la rue de la Montagne.

— Mademoiselle, je vous ai vue, veuillez me remettre ce que vous avez volé sur le comptoir du magasin d'en face.

— J'ai rien volé du tout, avait menti Monique avec aplomb.

— Inutile de nier, dites la vérité, j'étais caché derrière la colonne et je vous ai vue.

Monique, honteuse devant ses trois amies, avait rendu l'objet en question.

— Suivez-moi, mesdemoiselles.

Les quatre filles, penaudes, n'avaient pas eu d'autre choix que d'obtempérer et s'étaient retrouvées devant le gérant du magasin, unilingue anglophone. Il avait questionné les délinquantes, qui étaient restées muettes comme des carpes, autant par entêtement que parce qu'elles ne comprenaient rien au charabia de l'individu.

Une fois de plus, on avait appelé la police. Mais, cette fois-là, ça ne s'était pas aussi bien déroulé qu'à Québec. Le lendemain, le juge Gratton de la cour municipale de Montréal n'avait pas eu la patience et la bonhomie du bien nommé juge Labonté. Prenant la cause en délibéré, ce n'est que le surlendemain que le juge avait consenti à les entendre.

— Mesdemoiselles, vous rendez-vous compte de la gravité des gestes qui vous sont reprochés ?

Comme l'art de l'argumentation lui était naturel, Monique s'était faite l'avocate des trois autres :

— Votre honneur, nous venons d'un milieu défavorisé et, cette année, nous voulions que nos parents et amis aient des fêtes dignes de ce nom. C'est pourquoi j'ai proposé à mes camarades de faire quelques menus larcins afin d'illuminer nos fêtes de Noël à tous. S'il y en a une qui doit être tenue responsable ici, c'est moi. Mes amies ne sont coupables de rien, je vous assure.

Le juge était resté impassible mais, malgré son masque sévère, il semblait ébranlé par la franchise, le courage et la conviction de la jeune fille.

— Je le répète, mademoiselle, c'est très grave. Ce que vous avez fait, peu importe les raisons que vous invoquez, pourrait vous envoyer en prison. En êtes-vous consciente ?

— Oui, monsieur le juge, et je peux vous assurer que si vous nous donnez une chance, c'est la première et la dernière fois que vous nous voyez ici.

— Bon, comme j'ai des enfants moi aussi et que je sais que la jeunesse est un peu tête de linotte quelquefois, je vous laisse aller pour cette fois. Mais si je vous reprends à chaparder dans les lieux publics ou ailleurs, ne comptez pas sur ma clémence, vous aurez ce que vous méritez. Vous pouvez partir, vous êtes libres.

Et le juge Gratton, un peu paternel, avait conclu:

— J'ai bien apprécié votre plaidoirie, mademoiselle. Un petit conseil: vous devriez faire votre cours de droit, vous avez du talent.

Et Monique de répondre, avec un petit sourire:

— J'ai déjà un métier, votre honneur, je suis comédienne!

Suivie de ses trois amies, elle avait franchi la porte de la salle d'audience du palais de justice de Montréal. Toutes avaient la mine basse. Pendant les 48 heures de garde à vue qui avaient précédé, elles avaient été témoins de ce que pouvait être la vie carcérale. C'est en conversant avec d'autres prévenues qu'une d'elles leur avait raconté diverses péripéties de sa vie de voleuse: la peur, la récidive, les privations, la déchéance.

Monique se rappelle s'être alors juré de ne plus jamais se retrouver dans pareille situation.

Cette année-là, les fêtes de Noël furent bien modestes. On avait discrètement retourné les objets volés aux divers magasins d'où ils provenaient. À défaut du faste prévu, les quatre complices avaient passé du temps à rêver à Paris en feuilletant un vieil exemplaire du *Guide touristique Baedeker*.

Cette aventure ne leur avait toutefois pas enlevé le goût de la bougeotte puisque, dès le printemps suivant, les quatre inséparables se retrouvaient à New York. Sitôt arrivées, elles s'étaient fait remarquer, et pour cause. De jolies jeunes filles attifées en amérindiennes, au beau milieu de Broadway, la semaine de Pâques, ceintures fléchées à la taille et bandeaux pour retenir les cheveux tressés, cela avait de quoi étonner le quidam, même dans la plus grande ville du monde.

Aspirant enfin au calme, Monique avait terminé l'année à Montréal, histoire d'étudier un peu et de parfaire son parcours de comédienne. Elle avait réussi quelques auditions, en avait raté d'autres. Elle se souvient en particulier qu'on l'avait injustement écartée d'un rôle important dans *L'école des femmes*, de Molière, montée au Gesù par Pierre Dagenais, lui préférant une fille sans talent mais qui avait des appuis. En y repensant, 18 mois plus tard, des larmes de rage lui montaient encore aux yeux.

En revanche, elle commençait à être mieux connue grâce à de petits rôles radiophoniques. Assistant régulièrement aux spectacles du Gesù, se régalant de théâtre classique, s'intéressant aux auteurs contemporains, sa culture s'affinait. Un soir, elle avait fait la connaissance du dramaturge Pierre Dagenais, dont elle appréciait beaucoup le travail. Ce dernier avait fondé *L'Équipe*, une troupe qui présentait du théâtre inspiré de la démarche de Louis Jouvet, à Paris. À la même époque, par l'entremise de Paul Langlais, Monique avait aussi fait la connaissance de celle qui allait devenir son âme sœur, la comédienne Suzanne Avon.

Comme il fallait bien vivre, elle avait tour à tour travaillé comme couturière, coiffeuse et même domestique chez de riches industriels qui la regardaient de haut. Mais à toute chose malheur étant bon, c'est dans la bibliothèque de leur maison cossue de Westmount qu'elle avait déniché la biographie de son inspiratrice, son modèle, Sarah Bernhardt.

« Bientôt vingt ans, se dit-elle, revenant à la réalité, il faut que ça démarre, je suis faite pour ce métier de comédienne, ça ne fait aucun doute. » Perdue dans ses souvenirs et ses pensées à sa table du Faisan Doré, elle n'a pas vu venir un grand monsieur qui s'arrête devant Denise et elle.

— Mesdemoiselles, mes hommages. Je me présente, je suis Edmond Martin, propriétaire du cabaret avec mon frère, Marius.

Tout de suite, Monique reconnaît l'inflexion de Fernandel et de Raimu, ce parler marseillais qu'elle repère facilement depuis qu'elle se passionne pour le cinéma.

Le patron s'adresse directement à elle et poursuit avec son accent chantant :

— Mademoiselle, je vous ai reconnue, vous êtes cette jeune comédienne qui nous a tous charmés dans *Le chant de Bernadette*. Je vous invite à revenir au Faisan Doré quand vous le souhaiterez. C'est un honneur pour notre club de nuit d'accueillir des gens de qualité comme vous. Vous n'aurez rien à débourser, ni pour l'entrée ni pour les consommations. C'est la maison qui régale, à commencer par ce soir.

Et Monsieur Martin d'ajouter :

— Votre amie sera également la bienvenue toutes les fois qu'elle vous accompagnera.

Monique est abasourdie par cette offre si généreuse et ne peut que balbutier un timide merci. La reprise du spectacle vient soulager son embarras. Les lumières se tamisent et, dans un tonnerre d'applaudissements, on entend une voix dans les coulisses annoncer avec enthousiasme : « Mesdames et messieurs, je vous présente maintenant celui que vous attendez avec impatience. Il ne vous fera pas languir plus longtemps. Mesdames et messieurs, l'irrésistible Jacques Normand ! »

CHAPITRE 3

Une chanteuse est née

Les faisants de bruit (sic). C'est le nom qu'ils se sont donné. Comme ça, on ne les prend pas trop au sérieux et même s'ils jouent dans la cour des grands, ils ne risquent pas de leur porter ombrage. Par ailleurs, histoire de démontrer à tous qu'ils ne sont quand même plus des enfants, ils se sont imposé une épreuve initiatique : boire une bière en entier d'un seul trait. C'est de cette manière que leur union s'est scellée.

Huit jeunes enthousiastes composent la petite bande. En plus des trois incontournables, Léone, Faby et Denise, on y retrouve Robert, le comédien, Paul, l'humoriste, deux employés de la maison fascinés par le showbiz, et Monique, la volontaire, la rayonnante, qui fait office de leader. Ils se donnent rendez-vous trois ou quatre soirs par semaine, au Faisan Doré, où ils sont toujours aimablement accueillis par les frères Martin, qu'ils osent maintenant tutoyer.

Edmond, l'aîné, est un bel homme, la quarantaine séduisante, le sourire éclatant, une douce voix de baryton qu'il sait moduler en fonction de son interlocuteur. Sa présence en salle est remarquable. Tout le monde le connaît, il salue tout le monde. Les soirs de fin de semaine, on peut le voir faire le tour des tables et serrer des mains à la ronde.

Son frère cadet, Marius, a une personnalité moins exubérante. C'est un taiseux, comme on dit à Marseille. Trapu mais large d'épaules, il semble avoir été conçu sur un triangle de trapèze. Son teint olivâtre lui donne un air vaguement nord-africain. Un peu en retrait, c'est lui qui s'occupe de la caisse et, pour tout dire, de la gestion financière de l'établissement.

Cela ne l'empêche pas d'épauler son frère quand un client éméché donne du fil à retordre à l'un des employés. Les deux perdent alors leur sourire et, sans hésiter, se métamorphosent en fiers-à-bras. Le client n'a pas le loisir de fournir d'explication et se retrouve, en moins de temps qu'il n'en faut pour protester, en bas des escaliers de secours.

Edmond et Marius ont épousé deux jolies jeunes femmes, Simone et Hélène, dont on devine qu'elles ont jadis exercé le métier, disons, de séductrices de haut vol…

Les habitués du cabaret ont remarqué la présence occasionnelle et discrète d'un mystérieux individu. Toujours élégamment vêtu, cravate de soie, veston noir ou gris anthracite, bague en or, souliers vernis, verres fumés, on voit que c'est un homme aisé qui sait imposer le respect. Les frères Martin semblent à la fois le craindre et le vénérer. « Bonjour, Monsieur Vic, prenez place, Monsieur Vic. Voulez-vous votre eau minérale, Monsieur Vic ? » Et l'intéressé répond par un seul petit coup de tête. « Très bien, Monsieur Vic, on vous l'apporte. » De son vrai nom Vincenzo Cotroni, Monsieur Vic est un Italien d'origine calabraise dont la famille est établie à Montréal depuis les années 30. Nul ne sait s'il parle anglais, français, italien, calabrais ou les quatre langues. Il ne prononce jamais un mot ! On chuchote qu'il est le véritable propriétaire de la boîte et qu'il serait associé à un Canadien-français, Armand Courville.

Les circonstances de sa nouvelle vie amènent donc Monique à côtoyer une tout autre espèce d'hommes que ceux qu'elle a connus jusque-là. Comment pourrait-on les qualifier ? Magouilleurs à la petite semaine ? Truands au cœur d'or ? Complices de basses œuvres ? Les frères Edmond et Marius sont sans doute un peu tout cela à la fois. Quoi qu'il en soit, ces deux caïds issus du milieu marseillais ont une tendresse bien sentie pour Monique, jeune fille charmante, naïve et troublante de candeur, qui atterrit comme une fleur en plein cœur de l'hiver dans le cabaret qu'ils administrent au nom de la mafia montréalaise. Les deux larrons cachent à la nouvelle venue la véritable vocation de la maison. Et gare à quiconque lui ferait quelque avance déplacée, remarque désobligeante ou menace déguisée. Quant à Monique, encore bien innocente sur certains plans à 19 ans, elle trouve ses deux protecteurs agréables, rassurants, amicaux.

Le présentateur maison du Faisan Doré, Jean Rafa, est provençal comme les frères Martin. Entre deux annonces, il lui arrive de pousser la chansonnette et c'est à lui que l'on doit la popularité de la rengaine *J'aime les nuits de Montréal*. Comme il la fredonne avant chaque spectacle et qu'elle est reprise en chœur par le public, elle est devenue la mélodie fétiche du Faisan Doré. Après cette mise en bouche, il chauffe la salle avec quelques histoires de pétanque, sport dont il est un grand amateur et qu'il a révélé aux Montréalais.

Accompagné par le pianiste Billie Monroe et le guitariste Americo Funaro, Jacques Normand, vedette incontestée de la boîte, présente son tour de chant qu'il ponctue de blagues osées et d'impertinences. Le public raffole de ses mots d'esprit. La chanteuse maison, la Française Louise Rivière, complète l'équipe.

Tout ce petit monde entoure *Les faisants de bruit* de leur affection protectrice. La jeune Monique Leyrac semble être la favorite. Elle se laisse chouchouter de bonne grâce. C'est si bon d'être en agréable compagnie et de se sentir en sécurité.

Les soirs où ils sont présents, *Les faisants de bruits* attendent bien sagement la fin du second spectacle. Vers minuit, quand la clientèle quitte les lieux, ils se dirigent vers la scène et chaussent les souliers des vedettes en reprenant quelques-uns de leurs numéros. Le généreux Billie Monroe n'hésite pas à rester et les accompagne avec enthousiasme. C'est qu'ils sont bons, ces *Faisants de bruit*. Ils passent de la chanson à la comédie, enchaînent sketches et monologues, se permettent des imitations de Jean Rafa, bref, ils s'amusent comme des petits fous. Qui plus est, ils fascinent leurs aînés, qui s'attardent pour les applaudir.

Aux aurores, on entend la voix d'Edmond : « Trois heures, on ferme. » Le couvre-feu. C'est le moment où le patron met la clé dans la porte et offre sa tournée générale. Vers quatre heures, tout est terminé, on se sépare et on se dit au revoir jusqu'au prochain ramdam.

C'est lors d'un de ces matins, à l'aube, dans le premier autobus de la journée, que Denise a lancé à son amie, sur le ton de la confidence :

— Coudonc, Monique, Jacques Normand, y t'ferait pas d'l'œil par hasard ?

— Ben non, pis y est marié, tu me l'as dit l'autre fois. Avec la chanteuse, là... la fille qui est tout le temps dans l'*Radiomonde*, Lise Roy.

— À part de t'ça, Monique Tremblay, j'trouve que toi aussi tu y fais des beaux yeux de temps en temps.

— Ben non, Denise. C'est juste dans ta tête. Qu'essé qu'tu vas chercher là ? Pis, répands pas des rumeurs. Ça va m'attirer du trouble.

Elle a rougi et presque chuchoté sa dernière phrase. Un ange passe. L'autobus est à l'arrêt Frontenac-Sherbrooke. Peu de gens encore. Quelques travailleurs. Monique se tait. On la sent mal à l'aise. Le fait est que Jacques ne la laisse pas indifférente, c'est maintenant évident pour tout le monde au Faisan Doré. Tous les soirs, il lui fait la cour, l'invite dans sa loge, lui raconte ses nouveaux gags. Sur scène, il lui fait des clins d'œil et lui adresse quelques allusions qu'elle sait reconnaître. Dès qu'ils sont ensemble, ils se lancent des regards sans équivoque. Tout ce qu'il dit la fait rire. Tout ce qu'elle raconte le fait sourire. Pour ses 20 ans, Jacques lui a offert des roses et du champagne.

C'est la première fois de sa vie qu'un homme lui fait autant d'effet. Elle a bien eu un petit copain jadis, Raymond Guilbault, mais ça n'a été qu'un feu de paille, une amourette, un joli flirt qui n'a pas duré. Quelques baisers sans conséquence. Elle sent bien que, cette fois, ce n'est pas la même chose. Jacques l'attire de manière irrésistible. Ne rien brusquer toutefois. Laisser venir la chose tout naturellement. Son instinct lui dicte d'être prudente. Soit, elle le sera. Mais pas au point de passer à côté de celui qu'elle considère déjà comme son amoureux secret.

Ah ! le joli trouble ! Et cela n'est pas simple. Jacques attaque de plus en plus directement, elle se défend de moins en moins. C'est déjà la tendre guerre. Il voudrait bien une relation plus intime mais elle résiste, s'accroche à ses principes. Car Monique, toute indépendante qu'elle soit, se rappelle les valeurs familiales. Les souvenirs du scoutisme, son frère qui se destine à la prêtrise, sa mère si pieuse, ses sœurs, différentes d'elle et qui ont suivi une voie tracée d'avance, tous ces exemples sont solidement ancrés en elle. Elle voudrait bien s'en affranchir mais quelque chose l'en empêche.

Un soir, c'est plus fort que tout, elle se laisse ensorceler par le maître séducteur qui rôde depuis longtemps autour d'elle. Il l'attire dans sa loge après le spectacle, l'embrasse avec passion, lui donne rendez-vous à l'appartement, rue Saint-Denis, où il vit seul depuis qu'il s'est séparé de son épouse. Monique s'abandonne à l'amour. C'est la première fois, et quelle première fois ! L'homme de sa vie, elle l'a trouvé, c'est lui.

Ce soir-là, *Les faisants de bruit* font relâche.

À ces moments d'insouciance succèdent les angoisses de l'avenir. Sera-t-il encore là demain ? Renouera-t-il avec sa femme ? M'aime-t-il vraiment ? Il est jaloux. Pourquoi ? Je suis jalouse moi, oui, mais j'ai mes raisons : toutes les femmes sont à ses pieds.

Ce n'est pas tout. Il faut que tout cela reste secret, rien ne doit transpirer. Monique se fait donc plus discrète et vient moins souvent au Faisan Doré. Quand elle y est, on la trouve soucieuse. Son amour se vit clandestinement alors qu'elle voudrait le crier sur tous les toits. Elle ne se doute même pas que ses précautions sont inutiles puisque tout le monde est au courant et que même son bel amoureux ne se prive pas pour se vanter de sa nouvelle conquête. On est star, on n'en est pas moins homme. Et quels que soient les succès artistiques que l'on connaisse, rien ne vaut les succès amoureux dont on se vante !

L'été qui suit est néanmoins la saison de tous les soleils, le romantisme est au menu, Jacques se révèle un amoureux prévenant, tendre et aux petits soins. Monique, ardente et passionnée, aborde sa nouvelle vie avec enthousiasme et sans compromis.

Peu à peu, l'automne suivant, les nuages s'amoncellent. De nouvelles obligations contractuelles vont éloigner Jacques de sa dulcinée. Une tournée lui est proposée pour novembre. Il va la quitter pour quelque temps et qui sait s'il n'en profitera pas pour s'amuser sans elle ? Déçue, jalouse et boudeuse, l'amoureuse contrariée se planifie une fin de semaine à Toronto, en compagnie de ses copines habituelles. Les quatre partent en auto-stop le vendredi matin du long congé de la Toussaint sans que Jacques le sache.

Celui-ci espère en vain voir apparaître Monique au Faisan Doré vers 22 heures, comme d'habitude, à temps pour le deuxième spectacle. Mais la belle indépendante s'est évanouie dans la nature. *Les faisants de bruit* qui restent ignorent où les autres sont allés. L'amant se morfond, mort d'inquiétude. Jusqu'à ce qu'une indiscrétion de la serveuse du bar finisse par l'informer de la fugue de l'être aimée. Son inquiétude tourne alors à la colère.

Après quatre jours d'absence, Monique revient en sifflotant comme s'il ne s'était rien passé. Les reproches fusent, l'orage éclate. C'est la première querelle. Il n'y en aura pas d'autre, Monique s'en fait la promesse.

Pourtant, tout finit par s'arranger et l'année 1948 s'achève dans un calme relatif. Après une courte séparation pour des raisons professionnelles, les deux amants se revoient avec plaisir. Monique s'est calmée, Jacques a pardonné, ils se sourient, le couple retrouve son harmonie, le climat se remet au beau. Pas pour longtemps ! Une maladresse de Jacques va mettre le feu aux poudres et, cette fois, c'est pour de bon.

Quelques mois auparavant, Monique avait emménagé chez son amoureux. Cela s'était fait dans la discrétion la plus absolue afin de ne pas alerter la famille Chouinard, qui ignorait que le plus célèbre de ses garçons était séparé de son épouse.

Un soir de février, au hasard de la conversation, Jacques prévient Monique qu'elle devra temporairement quitter les lieux, puisque Madame Chouinard vient passer quelques jours à Montréal. « Ma mère ne doit se rendre compte d'absolument aucun changement dans ma situation matrimoniale », précise-t-il. Et comme si ce n'était pas suffisant, il en rajoute en précisant que, pour sauver les apparences, sa femme légitime viendra s'installer dans son appartement le temps de la visite maternelle.

Monique ne fait ni un ni deux. Sans répondre à Jacques, sans même protester, elle se réfugie dans sa chambre. En moins d'une demi-heure, sa valise est faite. Elle claque la porte. Elle est partie. Elle ne reviendra plus. Elle a repris son indépendance, renoué avec sa liberté. Ce sera sa ligne de conduite toute sa vie : liberté et indépendance ! Ce qui n'empêchera pas le cœur de l'amoureuse d'être blessé à vie…

En fait foi une entrevue radiophonique accordée à Catherine Pépin à la radio de Radio-Canada en février 2018. Monique dévoile le nom de l'homme de sa vie : Jacques Normand ! Diable ! Après 70 années de silence, il s'agit d'une révélation majeure. Bien sûr, elle avait le droit le plus indiscutable de garder le silence sur les secrets de son cœur. Mais cela veut dire aussi qu'elle a vécu la majeure partie de sa vie avec, en mémoire, l'image de cet homme. On dit que les premières amours sont souvent les plus indélébiles et qu'on a souvent plus de mal à se remettre d'une rupture à 20 ans qu'à 40. Si cela est vrai dans le cas de Monique, elle a fait preuve d'une force de caractère peu commune pour garder ainsi ce drame enfoui en elle-même. Elle a par la suite regretté son geste, cette rupture brutale, qu'elle attribue à son seul mauvais caractère. « C'était triste de mettre un terme à une si belle histoire sur un coup de tête… », dit-elle aujourd'hui.

La seule chose que la principale intéressée ait laissé filtrer à l'époque, c'est que sa passion amoureuse pour Jacques Normand avait été brève et tourmentée. Le fil des événements est simple à suivre. Qui a séduit l'autre ? Monique n'a pas caché être d'abord tombée éperdument amoureuse de Jacques. On a vu que lui, bien qu'il ait été attiré par elle, l'avait un peu menée en bateau. Il faut se rappeler qu'à une certaine époque une jeune femme qui vivait en concubinage était montrée du doigt et rejetée par une frange importante de la société bien-pensante. Envers et contre tous, Monique n'en a fait qu'à sa tête et elle a surtout écouté son cœur.

La relation se vivait plus facilement pour Jacques Normand. Tout d'abord, c'est un homme. Dans le microcosme montréalais, il est célèbre. Auréolé par son statut de vedette, officiellement marié, artiste « respectable » et arrivé, il courtise discrètement la jeune fille, en fait sa maîtresse, lui promet tout et lui accorde peu. On a constaté que l'affaire n'a pas duré. Et l'on se souvient que Monique, tout amoureuse qu'elle était, y a mis un point final. Cette parenthèse passionnée a été déterminante pour la jeune femme, lui a appris à connaître l'autre sexe, à s'en méfier aussi, à le dominer quand il le fallait, mais surtout à ne jamais lui laisser la direction des opérations. De surcroît, il faut reconnaître que son aventure avec l'icône des cabarets des années 50 a été déterminante pour sa compréhension du monde de la chanson, du vedettariat et de la vie d'artiste en général. Cette rencontre a orienté son évolution de manière irréversible.

Cela dit, le prix à payer a été lourd pour Monique puisque, 70 années plus tard, elle nous révèle qu'elle n'a jamais oublié Jacques !

Les premiers mois qui suivent sa rupture amoureuse sont moroses. Certes, Monique a rompu, mais elle est dévastée par la peine d'amour qu'elle vit dans la solitude de cet hiver 1949, particulièrement froid et humide. Pour tromper la grisaille, elle renoue avec ses amis du Faisan Doré, qui l'accueillent avec chaleur. Les deux anciens amants s'ignorent cordialement mais l'ambiance générale n'en est pas altérée. Monique prend plaisir à assister aux divers numéros du cabaret, à l'exclusion, bien sûr, de ceux de Jacques Normand.

Deux nouveaux venus attirent particulièrement son attention. Débarqués en fin d'année à Montréal, ils ont formé un duo, comme on en voit souvent à cette époque. Le premier est un pianiste qui chante, le second, un chanteur qui pianote. Mais ce sont avant tout des auteurs qui interprètent leurs propres compositions. Pierre, le Parisien, crée les mélodies. Charles, Français d'origine arménienne, écrit les textes. On les connaît sous le nom de Roche et Aznavour et bien qu'ils soient peu connus encore en France, ils ont tout de même réussi à placer quelques-unes de leurs chansons auprès de stars comme Édith Piaf et Maurice Chevalier. Le Faisan Doré les a engagés pour 40 semaines, ce qui va leur permettre de roder leur numéro en prévision d'un retour espéré dans les cabarets européens. Monique connaît toutes leurs chansons par cœur et elle est devenue l'une de leurs plus fidèles admiratrices, en plus d'être une copine assidue.

Un soir de relâche, vers 19 heures, Monique termine paisiblement son repas chez Faby, avec qui elle cohabite depuis sa rupture avec Jacques Normand. La porte s'ouvre soudain pour faire place à un Edmond Martin passablement soucieux.

— Qu'est-ce qui t'arrive ? lui demande Faby, maintenant maîtresse en titre du Marseillais. J't'attendais pas ! T'as perdu un pain de ta fournée ?

— J'ai un petit souci, lui répond Edmond. Peut-être aurastu quelques suggestions qui m'aideront à régler le problème. À compter de demain soir, Louise Rivière ne fera plus son numéro au Faisan Doré. Elle est à l'hôpital à cause de sa grossesse et fait peut-être même une fausse couche à l'heure actuelle. J'ai 24 heures pour la remplacer…

— Pourquoi ne pas demander à Monique ? rétorque Faby, jamais en peine d'une solution. L'as-tu déjà entendue chanter, après le show, avec ses chums ? Elle est vraiment bonne !

— Mais je ne chante pas, je n'ai jamais chanté devant un public de cabaret, proteste Monique, jusque-là silencieuse.

— Serais-tu capable de me chanter quelque chose, comme ça, tout de suite, sans accompagnement ? demande Edmond, soudainement intéressé.

Pour toute réponse, Monique entonne le premier couplet d'une chanson de Louise Rivière qu'elle entend tous les soirs et qu'elle connaît par cœur.

— Mais tu t'en tires très bien, s'enthousiasme Edmond. Merci, Faby. J'aurais dû y penser moi-même. Je t'avais déjà entendue avec les copains, le soir, après les spectacles…

— Oui, peut-être, mais c'est entre nous tout ça, proteste Monique. Je ne suis pas certaine de faire l'affaire pendant un vrai spectacle.

— Allons, mon petit, je t'engage à l'essai. Quelques chansons et le public sera ravi, crois-moi. J'ai de l'expérience, je connais le métier. Ils vont t'applaudir. Puis, rassure-toi, si ça ne marche pas, je trouverai quelqu'un d'autre. Je te donne 75 $ par semaine. Va t'acheter une robe, je t'avance l'argent.

Monique sent bien qu'elle n'a pas le choix. De plus, instinctivement, quelque chose la pousse à être d'accord avec Faby et à accepter la proposition d'Edmond. C'est entendu, elle ne se considère pas comme une chanteuse mais, en y pensant bien, elle se dit qu'il y a tout de même une sorte de parenté scénique entre le métier de comédienne qu'elle pratique déjà et celui de chanteuse, qui en est une forme de prolongement. Après quelques secondes d'hésitation, elle accepte de relever le défi.

Le lendemain matin, à 10 heures, Monique saute dans un taxi, se fait déposer chez Ogilvy et s'offre une robe de scène qui lui coûte la coquette somme de 250 $, plus de trois semaines de salaire !

Le lendemain soir, elle se retrouve dans les coulisses, côté jardin, confiante et prête à foncer, comme toujours. Ce n'est toutefois pas sans quelques papillons au ventre qu'elle entend Jean Rafa entonner *Les nuits de Montréal*. Après quoi, il annonce :

— Mesdames et messieurs, notre chanteuse habituelle, Mademoiselle Louise Rivière, sera absente pour quelques mois. La cigogne s'est annoncée et la future maman doit être en pleine forme pour l'accueillir. J'ai le plaisir de vous présenter celle qui a accepté de la remplacer le temps qu'il faudra, Mademoiselle Monique Leyrac.

Le public applaudit mollement, déçu de ne pas retrouver celle qui habituellement chauffe la salle avant les numéros de Jacques Normand et des duettistes Roche et Aznavour. Dans le noir, Monique hésite une seconde, lance un regard inquiet vers son ex-amoureux. Jacques, ironique, lui fait grise mine et n'a pas un seul mot d'encouragement pour elle. Alors, elle se retourne, sourit, balaie la scène d'un coup d'œil et pendant que le guitariste amorce l'introduction de la première chanson, elle plonge. Dès les premières mesures, le public est conquis. La chanson se déroule dans le silence le plus absolu, chose plutôt rare dans les cabarets de l'époque. À la fin, on applaudit à tout rompre et c'est une jeune fille rayonnante et soulagée qui salue de gauche à droite.

Une grande chanteuse est née ! Monique Leyrac !

À la fin du tour de chant, tout le personnel du Faisan Doré, à l'exception notable de Jacques Normand, la félicite chaleureusement.

À Montréal, la nouvelle se répand rapidement et, quelques jours plus tard, Radio-Canada enregistre le spectacle du Faisan Doré et le diffuse. Le numéro de la nouvelle découverte fait sensation et lui vaut une critique fort élogieuse de René-O. Boivin, journaliste à *Radiomonde*. Le chef d'orchestre Neil Chotem, qui a écouté l'émission, propose même à la radio d'État de consacrer une émission complète à la jeune chanteuse. Celle-ci est ravie mais, comble de malheur, le jour où elle doit se présenter en studio, elle se réveille trop tard et manque le rendez-vous. Faute professionnelle pour la débutante à qui l'on fait savoir qu'elle ne travaillera pas avant longtemps à Radio-Canada. Heureusement, l'incident sera vite oublié et n'aura pas de suite. Ce sera une leçon salutaire. Cela ne lui arrivera plus jamais.

Pendant les deux mois qui suivent, Monique remplit fidèlement son engagement. Roche et Aznavour viennent très souvent l'applaudir et lui prodiguent volontiers encouragements et conseils. Dans l'ombre, on voit aussi à l'occasion Monsieur Vic et quelques amis assister à son tour de chant. Il n'y a que Jacques Normand qui s'abstient de tout commentaire. Il va même plus loin. Un soir, il suggère à l'accompagnateur de faire fausser Monique pour, dit-il, « lui faire connaître les vrais défis du métier ». Mal à l'aise, Americo Funaro en parle à Edmond, qui révèle aussitôt l'affaire à Monsieur Vic. Le soir suivant, le fauteur de troubles est sévèrement rappelé à l'ordre et menacé de renvoi si la chose se reproduit. Jacques a compris. Il n'interviendra plus dans l'existence de Monique…

Pour oublier ses angoisses amoureuses, la jeune fille fréquente ses bons copains avec lesquels les soirées s'étirent, toujours bien arrosées. Parmi ceux-ci, Robert Rivard et Paul Berval, l'inénarrable boute-en-train, mais surtout le duo Roche et Aznavour. Les deux Français ont su charmer Monique par leur bagout, leur énergie, leur aptitude à échafauder toutes sortes de plans, à faire les 400 coups. Avec ces deux-là, on ne s'ennuie pas, on ne sait jamais ce que le lendemain nous réserve, et c'est tout à fait dans la nature de Monique. Dans les mois qui suivent, elle amorce un flirt avec Charles Aznavour. Ils ont des affinités affectives, une vision semblable de leur carrière, le même sens de l'humour, des ambitions communes et le goût du bonheur. Bref, les deux se plaisent bien. Cette tendre amitié amoureuse arrive à point nommé pour mettre un baume sur les blessures sentimentales de la jeune fille, qui s'est donné pour mission de protéger le timide francoarménien, de le rassurer sur son talent, de l'intégrer à la vie nord-américaine.

Comme le contrat du duo est échu à la fin de l'été et que Monique a terminé son engagement au Faisan Doré, les trois compères mettent le cap sur Québec où un nouveau contrat attend les deux Français : le cabaret Chez Gérard les accueille pour l'automne dans une formule semblable à celle du Faisan Doré.

Les garçons ont récemment fait l'acquisition d'une superbe Buick décapotable jaune serin. Il va sans dire que leur départ de Montréal ne passe pas inaperçu. Trois jeunes personnes, vedettes de surcroit, filant à toute allure entre Lavaltrie et Neuville, sur la route 2, en pareil équipage, ça se remarque. Ils sont accueillis partout avec gentillesse et c'est bien volontiers qu'ils font durer le plaisir en mettant deux jours pour faire les 250 kilomètres qui séparent Montréal de la Vieille Capitale.

Gérard Thibault, le patron de Chez Gérard, les attend, impatient de leur faire visiter son cabaret, aussi célèbre que le Faisan Doré. Le soir même, Roche et Aznavour donnent leur premier spectacle, qu'ils répéteront quatre soirs par semaine jusqu'à la fin de l'année.

Monique est assidue aux premières représentations. Mais elle a pris goût à la chanson et, comme elle est talentueuse et ambitieuse, elle réussit à être engagée dans un autre cabaret de Québec, le Monte Carlo. Son tour de chant se compose d'une douzaine de chansons, la plupart de style latino-américain, très en vogue à l'époque. Elle fait aussi dans la balade sentimentale américaine, puise dans le répertoire français, s'essaie à tous les styles, son goût personnel étant son unique critère de sélection. Elle commence à forger sa personnalité, à se faire connaître. Quand elle regagne Montréal, elle a pris de l'assurance : elle est prête à affronter d'autres publics.

Un peu tristement, elle fait ses adieux à Charles Aznavour. Leur vie durant, ils se reverront régulièrement et leur complicité ne s'éteindra jamais. Jusqu'à la mort du grand Charles, Monique sera fidèle à ce souvenir et à cette amitié de jeunesse.

De retour dans sa ville natale, Monique reprend la tournée des cabarets où son tour de chant connaît un succès grandissant. On la demande partout, et le Faisan Doré lui ouvre de nouveau ses portes. *Les faisants de bruit*, toujours fidèles, viennent l'applaudir. Même Jacques Normand lui dit bonjour. Elle revoit ses copines Léone, Denise et Faby. Edmond Martin, son frère, Marius, Monsieur Vic et tous leurs amis se font plus discrets que l'année précédente. Le bruit court que le Faisan Doré a été mis en vente. « Quelques embrouilles », explique Marius, laconique, un soir où il passe en coup de vent embrasser Monique. Toute à son succès, sans doute encore un peu naïve, rien ne vient troubler son bonheur de chanter. Elle reste sourde à tout ce qui n'est pas artistique. On vient l'applaudir de partout, on l'apprécie, et ça lui suffit amplement.

Un soir, après son tour de chant, une dame la demande dans la salle. Stupéfaite, elle reconnaît Édith Piaf, venue l'entendre à son tour. La célèbre chanteuse termine une tournée amorcée aux États-Unis et est attendue bientôt à Québec, au cabaret Chez Gérard. Très simple et particulièrement aimable avec Monique, elle la complimente sur son timbre, sa diction, sa manière de chanter, son style qui lui plaît bien. « Vous êtes une chanteuse de charme, vous devriez continuer dans cette voie, cela vous va très bien », conclut la star. Monique est ravie du commentaire de la grande vedette parisienne tout en se disant qu'elle est peut-être « chanteuse de charme », mais qu'elle choisira toujours de chanter par pur plaisir et refusera de se restreindre à un genre en particulier. Elle achève cette soirée mémorable en compagnie d'Édith Piaf qui lui présente quelques-uns des Compagnons de la chanson, notamment Jean-Louis Jaubert et le soliste du groupe, Fred Mella. Celui-ci deviendra l'un des plus grands amis de Monique et épousera sa confidente, la comédienne Suzanne Avon.

Régulièrement, Monique reçoit la visite d'admirateurs passionnés. Le réalisateur Jean-Yves Bigras lui fait un soir une proposition alléchante : « Je tournerai bientôt *Les lumières de ma ville*. Comme il s'agit d'un film musical, j'aimerais vous confier un des rôles principaux. Vous partageriez la vedette avec Huguette Oligny et Guy Mauffette. De plus, vous seriez entourée de quelques-uns de vos amis, Paul Berval et Denise Proulx. Qu'en pensez-vous ? » Ravie, flattée mais rétive comme à son habitude, l'actrice pressentie répond qu'elle entend réfléchir.

Une semaine plus tard, elle s'engage à tenir le rôle qu'on lui propose. Le tournage débute fin 1949 et se termine en février 1950. Monique a beaucoup de plaisir à redevenir comédienne à part entière. Son rôle lui plaît malgré le côté sombre et ambigu du personnage. Le fait de tourner au cinéma avec de grands professionnels comme Huguette Oligny et Guy Mauffette la comble de joie. De plus, elle en est convaincue, cela donnera un nouvel élan à sa carrière d'actrice.

Le film est une sorte de mélodrame musical dans le style de ceux tournés à l'époque aux États-Unis. Monique y interprète une dizaine de chansons originales de Pierre Pétel, sur la musique d'Alan McIver, qui signe également la trame sonore originale. Le film met en scène un double triangle amoureux où elle tient le rôle de l'amoureuse délaissée. Comme elle a vécu elle-même une aventure malheureuse, elle est bien en phase avec son personnage. Par ailleurs, comme la moitié des scènes se situent dans un cabaret qui lui rappelle le Faisan Doré, la chanteuse est en pays de connaissance. En février, au dernier tour de manivelle, Monique a le sentiment de conclure sa première aventure cinématographique avec les honneurs.

Le tournage s'est déroulé avec sérieux et professionnalisme. De jour en jour, Monique s'est habituée au style particulier du metteur en scène qui la dirigeait par onomatopées. Pendant les pauses, l'ambiance était détendue et sympathique. Les gags de Paul Berval l'ont fait mourir de rire. La courtoisie de Guy Mauffette, la chaleureuse présence de Denise ont contribué à la rassurer. Enfin, elle s'est fait une nouvelle amie en la personne d'Huguette Oligny, qu'elle avait jadis brièvement croisée à l'audition du *Chant de Bernadette*. Le réalisateur et toute l'équipe ont entouré Monique de petits soins et, après le dernier clap, tous ont trinqué à ces belles semaines de camaraderie, à ces moments exceptionnels vécus ensemble. Ils se sont quittés avec le sentiment d'avoir, à leur manière, contribué à l'évolution du cinéma québécois qui, en 1950, est encore naissant.

Après cette stimulante aventure, Monique prend du temps pour se reposer. C'est la première fois depuis son retrait de l'école qu'elle s'arrête. Mais l'inaction lui pèse. Elle a des pertes d'énergie, passe ses journées à feuilleter des magazines, parcourt la ville à pied, d'est en ouest, du nord au sud, visite des musées, découvre une exposition photographique de Paris, rêve d'Europe. Drôle de fin d'hiver. Début de printemps morose.

Elle enregistre tout de même ses premiers disques 78 tours pour la multinationale RCA Victor dans le cadre d'une entente à long terme. Pendant la saison estivale, elle découvre quelques nouveaux cabarets, accorde des entrevues à la radio et à quelques journaux artistiques.

Mais le vague à l'âme persiste. À l'automne, Monique sent qu'il lui faut un changement d'air radical. Elle a le goût de vivre de nouvelles aventures. Et en a également la liberté. « Qui n'avance pas recule, se dit-elle. Je sens que j'ai fait le tour du jardin, pour le moment du moins. Ma carrière est stable. Si je n'évolue pas, ça s'arrêtera. »

Après avoir pesé le pour et le contre, elle se décide : elle ira accroître son talent à Paris, dans la Ville lumière. Elle achète un billet aller pour l'Europe et s'embarque sur le paquebot Île-de-France, destination Le Havre.

Elle a 22 ans, l'âge de tous les possibles, de tous les rêves.

ACTE 2

CHAPITRE 4

Paris découvertes

LE BROUILLARD EST À COUPER AU COUTEAU. À INTERVALLES réguliers, on entend le meuglement sinistre de la corne de brume. La pointe sud-est de Terre-Neuve ne se laisse pas franchir facilement, plusieurs capitaines l'ont appris à leurs dépens. Et le plus célèbre d'entre eux, Edward Smith, y a laissé sa peau, sa réputation et les deux tiers des 2500 passagers du Titanic, le 15 avril 1912…

Accoudée au bastingage, Monique n'a aucune pensée pour le vieux loup de mer de la White Star. Toute à son émerveillement, fascinée par le spectacle du navire qui poursuit sa course lente mais inexorable vers cette France dont elle rêve depuis toujours, elle entend à peine la cloche qui sonne midi. Dans le haut-parleur du pont principal, le commandant annonce aux passagers qu'ils doivent ajuster leur montre. On vient de franchir le premier méridien de la traversée. Chaque jour, à la même heure, le scénario se répétera. « Il est maintenant 13 heures », précise-t-on en invitant les passagers à la salle à manger. Celle de la classe touriste de l'Île-de-France est spacieuse et accueillante. De style Art déco, peinte dans des tons de crème accentués de quelques notes pastel, très lumineuse même par temps gris, elle offre à ses invités un confort des plus modernes. Ses larges fenêtres, orientées à bâbord, ne laissent entrevoir, pour l'instant, que la blancheur inquiétante de la mer. On y a disposé suffisamment de tables pour accueillir 400 convives à chaque service.

Monique est la dernière à prendre place autour de la grande table ronde. Ses voisins y sont déjà, consultant le menu, salivant à la perspective d'un autre festin. Car, faut-il le souligner, la cuisine de l'Île-de-France est digne de celle de son pays d'origine. La gastronomie française est à juste titre renommée et plusieurs choisissent des navires battant pavillon bleu, blanc, rouge principalement pour des motifs d'intérêt culinaire.

À l'arrivée de Monique, un jeune sportif américain noir, célèbre à ce qu'il paraît, se lève pour la saluer. Détendu, très souriant, simple et sympathique, le boxeur Sugar Ray Robinson se rend à Paris pour recevoir la légion d'honneur des mains du président Vincent Auriol. Cette décoration lui a été attribuée après sa victoire contre Jack La Motta, le tombeur de l'ex-champion français Marcel Cerdan, l'amoureux d'Édith Piaf, décédé tragiquement en 1949. Très homme du monde, il baise la main de Monique en s'inclinant poliment. Pour celle-ci, c'est un moment de grâce quotidiennement renouvelé depuis le départ du navire du port de New York. Côtoyer tous les jours un « homme de couleur » la fascine – le seul Noir dont elle garde le souvenir était préposé aux bagages à la gare Windsor… Le gérant du boxeur est assis à la droite de son protégé et ne le lâche pas du regard. Il ne parle que l'anglais, contrairement à Robinson, relativement à l'aise dans la langue de Molière. Un philatéliste belge de retour d'un congrès à Boston a pris place face à la jeune Québécoise et ne manque jamais l'occasion de lui faire la cour, de la complimenter dans une langue française différente de la sienne.

Quant aux quatre autres personnes qui complètent cette tablée, Monique les connaît très bien. Il s'agit des frères Edmond et Marius Martin accompagnés de leurs épouses, Hélène et Simone. À sa grande surprise, elle les a rencontrés à l'embarquement, quelques jours plus tôt. Les deux hommes, un peu mal à l'aise, peinaient à expliquer la raison de leur départ précipité de Montréal. « J'avais le mal du pays, a avancé Edmond. Je m'ennuyais un peu de Notre-Dame-de-la Garde, du Vieux-Port, du soleil et de la Canebière. En plus, avait-il précisé, on a vendu le Faisan Doré, qui a changé son nom pour celui de Montmartre. Tu sais, c'est devenu plus difficile de faire des affaires à Montréal. » « Tu parles, peuchère ! » avait commenté son frère, Marius, toujours aussi taiseux. La vérité, c'est que deux jeunes avocats de Montréal, Pacifique Plante et Jean Drapeau, mandatés par le procureur général de la province, enquêtaient sur les activités des boîtes de nuit en général et sur celles du Faisan Doré en particulier.

Pourtant, quand Monique avait quitté Montréal quelques semaines plus tôt, elle n'avait pas conscience des événements qui bouleverseraient bientôt le monde du spectacle. Sa valise bouclée, elle avait embrassé ses parents, fêté joyeusement son départ avec Denise, Léone et Faby et tous étaient venus la reconduire à la gare Windsor où elle avait pris le train de nuit en compagnie de Charles Aznavour. Heureux hasard, le chanteur retournait à New York pour la première du nouveau spectacle qu'Édith Piaf et les Compagnons de la chanson donnaient à Broadway. À Albany, les formalités du département d'immigration américain avaient été longues et pénibles pour l'ami Charles. Un patronyme arménien, un passeport étranger et un arrêt récent à Ellis Island pour cause de quarantaine, tout cela suffisait amplement pour inquiéter un officier américain le moindrement sourcilleux.

— *Where do you live?*

— *Paris…*

— *Are you French?*

— *Well, yes and no…*

— *Yes or no?*

Aznavour, d'un naturel placide et inquiet, se défendait mal et s'embourbait de plus en plus. À bout de nerfs, Monique avait fini par protester énergiquement. Elle avait fait valoir avec véhémence au douanier qu'il avait devant lui une grande vedette de la chanson qui serait bientôt très connu aux États-Unis.

Après quelques minutes de discussions animées, le douanier, de guerre lasse, avait baissé la garde, les passagers s'étaient réjouis et le train avait repris la direction de New York avec un Charles soulagé et une Monique triomphante. Le lendemain, on pouvait les voir, le premier sur les quais de l'Hudson, la seconde sur le pont de l'Île-de-France, se faire des adieux interminables en agitant leurs mouchoirs.

C'est à cette scène particulière que Monique repense quelques nuits plus tard, allongée sur l'un des transats du paquebot. À ses côtés, son ami Robinson a lui aussi passé les dernières heures de la traversée sur le pont, espérant, tout comme elle, voir les côtes françaises se profiler à l'horizon. À l'aube, un timide lever de soleil laisse enfin entrevoir la plage normande, ce lieu chargé de souvenirs où, six années plus tôt, Canadiens, Britanniques et Américains unis par un même destin se sont sacrifiés au cours d'une des plus sanglantes batailles de l'histoire pour libérer la France des nazis.

La chanteuse et le boxeur, la gorge nouée par l'émotion, ne disent mot.

Soudain, la flèche d'un clocher se dessine à l'horizon. Le seul encore debout dans la ville du Havre en reconstruction. Détruite presque entièrement, elle n'est encore, en 1950, qu'un amas de ruines que l'on s'affaire péniblement à rebâtir avec les faibles moyens dont dispose le gouvernement de la Quatrième République.

Monique, toute à son exaltation de voir enfin ce pays auquel elle a tant rêvé, ne pense ni à la guerre ni à l'état des lieux. Elle ne songe qu'à cette grande ville à 200 kilomètres du Havre, à cette métropole mythique, ce carrefour du monde où elle saura se faire valoir !

Le paquebot accoste enfin. Après des formalités interminables et des adieux à Sugar Ray Robinson qui a décidé de faire le pèlerinage vers les plages du débarquement, un taxi la conduit à la gare en compagnie des deux frères Martin et de leurs épouses.

Rouen, Elbeuf, Évreux, le train file. Monique, le nez collé à la fenêtre de son compartiment, écoute distraitement Edmond qui lui propose pourtant de l'aider à faire carrière à Paris. Les paysages succèdent aux villes qui succèdent aux villages. Arrêt de cinq minutes aux gares de passage. On repart. Rien ne ressemble au Québec. Tout semble vieux, noir, délabré, détruit à certains endroits. Une pluie fine s'est mise à tomber, et c'est dans une gare Saint-Lazare noyée dans la grisaille que la Québécoise, fébrile, dépose sa valise sur le quai numéro 7. Il est 18 heures. La journée a filé plus rapidement que le train, il y avait tant à voir.

Edmond et sa famille invitent Monique à se joindre à eux à la buvette de la gare Saint-Lazare.

— Une petite baguette jambon-beurre, commente Edmond, ça m'a manqué à Montréal. Ah ! que c'est bon de rentrer au pays après tant d'années !

— …et un demi, un, poursuit Marius qui n'a pas prononcé un mot depuis Le Havre.

Monique se tait, abasourdie de se retrouver dans cette foule, secouée par le vacarme des trains qui partent ou qui entrent en gare. Intimidée aussi de se sentir en minorité, d'entendre cet accent français parlé par tous, jeunes et vieux, riches et pauvres, ouvriers et bourgeois. On s'interpelle, on s'engueule, on rigole. Monique connaissait le bagout français, la passion tricolore pour le débat et la discussion, mais c'est la première fois qu'elle peut admirer toute une foule pratiquer le sport national.

Le sandwich expédié, Edmond propose à Monique de la reconduire à son hôtel.

— Tu rentres chez toi immédiatement après ? s'inquiète Monique

— On va passer quelques jours chez le frère de Simone, à Ménilmontant, après quoi on ira revoir Marseille, mais je devrais revenir à temps pour te faire découvrir à fond Paris et sa région. Quoi qu'il en soit, comme nous ne partons que dans une semaine, je te verrai demain, histoire de m'assurer que tu ne manques de rien. Et j'ai plein de gens à te présenter, conclut Edmond.

Quelques minutes plus tard, c'est une Québécoise esseulée qui se retrouve entre les quatre murs de sa chambre défraîchie, meublée chichement d'un lavabo jauni, d'un étroit lit défoncé et d'une table bancale. Sur le plancher, aucune moquette mais beaucoup de poussière. En plus, les cloisons laissent passer tous les bruits avoisinants. Cette nuit-là, Monique ne dort pas et serre les dents pour ne pas pleurer. Sa résolution est prise : elle ne passera pas une nuit de plus dans cette chambre minable.

Cependant, comme chacun le sait, Paris est la ville des miracles. Dès le lendemain matin, à sept heures, son spleen nocturne évanoui, Monique déambule sur le pavé boulevard Haussmann. Éblouie par l'animation de la capitale, excitée par la circulation automobile, fascinée par l'architecture, elle ne sait plus où donner de la tête. Elle se laisse porter vers la Madeleine, remarque, de l'autre côté de la Seine, l'édifice jumeau de l'Assemblée nationale, jette un œil à l'intérieur de l'église, ressort, hésite, lorgne un café très animé, voisin de chez Fauchon, se risque à y entrer, en ressort puis, finalement, s'y installe et demande :

— Avez-vous des croissants ?

— Bonjour, tout d'abord !

— Excusez-moi. Oui, bonjour, monsieur. Avez-vous des croissants ?

— Mais bien sûr qu'on en a. Et vous en désirez un, je suppose ?

— ... Heu... oui... avec un café... un café avec du lait bien chaud.

— Un café crème, si je comprends bien... Vos désirs sont des ordres, mademoiselle... Et un crème pour la huit, un, crie le garçon au patron derrière le comptoir.

— Mademoiselle est Belge ? lui demande-t-il en revenant avec le café fumant et la pâtisserie.

— Non, monsieur.

— Suisse, alors... ou de la province ?

— Oui, de la province de Québec, c'est au Canada.

— Ah ! oui, « ma cabane au Canada » rigole le garçon en parlant du nez, croyant en cela imiter l'accent de sa cliente.

Interdite par l'attitude du garçon, Monique l'interrompt :

— Avez-vous des rôties ?

— Mais madame, le rôti, c'est le midi.

Alors, Monique, excédée :

— Nous avons nos patois, vous avez les vôtres, c'est toutte !

Dix minutes plus tard, le garçon du café, encore éberlué, regarde une jeune fille à l'air déterminé s'éloigner sur le trottoir de la rue Boissy-d'Anglas. Monique vient de remporter sa première victoire à Paris. Il y en aura bien d'autres.

Son échange énergique lui a toutefois appris que l'adaptation à un pays passe par la langue. Cela exige d'y parler celle de la majorité. En admirant la plus belle perspective urbaine au monde, au pied de l'obélisque de la Concorde, avenue des Champs-Élysées jusqu'à l'Arc de triomphe, elle se fait une promesse : elle a jadis changé son nom de Tremblay pour celui de Leyrac, elle troquera dorénavant son accent québécois pour celui des Français de Paris.

Le reste de la journée est une suite de découvertes fabuleuses de lieux qu'elle ne connaît qu'en photo : la Seine, Notre-Dame, la rive gauche, Saint-Germain-des-Prés, le Café de

Flore, quartier général des existentialistes, de son pape Jean-Paul Sartre, de Simone de Beauvoir et de leur muse, cette Juliette Greco toujours vêtue de noir et qui a le même âge que Monique. « J'irai l'entendre bientôt », se dit-elle. Elle traverse Montparnasse, s'arrête devant les boîtes à chansons, se promet d'y chanter un jour, rêve de théâtre devant l'Odéon… Madeleine Renaud, Jean-Louis Barrault…, traverse sur la rive droite, rêve de théâtre devant la Comédie-Française…, Sarah Bernhardt, son modèle, son inspiration.

À 19 heures, gare Saint-Lazare où il lui a fixé rendez-vous, Edmond Martin voit arriver une Monique Leyrac épuisée mais radieuse. Celle-ci ne fait ni une ni deux.

— Edmond, il faut que tu me trouves un autre hôtel. Je n'ai même pas ouvert mes valises. Je veux quitter cet endroit minable.

— À cette heure-ci, mon petit, ça ne va pas être facile mais je vais essayer de te trouver quelque chose. Attends-moi, je donne un coup de fil et je te reviens tout de suite.

Cinq minutes plus tard, Edmond réapparaît, tout sourire.

— J'ai déniché une chambre tout juste au nord de l'Étoile, rue Brunel, à l'angle de l'avenue de la Grande-Armée. Mon pote, Marcel Calixte, avec qui j'ai fait la guerre au Maroc, est propriétaire d'un petit hôtel qui accepte la clientèle à long terme. C'était complet mais il t'a fait de la place sous les combles. Sa concierge est un peu vacharde mais ça ne fait rien, lui, tu vas voir, il est sympa.

— On peut y aller maintenant ?

— Sans problème, mon petit, il nous attend.

Edmond fait monter sa protégée dans la Renault 4cv « empruntée à un autre pote qui me devait un petit service », précise-t-il, et démarre en direction de l'Arc de triomphe. Monique, étourdie par l'animation des boulevards et la ronde infernale des voitures place de l'Étoile, éblouie par les lumières des Champs-Élysées, se retrouve comme par magie devant son hôtel. Par contraste, la rue Brunel est bien tranquille : deux ou trois cafés, un restaurant marocain, le Timgad, et l'endroit où elle va s'installer pour de bon, espère-t-elle, le Compostelle, deux étoiles au registre hôtelier.

— C'est mignon, non ? l'encourage Edmond en passant la porte.

Derrière le comptoir, une horloge massive, flanquée de deux gravures pâlies par le temps : une tête du Vert-galant, le bon roi Henri IV, une autre du Pont-Neuf, paradoxalement l'un des plus anciens ponts de Paris. Un fauteuil de cuir élimé encombre le passage. Monique s'y laisse choir pendant qu'Edmond lance de sa voix de stentor :

— Marcel, c'est moi ! Où tu te caches, couillon ?

Quelques secondes plus tard, Monique voit apparaître un petit homme bedonnant, hilare et démonstratif, qui embrasse Edmond avec force accolades et tapes dans le dos.

— Tu n'as pas changé, mon vieux !

— Toi non plus, Marcel ! répond Edmond. Je te présente Mademoiselle Leyrac, la Canadienne qui vient chanter à Paris. Elle est douée.

— Mademoiselle, mes hommages… Suivez-nous qu'on vous installe à l'étage.

La chambre, plus spacieuse que Monique ne l'espérait, sent un peu le renfermé mais semble très propre. Seule ombre au tableau, les toilettes sont dans le couloir. En revanche, c'est tout à côté, et la pièce qu'elle habitera dispose au moins d'un bidet et d'un réchaud à gaz.

— Ça vous plaît ?

— Mais oui, c'est parfait. Merci, messieurs, je vais bien prendre mon temps pour défaire mes bagages et m'installer pour de bon.

— C'est bien, mon petit, acquiesce Edmond. Demain soir, je t'amène dîner à la brasserie Lorraine et on ira au Club de l'Opéra entendre Suzy Solidor. Je connais le patron de la boîte et j'aimerais qu'il te rencontre et surtout qu'il t'entende chanter.

— D'accord, Edmond, on se voit demain, vers 19 heures. Merci pour votre accueil Monsieur Marcel, à plus tard.

Dehors, novembre est calme et beaucoup moins frais qu'au Québec. Comme la chambre est située à l'angle de l'édifice, elle donne sur les deux rues adjacentes. Malgré la largeur de l'avenue de la Grande-Armée et le nombre impressionnant de voitures qui y circulent, le bruit n'est pas infernal et Monique peut ouvrir la fenêtre. Ici, elle se sent bien, la déprime de la veille est disparue, le mal du pays n'existe plus. C'est calmement et avec plaisir qu'elle range ses effets personnels.

Contemplant la vue par sa fenêtre, Monique pense à son avenir. Bien que sa vocation de chanteuse lui soit venue un peu par hasard et même si elle préfère le théâtre à la chanson, elle souhaite tout de même, ici à Paris, perfectionner son tour de chant et sa personnalité d'interprète. Il faut revoir tout cela, chanter des chansons plus actuelles, à l'exemple de cette Juliette Greco. Au Québec, déjà, Monique a innové en interprétant des œuvres originales de Canadiens comme Pierre Pétel et Lionel Daunais mais aussi d'Européens comme Aznavour et Roche. Elle sent qu'il faut choisir des auteurs-compositeurs vivants, chanter des textes qui reflètent la culture sinon de son propre pays, du moins de celle des pays francophones. Elle veut rompre avec cette mode détestable qui consiste à choisir la facilité et à ne chanter que des airs américains, des rengaines accrocheuses. Tant qu'à chanter, elle souhaite devenir une grande interprète et sent bien que c'est en défendant des idées actuelles sous forme de chansons qu'elle y arrivera.

Côté théâtre, la démarche qu'elle veut entreprendre au cours de son séjour parisien est encore plus importante puisqu'elle a choisi d'apprendre ce métier, d'en connaître les rouages, d'en apprivoiser les codes, et que le meilleur endroit pour le faire est la France. Comment s'y prendre ? C'est moins simple qu'il n'y paraît. Chose certaine, il faut lire, suivre des cours, des leçons privées peut-être, fréquenter le milieu des comédiens, aller au théâtre, se familiariser avec les textes des grands auteurs classiques. Mais par quoi commencer ? On verra plus tard, mais Monique garde en tête que le théâtre et tout ce qui s'y rattache sont une priorité pour elle. Et puis, après tout, n'a-t-elle pas une longueur d'avance sur plusieurs, elle qui peut se prévaloir de quelques expériences professionnelles et d'une base académique solide acquise auprès de Jeanne Maubourg et d'Eleanor Stuart ?

C'est la tête pleine de ces réflexions que Monique s'endort ce soir-là, bien résolue à mener sa barque à sa manière, comme d'habitude.

CHAPITRE 5

L'initiation

LE LENDEMAIN SOIR, À 19 HEURES, EDMOND ET SIMONE cueillent Monique à la porte du Compostelle, direction la brasserie Lorraine. Ils y sont reçus par un gérant obséquieux qui donne du Monsieur Edmond au Marseillais en s'inclinant plus que de raison. On voit que le principal intéressé a su garder sa réputation intacte dans la Ville lumière. Les trois invités sont conduits à leur table où les attendent déjà, imperturbables, Hélène et Marius.

En revenant chez soi après une longue absence, le premier grand repas est souvent exceptionnel. Celui-ci ne déroge pas à la règle. D'entrée de jeu, Edmond commande du champagne, du caviar et un plateau de fruits de mer pour tous.

— Et pour vous, Mademoiselle? s'enquiert le maître d'hôtel.

— Comme je ne connais pas la choucroute et qu'on m'a dit que celle de la brasserie Lorraine était la meilleure de Paris, c'est ce que je vais prendre, répond Monique.

— Royale, la choucroute, mademoiselle?

— ... Euh... Oui, s'il vous plaît, monsieur.

Le maître d'hôtel semble ravi de la naïveté et des bonnes manières de Monique.

Pendant le dîner, Edmond, qui est aussi volubile que son frère est taciturne, décrit à Monique l'atmosphère des cabarets parisiens, en particulier ceux de la rive droite.

— Je dois te prévenir, mon petit, le 9e arrondissement est un quartier un peu particulier, un coin de la ville où, jusqu'à tout récemment, les maisons closes florissaient. Ce n'est que depuis cinq ans que ces établissements ont été fermés par Marthe Richard, une conseillère municipale de Paris qui savait de quoi elle parlait puisqu'elle avait tapiné dans sa jeunesse ! Ces bordels ont été transformés en clubs de nuit du genre de ceux où je t'emmène ce soir. Officiellement, il n'y a plus de prostitution dans le 9e arrondissement.

— Tu parles, soupire Marius, plus laconique que jamais.

— Le Club de l'Opéra est un établissement très haut de gamme, à deux pas du Palais Garnier, rue Joubert. Suzy Solidor y est en vedette. Tu la connais sans doute de réputation… On dit qu'elle aime beaucoup les jeunes filles mais, rassure-toi, tu n'es pas son genre.

— Oui, j'en ai entendu parler, dit Monique, on l'appelle « la garçonne » et elle a servi de modèle à de nombreux peintres célèbres.

— Exact. On ira l'entendre chanter tout à l'heure et je te la présenterai. Le directeur de l'établissement, c'est le chanteur Jean Clément qui a déjà tenu l'affiche au Faisan Doré. Si tu as encore de l'énergie, on finira la soirée au Shéhérazade, une boîte huppée où l'on croise des célébrités comme Orson Welles et Ingrid Bergman. Je vais te présenter le gérant de la boîte, Henri de Cossange, c'est un vieil ami. Il va t'adorer, j'en suis sûr.

Trois bouteilles plus tard, les convives dégustent le munster au cumin auquel succèdent les îles flottantes. Monique n'en peut plus. Les deux autres filles ont le regard éteint. Edmond, de plus en plus bavard, et Marius, muet comme une carpe, tiennent le coup, cigare au bec, cognac à la main. On règle l'addition : 40 000 francs. Bigre ! Monique n'aurait jamais cru que l'on pouvait dépenser autant d'argent pour un souper de cinq personnes, même dans un grand restaurant. Quinze minutes plus tard, après une promenade grisante en taxi sur les Champs-Élysées, le Club de l'Opéra est en vue.

« Quelle vie ! » pense Monique. Elle ne peut s'empêcher de la comparer à celle de Montréal où tout est plus lent, où l'on a quelquefois l'impression de vivre caché. À Paris, même si le souvenir et les dommages de la guerre sont encore présents, à plus forte raison peut-être, tout est beaucoup plus ouvert, effervescent. On rattrape les années perdues, semble-t-il.

Le cabaret est suffisamment spacieux pour accueillir 200 convives. Au bar, quelques jeunes filles accortes distribuent généreusement des sourires coquins à de vieux messieurs égrillards. On peut admirer, accrochés aux murs de la salle, une vingtaine de tableaux signés Van Dongen, Vlaminck, Dufy, Laurencin, Tamara de Lempicka, Cocteau et quelques autres, qui révèlent diverses facettes de la personnalité ambigüe de Suzy Solidor. Le reste du décor est très sobre. Une clientèle distinguée se prélasse dans de confortables fauteuils en cuir tout en sirotant des coupes de champagne frappé. L'hôtesse, une blonde incendiaire, accompagne les nouveaux arrivants à l'une des tables centrales, réservée par les bons soins du patron, qui la suit discrètement des yeux.

Jadis la coqueluche de ces dames, Jean Clément a beaucoup épaissi et, du coup, se fait plus discret, presque terne, pourrions-nous dire. Il accueille tout de même les nouveaux venus avec un plaisir non dissimulé, s'enquiert de la vie au Canada, leur vante la qualité du spectacle et va même jusqu'à demander à Monique de chanter tout à l'heure « un petit quelque chose parce qu'Edmond m'a vanté vos qualités d'interprète et que nous cherchons quelqu'un pour occuper la première partie du spectacle de Madame Solidor ».

La star entre sur scène, accueillie avec enthousiasme par son fidèle auditoire. Blonde, élancée, large d'épaules, un demi-sourire aux lèvres, elle s'approche du micro en ondulant comme un chat persan. D'un seul regard, elle impose le silence. Son style un peu froid, distant, décontenance tout d'abord Monique. Sa voix grave de « garçonne » et l'ambiance feutrée du lieu, le silence absolu, inhabituel dans un cabaret, tout cela la trouble. Mais peu à peu, elle se laisse gagner par la profondeur de l'interprétation de la chanteuse. Elle redécouvre avec plaisir les chansons de marins et de soldats qui ont fait la réputation de Suzy Solidor avant et pendant la guerre. Des titres comme *Dans un port*, *Ohé capitaine*, *Le bateau espagnol*, de Léo Ferré, *Mon légionnaire* séduisent un public maintenant avide de grands espaces, d'horizons nouveaux, de liberté, de voyages. Elle s'est également approprié *Lily Marlène*, le grand succès de Marlène Dietrich, cette chanson incontournable qu'elle interprète à tous ses spectacles depuis 1943, cet air fétiche, acclamé par le public allemand mais aussi par les Américains, les Anglais et les Français.

Le tour de chant terminé, Jean Clément s'invite à la table des Martin. Après les généralités et politesses d'usage, il revient à la charge et convainc Monique de « chauffer » la salle avec une seule chanson en ouverture du second spectacle de la soirée. « Pour voir de quoi vous êtes capable », précise-t-il. Dans les cabarets parisiens, ce rôle de faire-valoir s'avère souvent périlleux pour celle ou celui qui accepte de s'y prêter. Un véritable casse-gueule réservé aux débutants. Une épreuve initiatique qui en a découragé plusieurs, mis à mal par les quolibets du public. Sans hésiter, la jeune Québécoise relève le défi.

— Je vais chanter *Les feuilles mortes* !

La chanson-phare de Juliette Greco. « Elle est culotée, la Canadienne… ou naïve », pense le gérant.

Vingt minutes plus tard, les lumières se tamisent et l'on devine, dans la pénombre, appuyée sur le piano, une frêle silhouette qui s'incline vers l'accompagnateur.

L'introduction se fait entendre. Le bavardage se poursuit comme si de rien n'était. Puis une voix, un filet de voix tout d'abord, s'impose doucement et, peu à peu, couvre la rumeur. Trente secondes plus tard, on n'entend plus qu'elle. Le public est hypnotisé. Quatre minutes après, de généreux applaudissements la suivent jusque dans les coulisses. Monique a gagné ! Elle a droit aux éloges des frères Martin, de Jean Clément et même de Suzy Solidor qui, de la porte de sa loge, a assisté au petit triomphe de la Canadienne. Sur-le-champ, elle lui propose un engagement de cinq semaines en première partie de son spectacle. Monique n'en espérait pas tant.

On a perdu la notion du temps mais, peu importe, la soirée continue. Comme c'était prévu, le petit groupe se retrouve au Shéhérazade, à quelques centaines de mètres du Club de l'Opéra. Le patron fait les cent pas à l'extérieur en attendant ses invités. La cinquantaine élégante, complet italien, effluves Dior, montre Cartier, gant sang de bœuf, souliers vernis, une phrase suffirait à définir Henri de Cossange : il porte beau ! Un dandy sur le retour.

— Messieurs Martin eux-mêmes, parbleu ! Ça fait belle lurette que je ne vous ai pas serré la pince… Marius, Edmond, ça date non ? Il était temps, sinon l'amitié se dilue… Mesdames, mes hommages.

« Toujours le même discours… hâbleur comme jamais… aussi onctueux qu'un pont-l'évêque, rigole Marius intérieurement. Exactement comme dans le temps du marché noir. »

— Henri, mon vieux, dans mes bras, c'est bon de te revoir, s'exclame Edmond. Viens que je te présente la jeune Canadienne dont je t'ai parlé, Madame Monique Leyrac.

Le propriétaire de la boîte s'incline profondément avant d'y aller d'un long baisemain. Décidément, pense Monique, à qui c'est la première fois que l'on donne du « Madame », non seulement il est précieux quand il parle mais aussi quand il effleure de ses lèvres la main d'une jeune fille.

À l'intérieur, l'ambiance est bien différente de celle du Club de l'Opéra. Exigu, bruyant, tout en racoins, plus Quartier latin que rive droite, le Shéhérazade, plongé dans la pénombre, laisse entrevoir de larges pans de velours rouge tendus tout autour d'une scène semi-circulaire.

— Messieurs dames, continue le patron, vous êtes venus un très bon soir. Nous avons invité un nouveau duo qui fait un malheur rue de la Huchette : les musiciens Django Reinhardt et Stéphane Grappelli. Ils ont accepté de s'expatrier dans le 9e pour la semaine. Vous allez découvrir un guitariste qui joue avec trois doigts et un violoniste qui ne lit pas la musique mais qui la fait débouler à une vitesse vertigineuse dans tous les sens de son archet. Stupéfiant ! Deux phénomènes. Vous ne les oublierez pas.

Et à voix plus basse…

— … l'un d'eux est manouche, mais il rachète tous ceux de sa race !

« Quel drôle de type, se dit Monique. Est-il profondément antipathique ou résolument original ? Voyons plutôt ce que ces géniaux musiciens nous réservent. »

Les deux jeunes instrumentistes font leur entrée sur la petite scène, suivis de leur contrebassiste. Vêtus pareillement de la chemise blanche, du nœud papillon et du costume de scène classiques, les complices sont pourtant bien différents l'un de l'autre. Le violoniste, avec son sourire d'enfant timide et son front dégarni, présente une bouille très avenante. Debout, ne tenant pas en place, son instrument à bout de bras, il semble déjà en état d'osmose avec le public. Son collègue, moustache fine et cheveux de jais lissés vers l'arrière, est beaucoup plus réservé. Très sérieux, concentré, sans un regard pour la salle, il prend tout son temps pour accorder son instrument.

« *One, two, three, four…* ». Les trois se lancent dans un swing endiablé. Dès les premières mesures, Monique tape dans ses mains, rythme le tempo avec ses pieds ; elle se retrouve debout, mêle ses applaudissements à ceux du public enthousiaste, hurle comme au temps de la patrouille des Écureuils, se laisse emporter par les sonorités nouvelles produites par ces musiciens hors du commun.

« Je vais chanter du jazz, moi aussi, de la même manière qu'ils en jouent, se promet-elle. J'en suis vraiment capable, je le sens. Comme eux, j'improviserai, j'épaterai le public avec des traits époustouflants de virtuosité vocale. »

Les morceaux se succèdent et lui laissent la même impression de plénitude musicale, d'énergie explosive. Il lui semble que le temps s'est arrêté, même si la musique se déchaîne devant elle, magistralement interprété par un Grapelli frénétique et un Reinhardt résolument immobile.

À la fin du spectacle, Henri de Cossange, les frères Martin, leurs épouses et Monique se retrouvent, enthousiastes, dans la loge des deux musiciens. Au hasard de la conversation, Django révèle qu'il habite le même immeuble que Félix Leclerc, rue des Saints-Pères. Comme Monique a fait la connaissance du poète au début de l'année pendant le tournage des *Lumières de ma ville*, elle se fait fort de partager ses souvenirs. C'est, précise-t-elle, son réalisateur Jean-Yves Bigras qui lui a présenté Félix, par ailleurs grand ami de la vedette du film, Guy Mauffette. Et comme l'épouse de l'acteur est la sœur de celle du poète, on s'est vite retrouvés à faire la fête tous ensemble, Monique s'intégrant tout naturellement à cette petite bande de copains. Quelles rigolades on a vécues ! Quels coups tordus n'a-t-on pas faits. De toutes les personnes qu'elle a fréquentées, Félix est sans doute celui qui la fait le plus rire. Si on le compare à n'importe quel comique de cinéma, et même à Paul Berval, c'est le personnage le plus irrésistiblement drôle qu'elle connaisse. Conteur, blagueur, ratoureux, spirituel, tout ce qu'il raconte revêt des couleurs surréalistes, prend des proportions inattendues. Comme un funambule de l'esprit, il recherche toujours l'équilibre entre le quiproquo, la demi-vérité et la fiction pure. Et, de conclure Monique, ses chansons, bien souvent mélancoliques, voire tristes, ne laissent en rien deviner à quel point son auteur peut être facétieux et fantaisiste dans la vie quotidienne.

— On se reverra sans doute bientôt, Monsieur Reinhardt, puisque je dois me rendre chez Félix prochainement. Il a promis de me faire entendre quelques nouvelles chansons que je rêve de chanter ici même à Paris.

Aux petites heures du matin, tout ce beau monde « se fait la bise », comme on dit ici, dans cette ville extraordinaire. Le jour se lève, les étals des marchés s'animent, on entend la rumeur du métro. Le soleil pâle de novembre éclaire les Grands Boulevards que Monique emprunte à pied, comme elle le fera pendant son séjour à Paris. Quand elle rentre dans sa petite chambre du Compostelle, elle a le sentiment d'être devenue une Parisienne à part entière. Cette soirée mémorable, elle le sait, marque son arrivée en France d'une pierre blanche. Elle sera pour toujours inscrite dans sa mémoire.

CHAPITRE 6

Chez Félix

IL EST TOUT JEUNE ET BIEN MIGNON. IL S'APPELLE FRANCIS. Monique a fait sa connaissance à Montréal, à l'époque où elle habitait avec Jacques Normand. Venu chanter au Faisan Doré, Francis Linel chantait aussi la pomme à la chanteuse. Mais, circonstances obligent, il a bien fallu que le soupirant soupire et prenne son mal en patience. Il a donc soupiré, patienté, attendu et relancé Monique tout juste après le tournage des *Lumières de ma ville*. Entre deux prises de vue, ils se sont fréquentés, copain-copain, ils se sont quittés, revus, ils sont allés au théâtre. L'été est arrivé, ils ont partagé des sundaes, des banana split et ils ont fait un peu de bicyclette. Les jours de congé, ils allaient en pique-nique. L'automne s'est pointé et Monique s'est envolée, laissant l'autre sur le bord du chemin, sa tristesse sous le bras.

Deux mois plus tard, comme il fallait s'y attendre, Francis faisait le pied de grue devant l'hôtel Compostelle. Toutes les semaines, le dimanche, à la même heure, il attend bien sagement dans le hall du petit hôtel que sa douce amie descende. Il l'emmène alors à la découverte de ce Paris qu'il connaît bien. Comme le Club de l'Opéra et le Shéhérazade font relâche ce jour-là, ils en profitent pour explorer un nouvel arrondissement de la capitale. Aujourd'hui, ce sera Montmartre, coin romantique s'il en est. Ce n'est pas un hasard. Cela convient parfaitement aux états d'âme passionnés de Francis. Est-ce partagé ? Allez savoir. Difficile de percer l'armure que Monique a revêtue l'an dernier après sa déconvenue amoureuse.

La voici qui apparaît. Elle adresse un sourire narquois à la concierge, Mademoiselle Beuzit, qui ne manque pas de lui rappeler que le début du mois est passé depuis une semaine déjà et qu'il serait peut-être bon de penser au loyer.

— Je vous ai préparé votre petite note, Mademoiselle Leyrac… Comme aide-mémoire ! ajoute-t-elle sur un ton aigre-doux.

— Mais oui, mais oui… grommèle Monique, qui ne porte pas la concierge dans son cœur.

Contrariée, elle passe la porte, suivie de Francis qui trottine derrière elle. Heureusement, la journée s'annonce radieuse. Il fait un temps printanier pour un 7 décembre. Ils explorent à pied de nouveaux coins de la ville, l'avenue de Wagram, le boulevard des Batignolles, celui de Clichy, le quartier chaud de Pigalle et le dédale anarchique des pentes de la Butte qui portent de si jolis noms : rue des Abbesses, rue Lepic, rue Saint-Éleuthère. C'est ainsi que, d'une place à l'autre, on arrive à celle du Tertre où Francis invite Monique à partager un chocolat chaud au restaurant Chez la Mère Catherine. Montmartre a déjà revêtu ses atours de Noël et donne libre cours à son euphorie. De la basilique du Sacré-Cœur, on entend les orgues gronder. Décidément, l'atmosphère est romantique et Francis en profite pour faire les doux yeux à sa compagne.

Soudain, changement d'humeur ! Au grand désarroi du soupirant, un voile de mélancolie vient troubler le regard de la Canadienne. À trois semaines des fêtes, elle souffre de vague à l'âme en prenant conscience que, pour la première fois de sa vie, elle passera cette période de l'année loin de sa famille et de ses amis d'enfance. Ce ne sera pas la solitude, loin de là. Elle a reçu de nombreuses invitations : celle de Suzanne Avon et de son mari, Fred Mella ; celle de Félix Leclerc et de son épouse, Andrée, surnommée Doudouche ; celles de nouveaux amis. Tout de même, c'est avec un pincement au cœur qu'elle reprend, silencieuse, le chemin du retour, tenant à distance un Francis bien déconfit.

Dieu merci, tout cela n'est que temporaire. Comme elle le fait depuis son tout jeune âge, elle parle à son reflet dans le miroir quand ça ne va pas bien et un simple coup d'œil à la glace de sa chambre lui suffit pour se remettre les idées en place. Ses nombreuses activités quotidiennes font le reste. Disciplinée comme peu de jeunes de son âge, consciente de ses possibilités, ambitieuse, elle a su, dès son arrivée, organiser ses journées de manière à ne jamais perdre une seconde. La jeune artiste s'est imposé un parcours auquel elle n'a pas l'intention de déroger et au terme duquel elle réalisera son but : devenir une artiste connue et appréciée à Paris.

Comme il avait été prévu, elle rend visite à Félix Leclerc, son ami Félix qui, comme d'habitude, la fait beaucoup rire et lui lance ses plaisanteries habituelles :

— On te garderait bien à souper, mais le garde-manger est vide… On n'a plus de tickets de rationnement. Ça fait trois jours qu'on mange pas !

Doudouche intervient.

— Fais-nous donc pas honte, Félix, tu sais bien que j'ai mijoté un beau veau marengo. Écoute-lé pas Monique, y est comme d'habitude… Y veut juste t'étriver.

Et Doudouche de prendre sa jeune amie par la taille et de l'amener dans la cuisinette du minuscule appartement où elle se met à l'entretenir de conserves, de terrines et de tartes aux mirabelles. Bien que Monique ne soit pas insensible aux propos culinaires, c'est surtout l'accent montréalais de son hôtesse qui lui procure une douce joie un peu nostalgique.

Plus tard dans la soirée, le discours de Félix la séduit une fois de plus avec cette manière si unique qu'il a de parler en paraboles, de colorer son discours de quelques menteries, de raconter des histoires sans fin. Elle l'entend avec bonheur réciter ses dernières poésies. Paroles seules d'abord, puis avec la musique et l'accompagnement de guitare, en contrepoint à sa belle voix chaude :

Les blés sont murs et la terre est mouillée,
Les grands labours dorment sous la gelée,
L'oiseau si beau, hier, s'est envolé…

— Ça, c'est ma nouvelle, ça s'appelle *L'Hymne au printemps*. Comment tu la trouves ?

Monique est émue aux larmes. Enthousiaste, elle souhaite interpréter la nouvelle chanson, l'enregistrer.

— Il faut demander à Jacques Canetti, mon imprésario, mais moi, j'ai aucune objection, au contraire. Je sais que cette chanson doit faire partie de mon premier disque en France. Demain, je rencontre mon orchestrateur, André Grassi, et Jacques doit justement se joindre à nous pour régler les détails de l'enregistrement. Accompagne-moi. T'en profiteras pour lui faire lire ton contrat de disque canadien et lui demander la permission d'enregistrer mes chansons.

Félix adore Monique et souhaite qu'elle devienne son interprète chouchou, sa muse. Mais il faut quand même que les clauses prévues entre les différents ayants droit soient respectées.

— Tu comprends, c'est l'éditeur, c'est lui qui décide. Je lui ai cédé mes nouvelles chansons. Je n'ai même pas lu le contrat avant de le signer. Il m'a demandé pourquoi je lisais pas les termes de l'entente. Je lui ai répondu que je lui faisais confiance en lui disant : « L'œil de Dieu te voit ! » Ça l'a pas rassuré !

Et c'est sur cette dernière plaisanterie que les deux artistes prennent congé en se donnant rendez-vous, le jour suivant, chez André Grassi.

Le lendemain, Monique et Félix se retrouvent au domicile de l'orchestrateur. Après les présentations d'usage, on entre dans le vif du sujet : arrangements, enregistrements, disponibilité des studios. Le musicien admire la naïveté musicale de Félix, le complimente sur la fraîcheur des mélodies qu'il a composées. Au cours de la conversation, il ne manque pas de le rassurer sur son intention de laisser intacte la structure harmonique originale de chacune de ses chansons. Monique citera souvent cette scène en exemple, en insistant sur l'attitude de Grassi, sur sa volonté de toujours servir l'œuvre du poète avec respect.

L'arrivée de Jacques Canetti interrompt la séance de travail. Il ne manque pas d'adresser ses compliments à Monique.

— Je vous ai entendue au Club de l'Opéra l'autre soir. C'est absolument magnifique et je souhaite vous prendre sous mon aile. Vous avez un contrat phonographique ?

Monique ne comprend pas bien la question et balbutie :

— Enfin, j'ai un contrat de disque avec la maison RCA Victor au Canada. Je l'ai apporté avec moi pour que vous y jetiez un coup d'œil. Je sais que j'ai promis de faire des disques avec eux à Montréal mais, vu qu'on est en France…

— Je vais le lire tout de suite.

Canetti parcourt rapidement le document et le remet à Monique en faisant la moue :

— Malheureusement, mademoiselle, vous avez signé un contrat universel avec clauses de reconduction automatique. Je ne peux absolument pas vous prendre avec moi, je le regrette amèrement, croyez-moi. J'aurais adoré que vous deveniez une artiste Polydor-Canetti. Cela dit, comme j'ai beaucoup de considération pour vous et que Félix m'a fait part de votre désir d'interpréter quelques-unes de ses chansons sur scène et de les enregistrer par la suite, je vous donne mon accord en tant qu'éditeur de ses œuvres à condition que Félix les grave d'abord, ce qui doit se faire en début d'année. Il faudra, évidemment, que votre compagnie de disque veuille bien à son tour les inscrire à son répertoire phonographique.

Et Canetti d'ajouter :

— Ça ne devrait pas poser de problèmes, compte tenu du tabac que Félix Leclerc fait actuellement au théâtre de l'ABC.

Poursuivant sur un autre sujet :

— En ce qui vous concerne, Félix, je suis complètement d'accord. Il ne faut aucunement changer la métrique de vos chansons. Elles doivent conserver toute la fraîcheur que vous y avez mise originellement. D'ailleurs, notre ami André est du même avis.

Une semaine après cette rencontre, Monique ajoute quatre nouvelles chansons de Félix à son répertoire du Shéhérazade et du Club de l'Opéra. Ses producteurs chez RCA Victor lui ont aussi signifié leur accord et confirmé par télégramme qu'elle pourra les enregistrer sur étiquette de la Voix de son maître, à la suite de Félix, au printemps prochain.

Un jeune public vient applaudir la nouvelle chanteuse dans les deux cabarets où elle se produit, au grand plaisir de Jean Clément et de Henri de Cossange. Monique, fidèle à sa ligne de conduite, chante fréquemment des chansons originales, en général composées par ses amis Charles Aznavour, Pierre Roche, Pierre Pétel et Félix Leclerc. Suzy Solidor, toujours charmante, est assidue à son tour de chant et apprécie son répertoire, même si elle ne comprend pas toujours la démarche de la chanteuse canadienne qui, refusant de se cantonner dans un genre en particulier, passe ouvertement d'un style à un autre. Tous les soirs, en ouverture de programme, on admire sa versatilité et sa technique vocale naturelle quand elle chante *Le Petit Bonheur*, *Les Filles de Trois-Rivières*, *Un gamin de Paris*, *L'Hymne au printemps*, *Le Bel Écossais*, *Le Bal du faubourg*, *Sur les Grands Boulevards* et plusieurs autres.

Quelques jours avant Noël, Suzy Solidor lui présente une grande dame de la chanson française, un monument devant lequel tous s'inclinent, Édith Piaf incluse, la grande Marie Dubas. Très simple, chaleureuse, enthousiaste, elle prédit à

Monique la plus belle des carrières parce que, dit-elle, « vous ne vous spécialisez pas, vous faites les chansons qui vous plaisent sans sacrifier à la mode. Vous irez loin car vous transcendez les genres, vous dépassez les courants momentanés. Restez vous-même, mon petit. »

C'est le plus beau cadeau de Noël que Monique pouvait espérer recevoir.

Le cœur léger, elle en profite pour prendre quelques jours de vacances avec ses amis. Suzanne Avon vient de donner naissance à son premier garçon et Fred Mella, de retour de la tournée américaine avec les Compagnons de la chanson, n'a pas d'autres engagements avant le début de février. Les trois complices sont fort joyeux et le mal du pays qui hantait Monique est complètement dissipé. Ses amis profitent de l'occasion pour la gâter un peu. Il faut dire que la jeune femme ne prend en général qu'un repas par jour composé d'un maigre sandwich. Sa situation précaire l'oblige même à couper sur les transports en commun et, chaque soir, elle fait à pied le trajet de l'avenue de la Grande-Armée jusqu'à l'Opéra. Ce soir, elle est reçue comme une reine : huîtres fines de claires, foie gras, dinde aux marrons, saint-honoré. Depuis son arrivée à Paris, alors que les Martin l'avaient invitée au restaurant, c'est son premier repas complet.

1950 s'achève dans l'allégresse. 1951 s'annonce prometteuse.

Monique passe le réveillon du Nouvel An chez les parents de Francis qui, eux aussi, l'accueillent avec des mets délicats et... très étranges aux yeux de la jeune Canadienne. En entrée, des oursins, puis des pieds-paquets, du loup à la farigoulette, des nougats de Montélimar. Originaires de Marseille, ils ont voulu faire connaître à Monique, qui semble bien les apprécier, les spécialités culinaires provençales.

Ces saveurs du midi et cet accent de mistral que le père de Francis arbore aussi fièrement que sa croix de la Légion d'honneur, rappelle à Monique que les frères Edmond et Marius Martin ainsi que leurs épouses, Simone et Hélène, n'ont pas réapparu depuis quelques semaines. Où sont-ils ? Dieu seul le sait, mais Monique ne s'en inquiète pas trop. Ils finissent toujours par refaire surface.

CHAPITRE 7

Spleen

L'ACTIVITÉ DES PREMIERS JOURS DE L'ANNÉE SEMBLE paralysée par le froid intense qui s'est abattu sur la capitale. Par souci d'économie, dès le 3 janvier, on a considérablement réduit l'intensité de l'éclairage urbain et la Ville lumière n'en porte plus que le nom. Seul le frimas qui couvre les platanes parvient à jeter un pâle reflet sur les rares passants des boulevards.

Contre vents et marées, Monique persiste tout de même à se rendre tous les soirs au Club de l'Opéra et au Shéhérazade à pied et vêtue d'un manteau léger. Suzy Solidor, qui la couve comme une mère poule, lui fait des remontrances :

— Vous finirez par attraper la crève, mon petit. Quand on a une voix comme la vôtre, on la protège !

Mais on l'a dit précédemment, Monique vit chichement. En ces années d'après-guerre, le maigre cachet que touche une chanteuse débutante ne suffit pas à la vêtir et à la nourrir suffisamment. Par fierté, elle ne se plaint jamais… et ne modifie en rien son mode de vie.

Par ailleurs, au cabaret, la clientèle est clairsemée. Il arrive que la chanteuse fasse sa première partie devant une salle au quart vide. Jean Clément la rassure :

— C'est normal, après les festivités annuelles, c'est toujours comme ça. Le public revient avec les hirondelles. Malheureusement, votre engagement se termine dans trois semaines. Trop tôt pour la migration. Bah ! il y aura d'autres saisons, je ne suis pas inquiet pour vous. En plus, on m'a dit que vous deviez enregistrer fin janvier chez RCA. Ça vous occupera et, pendant qu'on y est, je vous dis bravo, vous le méritez !

Malgré la sollicitude dont elle fait l'objet, Monique s'ennuie. Du public, de ses amis un peu dispersés, de son pays, de la neige, bref, de ses racines.

Pourtant, il y a certains rayons de soleil qui enjolivent sa vie. Comme quand elle croit apercevoir la grande actrice Ingrid Bergman venue l'entendre chanter au Shéhérazade. C'est tellement invraisemblable et inattendu qu'elle refuse d'admettre l'évidence. Et pourtant, c'est la vérité, la star est revenue hanter les lieux où elle a tourné *L'Arc de triomphe*, un film de Lewis Milestone d'après un roman d'Erich Maria Remarque. Séduite par la voix de Monique, elle ne manque pas de lui transmettre ses compliments.

Un soir, Suzy Solidor lui présente un monsieur très distingué, Armand de Rothschild, de la richissime famille du même nom. La jeune Canadienne, à qui le patronyme rappelle vaguement quelque chose, n'est pas plus impressionnée qu'il le faut et reste sur son quant-à-soi. Son indifférence n'a pas l'heur de plaire au vieux beau. D'abord empressé et tout en courbettes, il se transforme rapidement en paon vaniteux débitant un flot de sottises d'une fatuité sans égale. Sans un mot, laissant l'individu pantois, Monique tourne les talons et disparaît dans les coulisses.

D'autres rencontres sont encore plus hasardeuses, et Monique l'apprend à ses dépens. Fin janvier, un autre monsieur, plutôt âgé mais dont on lui dit le plus grand bien, lui est présenté : il est riche, de la meilleure famille, portant monocle et particule, s'exprimant dans un français châtié, bref, ce qu'il est convenu d'appeler un « beau parti ». Monique, pour qui l'horizon est occupé par son ami Francis, n'en a que faire mais, intriguée, elle accepte tout de même que le soi-disant gentilhomme la reconduise à son hôtel. Ils montent tous deux dans la Bentley, qui démarre en direction des Champs-Élysées. Un peu avant d'atteindre l'avenue Franklin-Roosevelt, plutôt que de continuer sa course vers l'Étoile, le chauffeur vire à gauche avenue Montaigne, et gare rapidement son bolide dans une entrée anonyme. Avec la plus extrême goujaterie, le « beau parti » se met en frais de vouloir embrasser Monique, qui ne se laisse pas faire et le gifle violemment.

— Ça s'appelle la grande claque de Rosemont, ça, mon bon monsieur, et je vous donne deux secondes pour redémarrer votre bagnole et me conduire aussi sec à l'hôtel Compostelle.

Le harceleur, confus, s'exécute sans demander son reste. À la porte de l'hôtel, il ne peut que balbutier :

— Je ne sais pas ce qui m'a pris, mademoiselle, je vous fais mes plus plates excuses et je vous jure que cela ne se reproduira plus.

— Ça ne risque pas de se reproduire, monsieur, car il n'y aura pas de prochaine fois !

Et Monique de claquer la porte de la Bentley et de grimper à sa chambre du Compostelle sans un regard pour Mademoiselle Beuzit qui, intriguée, la regarde disparaître dans l'escalier… « Elle a du caractère, la Canadienne ! » pense-t-elle.

Caractère peut-être. Il n'empêche que Monique tremble comme une feuille. De colère et de peur. Car cela aurait pu se terminer en drame, réalise-t-elle. C'est une leçon qui devrait l'inciter à une plus grande prudence à l'avenir.

Ainsi, quand ses deux contrats prennent fin au Club de l'Opéra et au Shéhérazade, elle met ses soirées à profit pour voir un peu de théâtre, aller au concert et entendre d'autres chanteurs et chanteuses. Pour la première fois de sa vie, elle franchit la porte de la Comédie-Française, ce lieu mythique où elle assiste à une représentation du *Soulier de satin*, de Paul Claudel. Expérience inoubliable qui va la marquer et changer le cours de sa vie.

Depuis son arrivée en France, elle a acquis une certaine notoriété, elle en est bien consciente. À preuve, on l'invite à la radio, à l'émission-phare de Jean Nohain *Quarante millions de Français*. Elle remporte un franc succès en chantant ses meilleures chansons, dont celles de Félix, bien entendu, mais aussi *Les Filles de Trois-Rivières*, assumant ainsi pleinement ses origines québécoises.

Comme il a été convenu, elle se rend aux studios de RCA Victor afin d'enregistrer un premier disque en terre européenne. Quatre titres, deux de Félix Leclerc, *L'Hymne au printemps* et *Le Petit Bonheur*, et deux succès français, *Un gamin de Paris* et *Sur les Grands Boulevards*.

Malgré cette activité intense, Monique souffre sporadiquement d'anxiété et de mélancolie. Son aventure dans la Bentley la rattrape. Elle en fait des cauchemars. Elle ne sait plus trop quelle direction donner à sa vie professionnelle, se cherche en vain un impresario, trouve son répertoire trop faible. Bref, elle doit réorganiser sa carrière.

C'est donc sans hésiter qu'elle accepte un engagement de quatre semaines en Belgique. Tout le mois de mars. Ça lui changera les idées, se dit-elle. Elle ne sait pas à quel point !

Trois jours plus tard, à six heures du matin, un taxi la dépose gare de l'Est. Personne n'est venu lui dire au revoir. Suzanne et les Compagnons de la chanson sont en tournée, Francis est parti dans le Midi visiter ses parents en vacances, les Martin ne sont pas réapparus et Félix, grippé, est alité. Monique déprime dans ce petit matin blême qui baigne les quais de la gare. Et, en ce début de mars, ce n'est pas le voyage jusqu'à Bruxelles qui l'égaiera.

Autant le premier parcours ferroviaire avait émerveillé Monique lors de son arrivée en France, l'automne dernier, autant celui-ci la laisse de marbre. Elle trouve le pays bien plat et sans grâce, le paysage, terne et les arrêts dans les gares, interminables. Elle n'a même pas un seul regard pour la flèche de la cathédrale de Beauvais qui se profile au loin. C'est avec un soupir de soulagement qu'elle aperçoit enfin les premiers faubourgs de Bruxelles. Deux heures plus tard, elle prend sa première bière, ses premières frites et ses premières moules sur la Grand-Place. Seule !

La solitude… C'est un sentiment dont Monique ignorait même la signification jusqu'à maintenant. Ses parents, ses frères, ses sœurs, ses cousins et cousines, ses amis avaient toujours fait partie de sa garde rapprochée. Et c'est elle, Monique, qui dirigeait la fanfare. Au Faisan Doré, elle était choyée, entourée. Elle a vécu la traversée de l'Atlantique comme une princesse entre un charmant boxeur noir et de vieux amis attentionnés, qui ont poussé la sollicitude jusqu'à s'assurer de son bien-être quotidien et de la suite de sa carrière à son arrivée à Paris. Francis, elle en prend conscience maintenant, était un chevalier servant irréprochable.

La solitude… et cette pluie glacée qui tombe sans arrêt! Ce sont les thèmes récurrents de son séjour en Belgique. Heure après heure, jour après jour, elle n'a personne à qui parler. Le lendemain de son arrivée, Monique a commencé son tour de chant dans la boîte où elle a été engagée, Le Waterzooi, un établissement mi-bistrot, mi-cabaret. Pendant les spectacles, on y sert des plats populaires à une clientèle plus intéressée à faire bombance qu'à écouter des chansons, sauf quand il s'agit de les reprendre en chœur comme à la colonie de vacances. La moitié du public est de culture flamande et ne saisit pas bien ce que les interprètes francophones racontent.

Plusieurs partagent l'affiche avec Monique. Une folkloriste de Gand, un dadais efféminé, originaire de Louvain, et un débutant, grand scout tout de noir vêtu que l'on surnomme «l'abbé Brel». Ses chansons font penser à un prêche, il vocifère et postillonne partout et Monique trouve ses tics très agaçants. Tous les jours, elle compte les heures, elle ne parle à personne et, dès que le dernier spectacle de la semaine prend fin, c'est sans demander son reste qu'elle saute dans le premier train pour Paris où elle retrouve sa chambre à l'hôtel Compostelle.

Elle n'y restera pas longtemps. Loulou Barrier, l'imprésario d'Édith Piaf, lui a déniché un engagement. Un télégramme l'attend à la réception: «Liban. Stop. Conditions très avantageuses. Stop. Clientèle huppée. Stop. Amateurs de belles chansons. Stop.»

Diable ! C'est tentant ! Une offre de Loulou Barrier, ça ne se refuse pas. Et puis, le Liban est un pays francophone, c'est un protectorat français, la moitié de la population est catholique et elle est, dans l'ensemble, cultivée. Enfin, c'est déjà le printemps là-bas. On y va !

Le soir même, après avoir annoncé la nouvelle à un Francis Linel effondré, elle fait la bise à Marcel Calixte, règle sa petite note à Mademoiselle Beuzit, qu'elle salue poliment, quitte le Compostelle, et s'engouffre dans un taxi, direction le Bourget. Trois heures plus tard, le Bréguet 763 d'Air France survole Paris en direction de Beyrouth, *via* Athènes. C'est la première fois de sa vie que Monique prend l'avion. À 3000 mètres d'altitude, elle dort déjà comme un bébé.

CHAPITRE 8

Récitals au Liban

En cette chaude matinée de printemps, les automobilistes aux abords de l'aéroport de Beyrouth ont droit à une vision insolite. Abritée sous un palmier royal en guise de parasol, une jeune fille, toute de noir vêtue, attend l'autobus. À première vue, rien d'anormal si ce n'est que le service de transport a été interrompu entre l'aéroport et le centre de la capitale dès 1949, lors de la première guerre israélo-arabe. Par chance, un taxi s'arrête à sa hauteur et son conducteur, charitable ou intéressé, lui fait comprendre qu'elle risque d'attendre longtemps. Dans le même souffle, il lui propose de la conduire au centre-ville. D'abord un peu hésitante, Monique finit par accepter l'offre de l'homme qui a toute l'apparence d'un gentleman. Dans un français impeccable, il ne tarde pas à lui demander ce qu'elle fait en un tel lieu, de si bonne heure.

— On devait m'attendre à l'aéroport et me conduire à un hôtel où je suis engagée pour chanter pendant quelques semaines. Mais la personne avec qui j'avais rendez-vous ne s'est pas présentée.

— Vous trouverez tous les hôtels que vous voulez dans le centre de Beyrouth et à tous les prix, la rassure son guide.

Vingt-cinq minutes plus tard, c'est une voyageuse ragaillardie que l'on dépose rue Gouraud, en plein centre de Beyrouth. « C'est un véritable capharnaüm, se dit-elle affolée. Quelle circulation infernale ! » Mais dans un même souffle, elle est renversée par la beauté du quartier Achrafieh où elle est descendue. Arpentant tranquillement la rue, elle avise soudain une banque qui propose un excellent taux de change. Devant le comptoir, elle demande poliment à son voisin si elle est au bon endroit pour changer des chèques de voyage. Pour toute réponse, elle a droit à une surprise…

— Mademoiselle, vous avez un bel accent québécois ! Non, ne soyez pas surprise, je connais bien votre pays. Je vous ai remarquée dans l'avion ce matin. J'étais sur le vol Paris-Beyrouth à quelques sièges du vôtre. Je suis Kamil Mansour. Je dirige une société d'import-export. Nous avons des représentants chez vous. C'est pour cette raison que j'ai reconnu votre accent si charmant.

— Je m'appelle Monique, Monique Leyrac. Je suis comédienne et chanteuse. En effet, je suis originaire de Montréal.

— J'ai visité Toronto et Vancouver il y a deux ans. Et j'irai sans doute à Montréal l'an prochain. Vous me dites que vous êtes chanteuse. Êtes-vous ici pour des raisons professionnelles ?

— Je dois me rendre à l'hôtel des Palmes, à Aley, mais je ne sais pas où c'est. On m'a seulement dit que c'est situé à une vingtaine de kilomètres du centre-ville de Beyrouth.

— Oui, c'est une très jolie station de montagne et on y vient de partout. C'est chic et bien tenu. Vous m'êtes sympathique, je vais vous y conduire. Je connais le propriétaire, on fera les présentations.

Malgré ses déboires avec le propriétaire de la Bentley peu de temps auparavant, Monique fait confiance à son instinct et accepte, pour la seconde fois de la journée, l'offre d'un inconnu. Décidément, ce pays l'intrigue et la séduit déjà ! Vingt minutes plus tard, elle est à la porte de l'hôtel des Palmes.

Un groom se charge de sa valise et guide les arrivants vers la réception.

— Hamdi à votre service, monsieur. Que puis-je faire pour vous ?

— Dites à Monsieur Nasr que Monsieur Mansour désire le saluer.

— Bien, je l'appelle tout de suite.

De larges fenêtres éclairent le hall somptueux au centre duquel est suspendu un lustre monumental. À l'extérieur, bordée de rosiers en fleurs, une piscine de belle dimension diffuse sa fraîcheur à quelques clients allongés sur des transats. « Quel contraste avec l'hiver belge ! » se dit Monique.

Au bout du couloir, des bruits de pas rapides se font entendre. Un petit monsieur chauve, nerveux et agité, apparaît et se dirige vers les deux visiteurs, les mains tendues.

— Kamil, comment allez-vous ? Et que me vaut le plaisir de si bon matin ? Rien de grave, j'espère ?

— Mais non, rassurez-vous, mon cher Georges, je vous ai tout simplement amené une demoiselle qui vient chanter chez vous, cette Canadienne recommandée par votre ami imprésario français. Vous l'avez apparemment oubliée à l'aéroport…

— Mais ce n'est pas possible, j'ai envoyé Mouloud la chercher de très bonne heure ce matin. Ils ont dû se croiser sans se voir. Mince ! Mademoiselle Leyrac, je présume. Je vous présente mes respects et mes excuses les plus sincères. Permettez-moi de vous accueillir à l'hôtel des Palmes. Je m'appelle George Nasr. Ça se prononce comme Nasser, le nationaliste égyptien, mais ça ne s'écrit pas de la même manière.

Prenant Monique par le bras, Georges Nasr se met en frais de lui faire visiter son hôtel. Monique découvre l'endroit où elle va chanter pendant les trois prochaines semaines : un joli cabaret de dimension moyenne, jouxtant la terrasse extérieure du cinquième étage et décoré des photos des chanteuses et chanteurs les plus populaires de l'heure. Surplombant la salle, une petite tribune supporte un piano minuscule. « Je vais m'y sentir un peu à l'étroit, pense Monique… On verra bien. »

La chambre, assez sobre et garnie d'un mobilier très simple, est agrémentée d'un balcon offrant une perspective magnifique sur le jardin extérieur : palmiers royaux, cyprès, orangers, hibiscus, bougainvilliers, eucalyptus, pins parasols, toutes les essences de l'Orient embaument l'espace de ce lieu magique. Monique est éblouie et, du souvenir de cette vision, naîtra plus tard sa passion pour les fleurs et le jardinage.

La semaine s'écoule au compte-goutte. Monique l'emploie à découvrir les environs d'Aley avec Mouloud, le chauffeur fantôme de l'aéroport, qui s'évertue à lui faire oublier l'incident. D'une gentillesse exquise, il lui explique en détail les mille et une subtilités de la vie culturelle et politique de son pays. Monique lui fait part de son admiration pour ce petit pays que l'on surnomme la Suisse du Moyen-Orient.

La chanteuse a prévu quelques répétitions avec son pianiste, Paul Breher. D'origine alsacienne, ce diplômé du Conservatoire de Paris s'est installé au Liban après la guerre. Musicien accompli, rompu à tous les genres de musique, il mémorise en un rien de temps le répertoire de Monique.

Mise en confiance par le professionnalisme de son accompagnateur, la jeune chanteuse entend bien profiter du temps qui lui reste avant la première de son spectacle pour faire un peu de chaise longue autour de la piscine et apprivoiser la cuisine des deux restaurants de l'hôtel. Ainsi, c'est en pleine forme qu'elle s'apprête à donner son premier tour de chant en terre libanaise dès le début de la semaine suivante. Une chanteuse arabe, spécialiste de la danse du ventre traditionnelle, qu'on qualifie ici d'« orientale », l'a précédée en première partie et a été chaudement applaudie par le public. Monique se sent particulièrement confiante quand elle se lance sur scène avec *Le Petit Bonheur,* de Félix Leclerc.

Curieusement, on l'accueille avec quelques applaudissements polis, sans plus. « Bon, se dit la chanteuse, je vais devoir travailler plus fort ! » Mais plus le spectacle avance, plus le public semble indifférent à ce qui se passe devant eux. Monique a beau mettre toute la gomme, fournir un surplus d'énergie, son auditoire ne semble pas se laisser séduire. En provenance de la salle, on perçoit une sorte de bruissement furtif, un amalgame de soupirs étouffés, chuchotements, bâillements réprimés, toussotements, rumeur qui dénote un manque d'intérêt senti pour ce qui se déroule sur la scène. De plus en plus mal à l'aise, Monique se demande à quel genre de public elle a affaire. Jamais depuis ses débuts, bien qu'ayant l'expérience des cabarets, n'a-t-elle été dans une telle situation. Les gens ne vont pas jusqu'à parler haut et fort, non, mais elle sent bien qu'ils ne sont aucunement émus par ses interprétations. C'est en sueur et épuisée qu'elle termine ce premier spectacle à l'hôtel des Palmes. Comme si de rien n'était, Monsieur Nasr ne tarde pas à la féliciter.

Quelques moments plus tard, son pianiste prend Monique à part: « Croyez-moi, il y a plusieurs genres de publics dans ce pays. Celui qui vient à l'hôtel des Palmes s'intéresse surtout aux danseuses du ventre bien roulées, si vous voyez ce que je veux dire, le genre de fille bien en chair et forte en hanches… Les gens sont venus vous entendre par curiosité, pensant sans doute que vous étiez une petite pépée française comme celles qu'ils voient au cinéma. Ils ne s'attendaient pas à voir une chanteuse qui propose un répertoire sérieux et des chansons à textes. Dommage pour eux. Mais il y a ailleurs, au Liban, des amateurs pour la belle chanson que vous faites. »

Le lendemain matin, alors qu'elle sirote son café sur la terrasse, une étrange mélopée lui parvient. Une voix dont elle ne peut distinguer ni la provenance ni le sexe interprète une chanson arabe, *a capella*. En un lent crescendo, l'orchestre se joint à la voix, l'appuie dans une montée qui fait appel à une langue musicale peu familière. Monique est fascinée par ce qu'elle entend. Un garçon lui explique, les larmes aux yeux, qu'il s'agit de la grande chanteuse cairote Oum Kalthoum, vénérée comme une déesse partout au Moyen-Orient.

Cet épisode remonte le moral de l'artiste, qui prend conscience qu'une carrière se bâtit avec toutes sortes de moments, des bons et des moins heureux, et que l'on n'atteint pas le sommet de son art en l'espace de quelques mois. Il faut se cramponner, ne pas lâcher prise, se battre. C'est le chemin qu'a choisi Oum Kalthoum, c'est le chemin qu'elle suivra à son tour.

Un soir, au cabaret, une visite inattendue la réjouit tout particulièrement. Son bon samaritain de l'aéroport, Kamil Mansour, est venu lui présenter sa femme, Tania, ainsi que leur fille, Nathalie. Ils assistent au spectacle et les quatre terminent la soirée à parler du Liban, de la France, du Canada, de théâtre, de Félix Leclerc, de chansons et d'une foule de sujets chers à Monique, qui a l'impression de retrouver une famille. La jeune Nathalie dévore la Canadienne des yeux. C'est avec une dévotion extraordinaire qu'elle a suivi son spectacle, au terme duquel elle lui a spontanément sauté au cou et fait la bise. Toute la soirée, elle s'accroche aux basques de Monique à qui elle fait moult confidences.

La soirée se termine avec une promesse de se revoir. « Ça ne tardera pas, affirme Tania Mansour, puisque que je veux vous inviter à déjeuner dans notre maison de Beyrouth. Un chauffeur viendra vous prendre. » Le dimanche suivant, la voiture dépose Monique au domaine Mansour, dans le quartier huppé de Hamra, à une centaine de mètres du front de mer. Un majordome en livrée l'accueille et la conduit au salon où sa nouvelle amie, Nathalie, qui n'en peut plus d'attendre, l'étreint avec ferveur.

— Pardonnez-lui, Madame Leyrac, rigole Tania Mansour, mais elle vous aime tellement qu'elle va vous dresser un autel quand vous n'y serez plus. Allons, sois raisonnable, Nathalie, laisse au moins notre invitée arriver.

— Mais non, madame, ça me fait plaisir, la rassure Monique, ça me rappelle mes jeunes sœurs. Je vous remercie de me recevoir.

— Mais c'est à nous que ça fait plaisir. Suivez-moi que je vous présente à nos invités.

Monique prend à peine le temps de remarquer l'enfilade de pièces dignes d'un palais des mille et une nuits qu'elle se retrouve dans un grand salon où une trentaine de personnes discutent avec animation. Tania les interrompt brièvement et lance à la ronde :

— Permettez-moi de vous présenter Madame Monique Leyrac, la Canadienne qui chante actuellement chez Georges Nasr, à l'hôtel des Palmes. Elle a vraiment une voix extraordinaire. Je lui prédis une grande carrière.

Monique incline sobrement la tête et prend place à la table, comme on l'y invite. La jeune Nathalie s'est réservé le siège de gauche, et celui de droite est occupé par un notable de la région, ami de la famille, le bey Al Jabour. L'homme est charmant, original, séduisant avec sa grande barbe poivre et sel, intéressant, sachant parler de l'histoire et de la culture de son pays. Monique, toujours assoiffée de nouvelles connaissances, enregistre tout avec grand intérêt.

En visite pour la première fois chez les Mansour, Monique parle peu, écoute beaucoup. Cette discrétion de bon aloi lui permet d'observer une faune qu'elle n'a pas eu souvent le loisir de rencontrer. C'est au Liban, en fréquentant la haute société, qu'elle prend pleinement conscience qu'il existe un monde parallèle à celui dans lequel elle évolue habituellement. Un monde qu'elle a envie d'explorer et auquel elle veut s'intégrer, à la fois par plaisir et par ambition.

Ainsi, au terme de cet inoubliable festin, quand Tania Mansour la prend à part et l'invite à revenir passer quelques jours, « quand votre engagement à l'hôtel des Palmes sera terminé, cela ferait tellement plaisir à Nathalie », Monique accepte volontiers.

Du seul point de vue de son métier, et malgré l'estime et la camaraderie qu'a eues à son égard son accompagnateur Paul Breher, la chanteuse établit un bilan mitigé de son passage à l'hôtel des Palmes. Convaincue d'avoir donné le meilleur d'elle-même et confortée par certains succès remportés dans un autre cabaret de l'établissement, Monique n'a pas vraiment réussi à tirer son épingle du jeu et à s'imposer auprès du public du cabaret d'Aley. C'est donc un peu tristement, deux semaines plus tard, qu'elle transmet ses salutations à Georges Nasr.

Ce demi-échec est largement compensé par la découverte quotidienne du Liban, une page de sa vie qui deviendra l'un de ses plus inoubliables souvenirs. Son contrat terminé, son nouvel ami, le bey Al Jabour, la pilote un peu partout à travers le Liban : virée dans la plaine de la Bekaa, visite des ruines de Baalbek, découverte de la ville musulmane de Tripoli, rencontre avec une famille de paysans qui tuent le mouton en son honneur.

Elle retrouve bientôt ses nouveaux amis, Kamil, Tania et Nathalie Mansour, dans leur somptueux domaine de Hamra. Dès son arrivée, ils sont aux petits soins pour elle. Monique a tout le loisir de faire plus ample connaissance avec cette famille qui l'accueille avec tant de générosité.

En fin de séjour, un engagement est proposé à Monique au Bilboquet, une petite boîte à chansons française du nord de Beyrouth. Tania la presse d'accepter car l'endroit passe pour être l'un des plus avant-gardistes du Liban. Cette fois, la chanteuse canadienne connaît un succès personnel en présentant son tour de chant comme elle le conçoit et où elle défend avec fierté les textes et les mélodies de ses auteurs et compositeurs fétiches.

Les grandes chaleurs de juin sont arrivées et avec elles les excursions à la mer, les méchouis et les nombreuses découvertes de ce pays si riche. Juillet approche et Monique est ici depuis avril. Elle ne devait passer que trois semaines dans ce pays inoubliable, elle y est depuis trois mois. Trois mois qui se sont déroulés à la vitesse de l'éclair, plus riches culturellement que professionnellement. Qu'importe, Monique sait faire flèche de tout bois. Le jour du départ, les adieux aux Mansour sont déchirants. La jeune Nathalie ne peut se résoudre à voir partir sa belle amie chanteuse. Elles se quittent en se faisant mille promesses de retrouvailles qui, hélas, ne se concrétiseront pas…

Ayant profité de la traversée pour passer de longues heures chez la coiffeuse à bord, c'est une Monique Leyrac frisotée et blond platine qui débarque enfin à Marseille. Elle perd ses valises et les retrouve, découvre la ville de Fernandel, essaie de reprendre contact avec les frères Martin, qui sont toujours aux abonnés absents, et se régale de bouillabaisse. Début août, elle profite de la voiture des parents de Francis Linel, qu'elle a revu à Marseille, et remonte en leur compagnie à Paris par la route Napoléon, en sens inverse des Parisiens qui s'y pressent, congé annuel oblige.

Le 10 août 1951, Monique est de retour dans la capitale française, caniculaire et absolument déserte. Elle retrouve Francis et poursuit, en sa compagnie, la visite des arrondissements qu'elle ne connaît pas encore. Cet automne-là, elle va au théâtre, accepte quelques engagements dans de petites boîtes et retourne dans certains cabarets familiers. Celui de la place de la Contrescarpe évoque un souvenir inoubliable. En effet, l'année précédente, elle avait assisté à l'un des derniers spectacles de la mythique chanteuse Fréhel. En dépit de son apparence de clocharde mal fagotée, la grande interprète avait laissé le public en transe. Depuis ce temps, Monique la considérait comme la plus grande chanteuse française qu'elle ait entendue.

Quelques semaines après son retour à Paris, elle prend la décision d'écourter son séjour parce qu'on lui propose un engagement de deux mois à l'ancien Faisan Doré, rebaptisé le Montmartre. Après un vol épuisant de 18 heures, avec escale à Gander, elle atterrit à Montréal. À peine remise des fatigues du voyage, Monique remonte sur scène dans le lieu même où sa carrière de chanteuse a démarré.

Elle vient de réaliser la première partie de sa vie professionnelle. Son séjour à l'étranger lui a permis de modeler sa personnalité, d'affiner sa culture, d'apprendre un peu plus son métier et de devenir une adulte autonome. La rencontre qu'elle va bientôt faire bouleversera complètement son parcours artistique ainsi que son existence.

CHAPITRE 9

Jean Dalmain

— Un pharmacien, Jacques ! Penses-y ! Vendre à un pharmacien ! Un apothicaire ! Tu te rends compte ? Cotroni et Courville ont dû rire dans leur barbe quand ils ont vendu le Faisan Doré à un apothicaire.

— Mais au moins, Monique, les pharmaciens sont des champions en potions, rétorque Jacques Normand qui sait de quoi il parle. Tu vas voir, celui-ci va nous inventer de nouveaux cocktails. Ça nous changera des gin tonic et des Tom Collins !

À son retour, après une virée d'une année dans des villes bien différentes de la sienne, Monique Leyrac avait dû se rendre à l'évidence, Montréal n'évoluait pas. La rue Saint-Laurent, la *Main* comme on l'appelait toujours, restait figée dans ses habitudes. Les campagnes de moralité mises en place par Messieurs Plante et Drapeau n'intéressaient guère la population et les conversations quotidiennes portaient davantage sur les variations météorologiques que sur les hauts faits du crime organisé.

Le quartier des cabarets s'était tout de même légèrement transformé avec l'apparition de nouvelles boîtes de nuit. Les plus anciens avaient vu leur décor se modifier ou leur vocation changer. Du moins en apparence. C'était le cas du Faisan Doré, rebaptisé le Montmartre, après que ses propriétaires eurent cédé l'entreprise à un pharmacien retraité, amateur de chansons françaises mais, surtout… de chanteuses de la même origine ! Cependant, les autorités avaient laissé les inamovibles frères Martin, garants de la paix des lieux, reprendre discrètement leur fonction de gérants.

Le 7 décembre, comme il avait été convenu, Monique avait rencontré Edmond au Montmartre, prête à renouer avec son public montréalais le soir même.

— Il y a un os, mon petit, avait prévenu Edmond. Monsieur Rhéaume, tu sais, le pharmacien, le nouveau propriétaire de la boîte, il a engagé la Française Léo Marjane pour quelques jours supplémentaires. Tu commences donc seulement dans une semaine…

— Mais, Edmond, ce n'était pas prévu, avait protesté Monique. J'ai tout organisé pour débuter ce soir. Ça ne m'arrange pas pour le temps des fêtes, ça va tout décaler…

— Je sais bien et tu m'en vois désolé. Mais, que veux-tu, le patron est très lié avec la chanteuse, si tu vois ce que je veux dire… La situation est délicate.

Furieuse, Monique avait tourné les talons. Les relations avec Monsieur Rhéaume s'amorçaient mal et c'est sans regret que Monique a mis fin à son engagement au Montmartre, dès le début de la nouvelle année 1952.

De toute manière, elle avait pris une décision importante : étudier à Québec, à l'exemple de son amie Denise Proulx, déjà inscrite aux cours pour adultes de l'Université Laval. Comment réussirait-elle à s'y faire admettre sans même avoir terminé sa neuvième année? Elle l'ignorait, mais comme elle avait l'habitude de mépriser l'obstacle, elle suivrait Denise dans la Vieille Capitale, un point c'est tout.

Une proposition inattendue était cependant venue contrecarrer ses plans estudiantins. Jacques Normand, son ex-amant avec qui elle s'était depuis rabibochée, lui avait proposé de partager l'affiche dans la nouvelle boîte qu'on lui avait confiée. Voisine de la Casa Loma, incontournable fleuron de la vie nocturne, le Saint-Germain-des-Prés s'était donné pour mission de mettre en valeur la belle chanson française et canadienne. Le contrat était lucratif et d'une durée respectable. Un tremplin inespéré, surtout que la jeune artiste, après son séjour à l'étranger, avait un impérieux besoin d'argent pour les études projetées. Elle avait donc reporté celles-ci à plus tard et accepté l'offre de Jacques Normand.

Depuis quelques semaines, tout allait rondement au rythme de huit spectacles hebdomadaires très bien rémunérés.

— On commence dans dix minutes, Monique, lui dit Jacques, un verre à la main. C'est plein à craquer. Je m'en vais les chauffer. Bon *show*.

— Merci, Jacques, on va les avoir, comme tous les soirs.

C'est le moment de recueillement. Essentiel. Indispensable. Il permet à Monique de refaire le plein d'énergie, de se concentrer sur son répertoire. Un coup d'œil dans la glace. Peu de maquillage, une ligne de crayon qu'elle rectifie à peine. Son voyage ne l'a pas vieillie, mais elle a mûri, elle le voit, elle le sent. Le regard est plus affirmé, le timbre, plus franc, l'assurance, plus grande. En contrepartie, le trac se fait plus présent que jadis. Normal, il est indissociable des prises de conscience.

Ouf! une bonne respiration et on y va! Discrètement, elle écarte le rideau de scène et parcourt la salle. Un excellent public ce soir, pense-t-elle. Pas trop agité. Ça repose des fins de semaine quand certains fêtards émoustillés, clients de la Casa Loma voisine, se pointent par l'escalier de service commun aux deux établissements en braillant des airs à la mode. Là, ça devient plus dur. « C'est le métier, se dit-elle alors, résignée. Mais ce soir, ça va. »

Il y a bien ce monsieur qui vient d'apparaître dans l'escalier en question. Mais il n'a rien du fauteur de trouble, au contraire. Plutôt bon chic, bon genre, il est accompagné de deux jeunes filles à l'air distingué. Je vais attendre qu'ils prennent place avant d'entrer en scène, se dit Monique.

Les lumières de la salle se tamisent. Le silence. Un petit signe au chef d'orchestre qui amorce l'introduction de la première chanson, et Monique apparaît sous les projecteurs. Les premières paroles se font entendre…

C'était un petit chien de laine
Qui avait une queue de coton
À cause de ce phénomène
On l'avait baptisé Chiffon

Elles sont de Lionel Daunais, un auteur-compositeur de Montréal. Monique se fait une joie et un devoir de l'imposer au public de sa ville. C'est tout naturel, estime-t-elle, que quelqu'un d'ici se fasse connaître de ses voisins. De toute manière, Daunais est déjà populaire à titre de membre du Trio lyrique. Il faut également le faire apprécier comme créateur, et Monique s'y emploie.

Elle interprète ensuite une chanson toute nouvelle d'un jeune poète. « Mesdames et messieurs, ce que vous venez d'entendre est une chanson de Jacques Blanchet. »

Et sans attendre, Monique enchaîne une troisième mélodie. Cette fois, le public reconnaît l'air en question et applaudit à tout rompre avant même les premières paroles.

Ça a commencé dans une soirée
Où y avait d'beaux cavaliers
Il s'est assis à mes côtés
Il avait d'beaux cheveux frisés
Il m'a dit « Aglaé »
Mais mon nom, c'est Ernestine
Il m'a dit « Aglaé »
Voulez-vous, on va danser

Tous les soirs, c'est le succès assuré et Monique en est ravie. Chaque fois, elle prend bien son temps avant d'enchaîner la chanson suivante. Aujourd'hui, toutefois, elle est distraite, hésitante. Son regard est attiré par celui du monsieur arrivé à la toute dernière minute par l'escalier du cabaret voisin. Installé avec ses deux compagnes à la première table en bordure de scène, sourire ironique aux lèvres, il dévisage Monique avec aplomb. La trentaine avancée, cheveux noirs lissés vers l'arrière, belle prestance, gestes assurés, regard perçant, il possède un charme indéniable. À la fin de chaque chanson, il applaudit avec retenue comme le ferait un critique en exercice. Comme s'il se réservait quelque commentaire.

Son tour de chant terminé, Monique entre en coulisses, un peu décontenancée par l'insistance et le regard inquisiteur du spectateur en question.

— André, tu le connais, ce monsieur ? demande-t-elle au régisseur, en pointant l'individu dans la salle.

— C'est la première fois que je le vois. Je l'ai entendu, il a un accent français.

— Il n'arrêtait pas de me dévisager comme si j'étais la Joconde ! Ça commençait à m'énerver pas mal.

Le pianiste Billie Monroe arrive à ce moment précis et interpelle Monique :

— Il y a un Français assis à la première table qui m'a demandé de te remettre ce message. D'après moi, il a un *kick* sur toi.

Sans émotion particulière, la destinataire déplie le petit papier et lit :

Mademoiselle,

Vous me combleriez si vous acceptiez de vous joindre à nous. Mes compagnes et moi avons beaucoup apprécié votre tour de chant. Vous m'avez fait revivre mes récentes soirées parisiennes. Pour que le souvenir en soit complet, il ne manque que le champagne. Permettez-moi de vous l'offrir.

À la fois curieuse et amusée, Monique fait disparaître le message dans son sac. « Galant, le monsieur. Et charmant. On va voir ce qu'il veut me raconter. Mais il va attendre un peu, ce n'est pas plus mal. »

Elle prend tout son temps, se démaquille légèrement, réarrange sa coiffure, bavarde quelques minutes avec Jacques avant qu'il entre en scène à son tour. Enfin, 25 minutes plus tard, elle consent à venir saluer le mystérieux spectateur qui l'a si gentiment invitée à sa table.

Celui-ci se lève aussitôt et se fend d'un baisemain tout à fait vieille France.

— Permettez-moi de vous présenter deux de mes élèves, Mesdemoiselles Denise Dubreuil et Monique Miller. Je suis comédien et professeur d'art dramatique. Je m'appelle Jean, Jean Dalmain.

Et sans laisser à son invitée le temps de placer un mot, il se met en frais de lui expliquer la raison de sa présence au Canada, à Montréal en particulier, et précisément ce soir au Saint-Germain-des-Prés. Au fil de la conversation, Monique apprend que Jean Dalmain a été membre de la troupe du grand acteur Louis Jouvet. S'il se trouve à Montréal, c'est à l'invitation d'un certain Jean Gascon, un de ses étudiants en théâtre à Paris, dont il est depuis devenu l'ami.

— Il y a quelques mois, dit-il, Gascon et quelques camarades ont fondé, ici, à Montréal, une compagnie théâtrale qu'ils ont baptisée le Théâtre du Nouveau Monde. Le groupe souhaite s'inspirer des mêmes principes que ceux défendus par Jouvet en Europe. Du vrai théâtre. Celui des grands auteurs. Une manière de projeter leurs textes, de les rendre vivants, actuels. Ainsi, quand on assiste à une pièce de Molière chez Jouvet, on en ressort avec l'impression d'avoir touché à des préoccupations contemporaines. C'est cette vision que Gascon et ses camarades veulent adopter. Et si je suis venu au Canada, c'est pour participer à l'aventure que mon ami Jean est en train de vivre.

Flamboyant ! C'est le mot qui vient à l'esprit en écoutant Dalmain raconter ses multiples évasions des stalags allemands pendant la guerre, la reprise de ses études au Conservatoire, son admiration pour Jouvet, sa passion pour un autre de ses professeurs de théâtre, Georges Leroy, les pièces de Giraudoux qu'il a créées aux côtés de Louis Jouvet et de Marguerite Moreno. Il est inépuisable.

— Mais je suis également venu chez vous pour mettre sur pied l'école de théâtre du TNM, qui s'inspire des enseignements que j'ai moi-même reçus. Quand on a eu la chance d'avoir des maîtres comme Jouvet et Leroy, il est impérieux de transmettre leur œuvre aux plus jeunes. Mesdemoiselles Dubreuil et Miller peuvent le confirmer.

« Intarissable ! » pense Monique, éblouie malgré elle, charmée peut-être plus encore par l'enthousiasme de Jean Dalmain, sa verve, son beau langage et son charisme que par son physique. Et quand il se met enfin à lui parler du tour de chant qu'elle vient de donner, elle lui confie que la chanson n'est pour elle qu'une manière différente d'être sur scène, de jouer la comédie et que, somme toute, c'est une expression populaire bien pratique pour gagner sa vie. C'est vers le vrai théâtre qu'elle veut orienter sa carrière.

— Mais, lui répond Dalmain avec un brin de condescendance, c'est très bien, la chanson. Vous avez un répertoire agréable, léger certes, mais qui passe comme une lettre à la poste. De petites choses à corriger, peut-être. Mais c'est aussi valable que ce que l'on entend et voit à Paris. Si vous voulez, je pourrais vous aider à consolider tout cela. Et, par la même occasion, on ferait un peu de théâtre. Vous acceptez que je vous relance un de ces jours ?

« Tiens donc, se dit Monique, ça tardait à venir, mais c'est venu tout de même. Je me disais aussi que ce verbomoteur devait avoir d'autres préoccupations, disons plus… humaines. Le revoir ? Pourquoi pas ? Il est très "Français", mais pas trop désagréable tout de même, et quelle culture ! »

Pendant ce long monologue, les deux étudiantes ont écouté leur professeur sans broncher. Elles ont quand même toutes les deux souri sous cape en l'entendant proposer à Monique de la revoir bientôt. La soirée se termine sur cette éventualité qui ne déplaît pas à la principale intéressée. Après tout, Jean Dalmain est un homme respectable, respecté, charmant et affable. C'est un professionnel qui saura peut-être l'orienter, la faire progresser. Elle espère faire la connaissance de Gascon et de ses camarades et peut-être même jouer un jour à leurs côtés, qui sait? Enfin, devenir l'ami de Dalmain signifie ne pas être trop loin de Paris, de la France, de ce pays où elle s'est juré de retourner le plus tôt possible.

C'est en rêvant à son avenir que Monique s'endort dans sa chambre, rue de la Montagne. Le lendemain, elle reçoit un magnifique bouquet de roses accompagné d'une petite carte. Quelques mots tracés d'une main soignée:

Soirée inoubliable en votre compagnie, chère Monique, vous étiez exquise. J'espère vous revoir très bientôt.

Avec mes tendres souvenirs,

Jean Dalmain

P.-S.: J'habite chez mon ami Gascon, vous pouvez me contacter à son téléphone, PONTIAC 7424.

« Soirée inoubliable… exquise… » je veux bien, soupire Monique, mais je n'ai pas eu le temps de placer un mot.

Il n'empêche que cette délicate attention révèle un galant homme, ce qui ne laisse jamais indifférent. Monique pousse un soupir de contentement. « Un personnage intéressant, ce Dalmain, et il sait s'y prendre. On va le faire poireauter un petit peu, mais pas trop tout de même. On lui donnera des nouvelles, disons… dans deux ou trois jours. »

C'est ainsi que cette liaison, qui durera plus de 25 années, démarre tout doucement, agrémentée de murmures de fond de scène, entre deux décors de théâtre, parsemée de citations de Corneille, Racine, Molière, Musset, Baudelaire. Tout cela entrecoupé de mots doux, de tendres apartés. Mais aussi de discussions animées, de franches engueulades, de passion dévorante, de jeux de pouvoir mutuels. Il faut dire que ni l'un ni l'autre des protagonistes ne peut se targuer d'avoir un caractère égal et placide. D'une part, on l'a vu, Monique est intransigeante en matière d'indépendance personnelle. Par ailleurs, en ce qui concerne les relations de couple, Jean Dalmain est plutôt traditionaliste même si on lui reconnaît un petit côté féministe. De 13 années son aîné, il est jaloux et ne tolère ni œillade spontanée ni sourire engageant qui ne lui soient exclusivement adressés. À le voir, on soupçonne que le plus amoureux des deux, c'est lui. Quant à elle, c'est plutôt la personnalité de l'homme de théâtre qui l'attire, sa grande culture, son assurance d'acteur établi.

En ce domaine, Dalmain a une manière bien à lui d'affirmer péremptoirement certains principes. Il peut même être quelquefois carrément blessant.

Il a présenté son amoureuse aux membres fondateurs du Théâtre du Nouveau Monde, cette compagnie dont il lui avait parlé lors de leur première rencontre. Monique s'est rapidement retrouvée en pays de connaissance en croisant, outre Jean Gascon, les Jean-Louis Roux, Guy Hoffmann, Éloi de Grandmont, Georges Groulx, Robert Gadouas, tous issus des Compagnons de Saint-Laurent dont elle a entendu parler par Félix et Mauffette. Si elle s'entend à merveille avec ses nouveaux camarades, le contact est plus difficile entre Dalmain et le reste de la troupe. Sa grande culture, sa connaissance, son amour de la scène, ses expériences théâtrales antérieures l'amènent souvent à faire des affirmations catégoriques. Monique s'aperçoit que, très souvent, Dalmain, soupe au lait, agace, voire irrite certains de ses nouveaux amis. Elle se sent alors coincée entre l'arbre et l'écorce. C'est une situation inhabituelle pour elle, très inconfortable, avec laquelle elle a beaucoup de mal à composer. Quand elle évoque le problème devant son amant, la discussion tourne très souvent au vinaigre.

Heureusement, la nouvelle relation apporte aussi ses petits plaisirs, ses moments de grâce et surtout une déferlante d'activités qui stimulent l'énergie de Monique en l'exposant à de nouvelles expériences. Le couple va beaucoup au cinéma mais très rarement au théâtre, ce qui n'empêche pas Jean de lui communiquer son enthousiasme pour l'œuvre de Molière et tout particulièrement pour *L'Avare*, pièce reprise en octobre 1951, au Théâtre du Nouveau Monde, dans une mise en scène de Jean Gascon.

Monique ne chôme pas non plus. Son tour de chant au Saint-Germain-des-Prés connaît un succès grandissant et lui vaut un autre engagement: une participation à la nouvelle série radiophonique *Baptiste et Marianne*, dans laquelle elle retrouve Jacques Normand comme partenaire. Les émissions sont conçues et réalisées par Guy Mauffette qui, littéralement envouté par la voix de Monique, commande à des auteurs et à des compositeurs d'ici des chansons originales qu'elle interprète chaque semaine.

D'abord professionnelle à l'époque des *Lumières de ma ville*, la relation entre Guy Mauffette et Monique Leyrac s'est transformée peu à peu en une profonde amitié basée sur des liens réciproques de confiance et d'admiration. Monique entretient avec Mauffette et sa famille des rapports de quasi-cousinage, n'hésitant jamais à prendre conseil auprès de son aîné.

À 25 ans, la jeune chanteuse et comédienne possède déjà un sérieux bagage. Elle est une vedette montante, connue et reconnue par le grand public. Aussi, à la rentrée d'automne, personne n'est surpris lorsque *Radiomonde* annonce que Monique Leyrac a été choisie par l'hebdomadaire comme « Artiste de l'année » au Canada français. Monique est la seule que la chose indiffère. Elle a d'autres soucis.

Son amoureux lui annonce qu'il a pris la décision de rentrer en France à la fin de la saison théâtrale. Il ne s'agit pas d'une rupture, explique-t-il, mais d'une réorientation de carrière. On a fait appel à lui pour mettre sur pied un théâtre régional en France. Comme c'est une idée que Jouvet a jadis lancée, il est normal que Dalmain s'y intéresse. Le temps qu'il s'installe et qu'il en apprenne un peu plus sur le sujet, la femme de son cœur viendra le rejoindre à l'automne. Monique n'est pas dupe. Le projet de théâtre est bien réel, soit, mais elle sait aussi que Dalmain ne s'est jamais tout à fait adapté à la vie montréalaise et que le courant ne passe pas bien entre ses camarades et lui.

Fin juillet. Le départ de Jean est triste comme un soir de novembre. Monique broie du noir, se sent un peu abandonnée. De plus, certains événements récents liés à sa carrière la hérissent. Sa collègue, Jocelyne Delonchamps, lui a « piqué » l'un de ses plus grands succès, *Aglaé*, que Monique défendait seule et avec brio depuis longtemps. La rivale en a enregistré une version qui connaît maintenant un succès retentissant.

Et pour faire bonne mesure, Jocelyne, qui a épousé Pierre Roche en 1950 et dont Monique a été demoiselle d'honneur, a troqué son nom civil pour un nom d'artiste : Aglaé. Comme par hasard !

Rapidement, elle choisit de passer outre à ces petits soucis. Elle met plutôt à profit le temps qu'il lui reste avant son départ pour dévaliser bibliothèques privées et publiques. Pour assouvir ses besoins livresques et étancher sa soif de lecture, elle s'abonne au Cercle du Livre de France. C'est ainsi qu'elle découvre le romancier Romain Gary, dont elle raffole, mais également Simone de Beauvoir, qui l'horripile et qu'elle traite intérieurement de bourgeoise. « J'ai vécu deux fois plus d'aventures qu'elle, se dit Monique, et je n'en ai jamais fait tout un plat pour autant ! »

Quelques mois à peine après son premier retour d'Europe, elle planifie une seconde traversée et réserve un billet pour le début de novembre. Bien entendu, elle n'a mis personne au courant. Trois jours avant de partir, elle reçoit un coup de fil des deux journalistes responsables du gala de Miss *Radiomonde*, Marcel Provost et René O. Boivin, qui lui annoncent fièrement que la date de l'événement où on lui décernera son titre a été fixée en février, la fin de semaine avant le Mardi gras.

Monique leur fait savoir qu'elle ne pourra pas y assister puisqu'elle sera en France. Provost et Boivin ne le lui pardonneront jamais !

CHAPITRE 10

Quand passe la cigogne

Discret, propret, coquet. Colmar tout entier est contenu dans ces trois adjectifs. « Il ne manque que les cigognes alsaciennes apportant les bébés dans des besaces », rigole Monique intérieurement.

Ça viendra. Mais elle ne le sait pas encore.

Elle est arrivée ici, il y a trois jours seulement, et s'est installée avec Jean dans un petit appartement, rue Rapp, à deux pas de la place de la Mairie. Tout près de cet endroit, il y a neuf années à peine, était située la Kommandantur, le « centre du commandement allemand sur le territoire occupé ».

Deux mois auparavant, à Paris, le couple s'était retrouvé avec plaisir. À la gare Saint-Lazare, amoureux transi sous une pluie battante, Jean avait accueilli celle qu'il attendait fébrilement, un bouquet de violettes à la main. La voyageuse avait eu droit au plus chic restaurant du quartier, champagne, foie gras et tout ce qui s'ensuit. Son homme avait loué une chambre dans un hôtel charmant, le grand jeu, quoi ! Le lendemain, café et croissants au lit, et ils avaient prolongé cela quelques heures encore…

Monique avait pris connaissance de toutes les nouvelles des quatre derniers mois. Enthousiaste, un tantinet hâbleur, bien sûr, Jean lui avait décrit en détail le projet de théâtre régional dans lequel il s'investissait corps et âme.

— L'idée de départ est venue de Michel Saint-Denis, qui a été administrateur du théâtre du Vieux Colombier. Résistant de la première heure, il a rejoint les fidèles du général de Gaulle à Londres et s'est vu confier un poste de premier plan dans le domaine des communications. C'est un homme rigoureux et je suis certain que s'il a décidé de reprendre cette idée de Jouvet, c'est qu'il est convaincu de la mener à terme. Comme nous avons les mêmes principes et que nous avons été liés par les mêmes engagements politiques, nous nous entendons à merveille.

— Mais pourquoi faire du théâtre en Alsace, avait demandé Monique ? C'est un coin un peu perdu, tu ne trouves pas ? Et il y a encore beaucoup de ruines de guerre, tout est à rebâtir.

— C'est exactement pour cela que nous allons là-bas. Très précisément parce que tout est à faire. Tu vas voir, Colmar est une fort jolie ville, ni trop grande ni trop petite. C'est chouette, une ville française qui se donne des airs germaniques, non ? Et puis, on est aux confins de deux cultures, le théâtre de Brecht n'est pas loin.

— Mais que vais-je faire là-bas ? s'était inquiétée Monique.

— Ne t'en fais pas, on trouvera bien quelque chose, tu dénicheras sûrement un rôle qui te convient.

Jean avait été un peu évasif et Monique n'avait pas relancé la discussion. La conversation avait bifurqué vers un autre sujet : une manifestation théâtrale qui devait se tenir quelques jours plus tard à Toulouse avec des acteurs qu'il connaissait et appréciait. Dalmain partirait le lendemain pour assister aux dernières répétitions et Monique pourrait le rejoindre pour la première. Toujours partante pour une aventure de ce genre, elle acquiesça avec joie.

Quelques jours plus tard, Monique faisait l'acquisition d'une Simca 1000 toute neuve, au volant de laquelle elle allait bientôt découvrir cette France profonde qu'elle avait imaginée dans ses lectures d'enfance.

Bourges, Limoges, Cahors, Montauban… Monique s'émerveillait de tout ce qu'elle voyait : des bourgs tout ronds, blottis entre deux collines ; des prairies verdoyantes où paissaient quelques vaches ; de petites rues zigzagantes ; des maisonnettes à volets clos entourant le clocher et la mairie. Un jour, elle viendrait jouer ou chanter dans ces régions féériques, elle se le promettait.

Une fois arrivée à Toulouse, à l'hôtel de France, elle se prépara pour la première du *Bourgeois gentilhomme*, donnée le soir même. Approximations, déclamations routinières, trous de mémoire, mise en scène déficiente, substitutions de décor, on avait l'impression d'assister à un spectacle amateur. La mort dans l'âme, Monique avait suivi son compagnon dans les loges pour saluer les comédiens. Ceux-ci paraissaient ravis de leur performance et se congratulaient. Jean avait distribué quelques bravos de circonstances, essayant de changer de sujet le plus rapidement possible. N'y tenant plus, le metteur en scène s'était alors adressé à Monique et lui avait posé la question fatidique.

— Et vous, Mademoiselle Monique, comment avez-vous trouvé notre manière de jouer Molière ?

— Ma foi, monsieur, si vous voulez mon avis, je ne crois pas que ce soit très réussi. Le public, à en croire les applaudissements polis qu'il vous a réservés, l'a bien compris. Je crois qu'il faudrait revoir tout cela!

La foudre serait tombée que le silence qui avait suivi n'aurait pas été plus éloquent. Monique, comme à son habitude, avait dit le fond de sa pensée, sans filtre.

— Car vous croyez peut-être que vous seriez meilleurs dans votre Canada?

— Oui, sans nul doute, avait continué Monique, insolente et imperturbable, avant de tourner les talons.

Le retour à Paris avait été morne et les paroles, rares!

Quelques années plus tard, le même metteur en scène, venu saluer Monique Leyrac après la première de son spectacle à l'Olympia, lui avait présenté ses excuses: « Ce que j'ai été con! » lui avait-il avoué. Douce revanche.

Au retour dans la capitale, la vie avait repris son cours. Pendant que Jean poursuivait son recrutement pour le nouveau théâtre régional d'Alsace, Monique avait parcouru les quartiers qu'elle avait découverts l'année précédente. Elle avait aussi revu ses amis Suzanne et Fred Mella. Le temps filait. Le lendemain du Nouvel An, le couple s'installait à Colmar.

« Oui, se dit-elle en écartant les rideaux du petit appartement, c'est bien une ville allemande. » De la fenêtre de sa chambre, elle admire les maisons en colombage, parfois en réfection dans la foulée des travaux de reconstruction. Tout autour, les petites rues serpentent de manière anarchique et se rejoignent place de la Mairie près de laquelle Monique découvre le marché central. La ville est pimpante en ce samedi de début janvier, les odeurs de saucisses, de lard, de choux saumurés montent jusqu'à elle. L'Épiphanie se fête ici, ça se sent.

Curieusement, Monique n'a pas faim. Son appétit n'est pas au rendez-vous. « Bah ! se dit-elle, la fatigue accumulée, le voyage à Toulouse, les dernières semaines de vadrouille à Paris, les excès de table des fêtes auront eu raison de moi, tout simplement. D'ailleurs, c'est bien connu, l'air frais remet l'estomac en place, sortons. »

Mais après une balade baignée par les effluves de charcuteries et de pâtisseries alsaciennes, Monique n'a toujours pas faim. Cela lui gâche la matinée, si belle sous le pâle soleil d'hiver. L'âme en peine, elle rebrousse chemin, monte à l'appartement, se couche et s'endort en se disant qu'elle ira mieux demain.

Depuis quelques jours elle manque d'énergie, se sent très fatiguée. En se réveillant trois heures plus tard, sa décision est prise, elle consultera un médecin. Sans en parler à Jean, elle prend rendez-vous à Paris, dans une clinique que lui a recommandée Suzanne. Le jour du départ, Dalmain, tout à son projet de théâtre, l'embrasse distraitement, lui souhaite bon voyage. Monique met à profit les quelques heures du trajet pour réfléchir à sa situation. Son compagnon est moins présent, elle ne le croise que quelques heures par semaine. Comme elle le souhaitait initialement, elle n'a pas encore réussi à collaborer pleinement à son projet de théâtre régional. Elle est inquiète, ce n'est pas peu dire. Et si elle revenait à Montréal ? L'idée la hante, elle se sentirait mieux dans sa ville, près des siens, avec ses repères habituels.

À Paris, elle prend un taxi pour aller à la clinique, rue Caulaincourt, car elle n'a pas la force de prendre le métro comme elle le fait d'habitude. Le jeune médecin qui la reçoit est sympathique, ouvert, délicat. Lentement, minutieusement, il examine Monique, l'ausculte, prend sa tension artérielle, prélève des échantillons de sang et d'urine et lui demande de revenir le lendemain. « Je serai sans doute en mesure de vous faire connaître mon diagnostic. Ne vous inquiétez pas, dit-il en reconduisant sa patiente. À demain, 13 heures. » Un peu rassurée, Monique passe la nuit chez Suzanne et Fred et, après s'être reposée toute la matinée, se retrouve rue Caulaincourt.

En voyant le large sourire de son médecin, elle ne met pas longtemps à comprendre.

— Madame, vous n'avez rien de grave, vous êtes enceinte, tout simplement.

Monique encaisse sans broncher. « Bon, pense-t-elle, la semaine dernière, j'avais l'intention de faire du théâtre en Alsace, hier matin, j'envisageais de revenir à Montréal et, ce soir, j'annoncerai à Jean Dalmain qu'il va bientôt être le papa d'un petit acteur. Ce sera un garçon, je le sens. »

Dans le train de retour, taraudée de questionnements, elle oscille entre deux sentiments, une profonde inquiétude et une joie intense. Cet état finit par s'imposer. « Je serai une vraie maman comme la mienne l'a été pour moi… Je vais aimer ce petit bébé sans jamais faillir. »

Le fait de vivre en concubinage avec le père de l'enfant à venir ne la trouble nullement. Pourtant, en 1953, dans sa ville natale, on dit qu'une femme qui a des relations sexuelles hors mariage avec un homme vit en état de péché mortel.

Pire encore, si elle tombe enceinte, on la contraint souvent à accoucher presque clandestinement dans un hôpital au nom évocateur de « La Miséricorde ». Certaines décident de se faire avorter dans des conditions périlleuses.

Aucune de ces éventualités ne l'angoisse. Elle n'y pense même pas. Les yeux fixés sur l'horizon, sur la ligne bleue des Vosges, Monique entrevoit sereinement son avenir. À la gare de Colmar, deux jours auparavant, elle songeait rompre avec Jean Dalmain et rentrer à Montréal. Dans cette même gare, à son retour, elle lui annonce la nouvelle de sa grossesse et l'éventualité d'un mariage. À la fois assommé et euphorique, il accueille ces perspectives comme une bénédiction.

Plus enthousiaste que jamais, rassuré sur la stabilité de son ménage, auréolé par son rôle de futur papa, Jean reprend ses activités théâtrales. Bien installé dans son nouveau théâtre, La Comédie de l'Est, il envisage dès le printemps suivant de mettre en scène *Le Songe d'une nuit d'été*, de Shakespeare. Les répétitions démarrent fin février avec des acteurs de divers niveaux de talent et d'expérience. Sa condition le lui interdisant, Monique n'y tient aucun rôle. Personne ne s'en étonne. Dans la France machiste de l'époque, on a plutôt tendance à la considérer comme « la femme de… » plutôt qu'une camarade de théâtre.

En avril, au cinquième mois de sa grossesse, elle se porte beaucoup mieux qu'à son arrivée à Colmar. Les quelques nausées du début ont disparu, l'énergie est revenue, les relations du couple se sont solidifiées. L'intérêt qu'ils ont tous les deux pour le théâtre, et principalement pour la production en cours, les unit étroitement. Certes, Monique rêve de tenir le plus tôt possible un vrai rôle sur les planches mais, pour le moment, elle se contente d'épauler son mari et de mener sa grossesse à terme, le plus sereinement possible.

Elle s'est aussi inscrite à des cours généraux de français et de mathématiques, offerts par la faculté des sciences sociales de l'université de Strasbourg. Le français, à cause du théâtre bien sûr, mais surtout parce qu'elle adore sa langue et qu'elle se pique de la bien parler en dépit de ses lacunes scolaires. Les mathématiques, parce qu'elle est persuadée qu'elle aura un fils, qu'elle veut l'intéresser aux chiffres et que ceux-ci sont indispensables pour un garçon : avec les mathématiques, on devient architecte, médecin, ingénieur et on est assuré de bien gagner sa vie.

La première du *Songe d'une nuit d'été* a lieu vers la fin d'avril. Tout Colmar y assiste. Les premières critiques sont mitigées. On qualifie le travail des acteurs d'amateur, mais la mise en scène de Jean Dalmain est en général louangée. Puis, on change de ton devant l'engouement que l'initiative suscite. Le public de Strasbourg, de Mulhouse et même de Nancy se presse aux représentations de la comédie de Shakespeare. Cela suscite l'envie du critique de *L'Est républicain* qui « souhaiterait que cette expérience théâtrale en région voie le jour dans la capitale de la Lorraine, qui s'accommoderait fort bien de la présence d'un tel organisme culturel ». En résumé, le résultat est positif. Sur le front familial, la grossesse de Monique se déroule à merveille, elle mange plus que pour deux, a pris du poids, mais pas trop, la vie lui sourit, elle sourit à la vie.

Début juin, Gérard Philipe demande à Jean Dalmain de remplacer Jean Vilar dans le rôle de Don Diègue dans *Le Cid*, de Corneille. Comme la pièce doit se donner à Avignon et ailleurs en Provence, le couple se transporte dans un bijou de village du Midi qui porte le joli nom de Dieulefit. On s'installe à l'enseigne du Chapon confit, où Monique passe les derniers mois de sa grossesse à assimiler les subtilités de la pétanque et à tricoter des bonnets pour son futur bébé. Seule femme à partager l'hôtel avec huit Lyonnais en pension, elle reçoit les plus gentilles attentions. Pour couronner le tout, le propriétaire, ex-chef dans un palace de Cannes, lui mitonne quotidiennement des repas de chanoines dignes du prince de Talleyrand. Cela n'améliore pas le tour de taille de la future maman !

CHAPITRE 11

Sophie et Molière

La quiétude des lieux est perturbée par un long cri déchirant. Dans la salle d'accouchement, la parturiente a quand même l'énergie d'ajouter :

— Je veux mourir ! Faites-moi mourir !

— Allons, calmez-vous, ça s'en vient, poussez ma petite dame, dit la bonne sœur qui l'accouche, essayez de bien respirer.

— Je voudrais bien vous y voir, vous, rétorque Monique, qui retrouve ses esprits et son sens de la répartie.

Sous son masque chirurgical, l'obstétricien esquisse un vague sourire, retient un commentaire, mais n'en pense pas moins : « Du caractère, la petite dame ! On va calmer tout cela avec un peu de chloroforme. »

Quelques minutes plus tard, on voit poindre la tête du bébé. Un faible cri de la maman à moitié consciente. Et la petite chose rose apparaît tout entière. C'est ainsi que Monique accouche, le 6 août 1953, dans la petite clinique privée de ce village au nom prédestiné. Et, surprise totale, le fils attendu est une fille !

— C'est une belle fille, chère madame, je vous offre mes félicitations.

Aucune réaction. La dame en question est maintenant complètement assommée par l'anesthésie.

Ce n'est qu'un peu plus tard que Monique peut enfin serrer sa fille dans ses bras, la couvrir de baisers, la caresser, l'examiner sous tous les angles. Elle a complètement oublié qu'elle attendait un garçon.

— Elle est en parfaite santé, lui confirme le médecin. Un beau bébé de trois kilos.

— Quand pourrai-je quitter la clinique ?

— Le temps de vous reposer, de retrouver un peu de tonus, je dirais dans cinq jours, une semaine tout au plus.

Quelques heures plus tard, c'est un papa tout fier qui se pointe à la clinique pour embrasser la maman et admirer sa fille :

— Une future comédienne, avec les parents qu'elle a, ça ne peut faire autrement.

— Si on la prénommait Sophie ? C'est joli, non ?

— Oui, et c'est original. Ça rappelle la comtesse de Ségur.

Une comédienne, la petite Sophie ? Peut-être, mais une voyageuse, certainement, puisque dix jours plus tard, le père, la mère et le bébé tout neuf se baladent en Provence, comme des saltimbanques, en compagnie de leurs copains comédiens.

C'est tout de même un peu beaucoup pour la nouvelle maman. Pas complètement remise d'un accouchement ardu, elle peine à retrouver son énergie habituelle. Le bébé n'est pas facile, pleure beaucoup, est affamé, et pour cause, car Monique, qui souffre d'un abcès à un sein, peut difficilement le nourrir. De plus, la maman est anémique et tout effort physique lui est pénible. Le problème finit par se résorber grâce aux vertus d'un lait maternisé qui remet le bébé et Monique sur les rails.

De retour à Paris, la petite famille se retrouve chez les Mella où Suzanne et Fred, généreux comme toujours, accueillent le couple et leur petite Sophie, emmitouflée dans ses langes. Tout le monde donne son avis. Quel biberon employer ? Les suppléments vitaminiques sont-ils indiqués ? A-t-elle trop chaud ? Les courants d'air sont-ils à éviter ? Seule Monique garde son calme et n'en fait qu'à sa tête. Après tout, elle a un peu élevé ses sœurs cadettes. C'est tout de même la course folle : chez l'apothicaire, chez le médecin, à la crèche, au dispensaire, à la sécurité sociale, à l'agence de voyages. Oui, il le faut, car le séjour en France s'achève.

Le 18 septembre, Monique et Jean prennent congé de leurs amis et se retrouvent une fois de plus avec armes et bagages sur le quai de la gare Saint-Lazare, en route vers Le Havre où le paquebot les attend. Le 25, ils sont en vue de la statue de la Liberté. Le 27 au soir, le train du Canadien Pacifique franchit le pont Victoria, laissant apparaître Montréal, immuable sous ses couleurs d'automne.

Monique sent que sa vie a basculé. Occupée à prodiguer à Sophie tous les soins requis par un bébé naissant, prise par les préparatifs du retour, bousculée par les visites des amis, elle n'a pas eu le temps de revoir Paris comme elle l'aurait souhaité. La traversée n'a pas été la jolie parenthèse habituelle, agrémentée de douces gourmandises, de flirts sans importance, de balades sur les ponts, le tout entrecoupé de joutes de palets et de lectures interminables. Au contraire, Monique a passé beaucoup d'heures dans sa cabine à bercer Sophie, sujette aux coliques et occasionnellement indisposée par le roulis et le tangage. Heureusement, les agents de bord se sont relayés pour soulager la maman en prodiguant au bébé moult caresses.

Dès son retour à Montréal, la petite famille prend à peine le temps de s'installer dans un appartement rue Forest Hill que, déjà, Jean est plongé dans les turbulences d'une nouvelle production théâtrale. Le Théâtre du Nouveau Monde lui a demandé cette fois de mettre en scène *Don Juan*, de Molière, où il tiendra en plus le rôle de Sganarelle, son ami Jean Gascon personnifiant le grand séducteur. Les deux camarades se complètent et les répétitions se déroulent sans anicroche, même si des tensions perdurent entre certains comédiens et le metteur en scène. Différence de culture, caractère bouillant de Dalmain, jalousies internes... Il y a des moments où l'orage gronde.

Toute à son nouveau bébé, Monique n'a guère le loisir de s'occuper de crêpages de chignon et piaffe plutôt d'impatience, espérant un jour faire partie de la troupe ou du moins y trouver un emploi digne de son talent et de sa soif de théâtre. En attendant, quand le temps le lui permet, elle poursuit ses études et mémorise de nouveaux rôles.

— Au TNM, je vais bientôt monter *Les Trois Farces*, de Molière, avec Gascon, lui dit Jean, un soir après une répétition. Je souhaiterais que tu joues les trois rôles féminins principaux: Dorimène dans *Le mariage forcé*, l'épouse dans *Sganarelle* et Angélique dans *La jalousie du Barbouillé*. Ça te ferait plaisir? En tous cas, il me semble que cela te conviendrait.

Monique est sans voix, tant son excitation la submerge. Elle n'a pas tenu de rôle significatif depuis *Le chant de Bernadette*. En vérité, hormis quelques figurations, comme celle de Constance Bonacieux, ou deux ou trois petits passages à la radio, son expérience de la scène est nulle. De plus, cela la console de ne pas avoir joué dans *L'École des femmes*, deux années auparavant.

En fin d'année, c'est confirmé, la troupe va s'attaquer à cette nouvelle production théâtrale dès le printemps suivant pour des représentations prévues au mois d'août, dans le cadre du Festival de Montréal, à l'Ermitage, suivies d'une série de reprises un peu partout en octobre, novembre et décembre. Monique accueille la nouvelle comme si on lui avait offert le plus beau des cadeaux de Noël. Cette année-là, il n'y a que Sophie pour s'émerveiller du scintillement des lumières du sapin et des boules multicolores. Jean, lui, a la tête ailleurs et visualise déjà la mise en scène des deux pièces qu'on lui a confiées, *Sganarelle* et *La jalousie du Barbouillé*. Monique, de son côté, a mis la sienne dans les textes de Molière et s'est glissée avec enthousiasme dans la peau des trois personnages qui lui seront attribués.

Ils lui vont comme un gant, pense-t-elle. Ces rôles personnifient de fausses naïves, éprises de liberté, coquines et rouées. Elles ont en commun d'être imaginatives et de se sortir des imbroglios les plus inextricables avec élégance et virtuosité. Elles sont belles, jeunes, coquettes, intelligentes, et Monique se sent tout à fait en symbiose avec les textes qu'elle doit défendre. De plus, comme il s'agit de trois des pièces les plus légères et allègres de Molière, la fantaisiste de cabaret qui se cache derrière l'actrice retrouve ses balises, son sens du *timing*, son talent instinctif pour le *punch*.

Les répétitions débutent fin mai avec la lecture des pièces et la présentation des différents personnages. Tout se fait dans l'enthousiasme et la bonne humeur. On rigole beaucoup et les deux metteurs en scène, bien que victimes de fous rires incontrôlables comme les autres, doivent quelquefois faire preuve d'autorité pour ramener tout ce beau monde à un peu de sérieux.

La vie à la maison est fortement imprégnée de celle des répétitions. Soir et matin, les conversations à table portent volontiers sur tel ou tel aspect de la mise en scène, sur les façons de projeter le texte de l'auteur, sur la psychologie des personnages. Pendant ce temps, la petite Sophie a fêté ses neuf mois, fait des risettes à tout venant et commence à percer ses premières dents. Monique, absorbée par ses activités théâtrales, ne profite pas de sa fille comme elle le souhaiterait. Elle a demandé de l'aide à sa sœur Mado pour donner le biberon, changer les couches et endormir bébé quand maman ne peut le faire elle-même.

À quelques rares occasions, les répétitions font relâche. Moments précieux et magiques. Émus par les odeurs de muguet et de lilas, les promeneurs du quartier Côte-des-Neiges portent un regard attendri sur une jeune maman et son bébé joufflu. Certaines fois, au passage du landau, Monique perçoit un commentaire :

— J'te dis que c'est elle. C'est Monique Leyrac, tu sais, la chanteuse qu'a passé l'hiver au Saint-Germain-des-Prés, l'année dernière. C'était elle, la vedette avec Jacques Normand, pis après ça, est partie vivre dans les Europe. C'est ben elle, j'te dis. Ils l'ont dit dans *La Patrie*, elle a marié un Français pis y ont eu une p'tite fille pis y sont revenus à Montréal. Pis y on écrit qu'a va même faire du théâtre astheure.

Le 30 juin, les répétitions sectorielles sont terminées, on commence les enchaînements sous l'implacable et exigeante direction de Jean Dalmain. La mise en scène se précise. Les textes sont complètement mémorisés et tous les comédiens habitent leur personnage. Les répliques fusent sans hésitation. Certains soirs, après les répétitions, on se retrouve chez Gerasimo ou au C'est si bon. À cette heure tardive, Molière occupe encore tout le terrain et les dîneurs attardés assistent alors à un étrange spectacle : celui de Sganarelle dégustant un spaghetti sauce tomate, Lycante grugeant une cuisse de poulet, Gorgibus se régalant de tarte au sucre ou Dorimène sirotant un dernier café. Aux petites heures, après avoir quitté Germaine Giroux, Guy Hoffman, Gaétan Labrèche et les autres camarades de la troupe, Jean et Monique, fourbus mais réconfortés par ces beaux moments de détente, rentrent enfin à la maison.

Fin juillet, Monique reçoit une offre intéressante de la Société Radio-Canada, celle de tenir un rôle dans une série dramatique à la télévision. Ce médium, qui n'a que deux années d'existence, est encore considéré comme un cénacle où ne sont admis que quelques élus. Celles et ceux qui en font partie sont assurés d'une célébrité durable.

Monique répond positivement à l'appel du réalisateur Jean Faucher, qui la convoque à l'hôtel Ford, boulevard Dorchester, où la maison de Radio-Canada a élu domicile l'année précédente. On lui propose le rôle principal d'*Anne-Marie*, une continuité d'Eugène Cloutier. Son partenaire sera Roland Chenail, qu'elle apprécie particulièrement. Seule ombre au tableau, elle pressent que le courant ne passera pas très bien entre son futur réalisateur et elle. « Bah ! pense-t-elle, avec le temps, tout finit par s'arranger. »

Toujours énergique et enthousiaste, la jeune actrice se rend le jour même aux essayages de costumes des *Trois Farces*, de Molière, qui prennent l'affiche à tour de rôle à l'Ermitage, la première semaine d'août.

Le trac commence à se faire sentir chez les acteurs du TNM. Monique ressent une sorte d'euphorie qui lui donne des papillons au ventre. Elle a hâte au grand soir tout en craignant qu'une catastrophe imprévue ne vienne assombrir le moment tant attendu. Son mari, qui jouit d'une forte autorité morale et d'une expérience inégalée au théâtre, la rassure en la persuadant que le trac est le meilleur des stimulants. Certes, on se demande, cinq minutes avant d'entrer en scène, ce qu'on est venu faire dans cette galère mais, en revanche, on est fort aise, deux heures plus tard, de se laisser bercer par les acclamations du public.

Le 3 août 1954, soir de première. À 19 heures, la foule se presse dans les jardins de l'Ermitage, chemin de la Côte-des-Neiges. Une heure plus tard, le rideau s'ouvre devant un parterre d'invités triés sur le volet. On reconnaît le maire Camilien Houde, le président de Radio-Canada J. Alphonse Ouimet, le jeune et déjà célèbre avocat Jean Drapeau, des représentants de l'intelligentsia, des journalistes dont Gérard Filion et André Laurendeau du *Devoir*, l'ex-correspondant de guerre René Lévesque, ceux de *Cité libre* Gérard Pelletier et Pierre Elliot Trudeau, quelques jésuites, le fondateur des Compagnons de Saint-Laurent le père Émile Legault, venu applaudir celles et ceux qu'il a formés. On peut aussi apercevoir les chanceliers de l'Université de Montréal et de l'Université McGill ainsi que l'incontournable archevêque de Montréal monseigneur Paul-Émile Léger, récemment nommé à ce poste, et qui justifie sa présence à un spectacle profane par le fait qu'il se doit d'y apposer son imprimatur.

Dès les premières tirades du *Mariage forcé*, c'est gagné. La foule rit à gorge déployée. Les répliques fusent à un rythme d'enfer. Guy Hoffman, dans le rôle de Gorgibus, est particulièrement déchaîné avec ses réparties inattendues, sa gestuelle et ses mimiques de clown ainsi que son sens du rythme. Monique Leyrac tire particulièrement bien son épingle du jeu et le public découvre une jeune première éblouissante qui sait déployer tous les artifices que son rôle exige. On la voit tour à tour attendrissante, volage, charmante, boudeuse, volontaire, désespérée, en sanglots et, deux secondes plus tard, riant aux éclats. Quand la pièce s'achève enfin et que le public manifeste son enthousiasme, les applaudissements redoublent d'intensité à l'apparition de Monique venue saluer seule sur scène.

Les deux autres comédies de Molière présentées les 4 et 5 août connaissent le même succès et, dans *La Presse*, on peut lire sous la plume du critique de théâtre Jean Béraud cette appréciation dithyrambique: « [...] outre la maîtrise absolue dont a fait preuve le comédien chevronné qu'est Guy Hoffman, il faut souligner la présence lumineuse de Madame Monique Leyrac qui a su incarner avec brio les trois rôles qu'elle a défendus successivement. À tout moment, elle a réussi à peindre avec intelligence et sensibilité les traits de caractère propres aux personnages qu'elle incarnait. Fait à souligner, la jeune actrice a livré son texte avec le plus grand naturel, sans "déclamer", et, plus remarquable encore, sans que le public perde un seul mot des vers du grand auteur. Je lui prédis une longue et fructueuse carrière. »

Cette critique démontre, entre autres, que l'influence de Jean Dalmain sur le jeu de Monique et de ses camarades du TNM n'est pas anodine. À cette époque, les acteurs ne sont encore que semi-professionnels. Dalmain va s'employer à leur faire travailler les textes en profondeur, il va leur apprendre la rigueur et l'exigence. Cela remplacera les cours du Conservatoire qu'ils n'ont pas eus.

Le succès est donc entier. Le 8 août 1954, les représentations permanentes se transportent au Gesù, rue de Bleury, où se produit habituellement la troupe du TNM.

Deux jours auparavant, on a célébré le premier anniversaire de Sophie. Certains soirs, Monique aimerait être près de sa fille mais… *the show must go on* !

CHAPITRE 12

Une tournée triomphale

Le 15 juin 1955, à Québec, Monique franchit la passerelle de l'Homeric, paquebot de la Home Lines, en partance pour Paris. C'est la quatrième fois qu'elle s'apprête à accomplir la traversée. « Pas mal pour une petite fille de Rosemont qui n'a pas trop traîné sur les bancs d'école », se dit-elle en serrant la main du premier officier qui la reconduit à sa cabine.

En janvier, la troupe a reçu une magnifique nouvelle : la candidature du Théâtre du Nouveau Monde a été acceptée au Festival des Nations, en juin, à Paris. Cela vient couronner quatre années d'efforts, de doutes, de remises en question. Monsieur Julien, le directeur du festival, a été fort réceptif à l'idée de faire venir une troupe représentant le Canada français. Trois autres amis du jeune établissement montréalais se sont associés pour aider à la réalisation de la chose. Le nouveau maire de Montréal, le jeune avocat Jean Drapeau, conscient du prestige que représente pour sa ville la présence du TNM à Paris, a sollicité des subventions auprès d'organismes fédéral et provincial, allant même jusqu'à contribuer de ses propres deniers au financement de l'aventure. L'ambassadeur du Canada à Paris, Jean Désy, a fait valoir au cabinet du premier ministre Saint-Laurent que le théâtre d'expression francophone est indispensable à la survie culturelle du pays et qu'en conclusion la présence de la troupe montréalaise à Paris devient incontournable. Enfin, l'un des imprésarios les plus en vue de la scène artistique canadienne, Monsieur Nicolas de Koudriavtzeff, a servi d'intermédiaire entre le Festival des Nations et les intervenants canadiens. Et le miracle s'est produit, à la très grande joie de tous les comédiens de la production.

Les dates prévues coïncident parfaitement avec l'agenda de Monique qui terminera dès la mi-mai son contrat pour la continuité télévisuelle *Anne-Marie*. En conséquence, elle a renouvelé son engagement avec la troupe du TNM dans *Les Trois Farces*.

Sur le bateau, l'atmosphère est à la fête. Le voyage se déroule dans une ambiance de saine camaraderie, également partagée entre détente et travail intense. En effet, il n'y a pas que la rigolade. Il faut répéter, et les membres de la troupe s'y emploient quotidiennement avec le plus grand sérieux. Un matin, on répète *Le mariage forcé*, puis *Sganarelle*, l'après-midi, c'est *La jalousie du barbouillé*. Le lendemain, on alterne. On se refait des sectorielles, des partielles, des enchaînements, de fausses générales et on recommence. Le critique de *La Presse* Jean Béraud, qui accompagne la troupe du TNM à Paris, n'en croit ni ses yeux ni ses oreilles.

— Vous répétez toujours comme ça ? demande-t-il à Henri Norbert.

— Bien sûr, répond celui-ci. Et ce n'est pas fini. D'autres répétitions sont prévues deux jours avant le lever de rideau au théâtre Hébertot. C'est très important de prouver aux Français que nous savons jouer Molière aussi bien qu'eux.

Chacun réalise qu'il porte la réputation et le nom du TNM comme un étendard devant être défendu au prestigieux Festival des Nations. Ce patronyme de Théâtre du Nouveau Monde n'est pas le fruit du hasard. Quand, en 1951, Éloi de Grandmont l'a proposé à ses camarades, tous étaient conscients des responsabilités qu'un tel nom de baptême impliquait. La première d'entre elles consistait à faire rayonner le théâtre francophone de qualité en Amérique du Nord, mais cet engagement pouvait aussi aller jusqu'à déplacer la troupe dans la mère patrie, comme c'était maintenant le cas. Il fallait être culotté. Ne pas rater le coche. D'où le sérieux du travail des répétitions.

Pourtant, Dieu sait s'ils les avaient jouées ces *Trois Farces* de Molière depuis un an ! À Montréal, en plus des représentations au Gesù, elles s'étaient retrouvées dans des endroits aussi improbables que le grand hall de l'hôtel de ville de Montréal. Conséquence de ce succès, la troupe avait voyagé. Elle avait été applaudie à Québec, Sherbrooke, Ottawa, Stratford et même dans certaines villes des provinces de l'Est et de l'Ouest canadien. Chaque fois, le public avait répondu présent. Fort de ce succès, le seul théâtre classique francophone au Québec s'était tranquillement, mais sûrement, implanté un peu partout.

Pour des raisons de disponibilité, certains comédiens de la production initiale n'avaient pu participer à toutes les représentations de ces tournées. Monique était de ceux-là, ayant déjà signé son contrat à la télévision. Toutefois, bien qu'elle se soit fait remplacer par ses camarades Huguette Oligny et Monique Miller pour certaines destinations éloignées de Montréal, c'est avec joie qu'en novembre 1954 elle avait entrepris le voyage avec la troupe pour aller jouer au Glebe d'Ottawa, à la salle Saint-Charles de Sherbrooke et au Capitol de Québec. Comme elle n'avait pas remis les pieds dans la Vieille Capitale depuis son séjour, trois années auparavant, avec ses amis Roche et Aznavour, elle en avait profité pour parcourir la ville, sous la bise automnale, avec son amie Germaine Giroux et quelques autres acteurs. Entre les visites au cabaret Chez Gérard, les promenades sur la terrasse Dufferin et les boustifailles impromptues chez Kerhulu, Monique s'était révélée une guide hors pair, et tout le monde avait apprécié son enthousiasme et son énergie.

Après une traversée sans embûches, l'Homeric accoste comme prévu aux quais du Havre. Pour la plupart des voyageurs, à l'exception de Monique et des Français d'origine comme Hoffmann, Norbert et Dalmain, il s'agit d'un premier séjour en France. Dans le train vers Paris, Monique se fait un plaisir de décrire en détail les paysages et les villes que l'on voit défiler et qu'elle connaît bien maintenant. À Paris, les acteurs sont chaleureusement accueillis par les représentants du festival. On les installe à l'hôtel des Trois Cloches, un charmant établissement de la rue des Dames, dans le 17e arrondissement, à un jet de pierre du théâtre Hébertot, où les représentations commenceront deux jours plus tard.

Monique retrouve le quartier qu'elle a tant de fois arpenté, le parc Monceau, les cabarets des 9e et 17e arrondissements, les rues de Rome et d'Amsterdam, les magasins de musique, le Conservatoire. Ce retour la remplit d'une douce nostalgie. Elle revoit tous les passages secrets qu'elle empruntait. Comme souvent lorsqu'on arrive à Paris, la journée s'étire, à la grande joie de tous les membres de la troupe. Ce n'est pas nécessairement une bonne idée, d'autant plus que les effets du décalage horaire se font sournois et que le programme s'annonce particulièrement chargé dans les jours à venir.

Dès le lendemain matin, une première répétition a lieu au théâtre. À 9 heures 30, les onze comédiens, les cinq danseurs, la chanteuse, le chorégraphe Marc Beaudet et le décorateur Robert Prévost sont présents pour la première répétition générale.

Construit en 1838, bien en vue sur le boulevard des Batignolles, le théâtre de style Louis-Philippe est doté de deux salles dont une de 630 places, à l'italienne. C'est cette dernière qui a été allouée aux comédiens du TNM. Depuis sa fondation, l'imposante salle a vu défiler des milliers de comédiens, musiciens, auteurs, compositeurs parmi lesquels des célébrités comme Sacha Guitry, Léo Delibes, Edwige Feuillère, Georges et Ludmilla Pitoëff, Charles Dullin et plusieurs autres. Il y règne une atmosphère incomparable, comme si l'esprit de ces grands artistes avait imprégné les murs vétustes de cet espace vénérable. Les acteurs montréalais en sont fortement impressionnés et c'est dans le recueillement que se déroule la première générale des *Trois Farces*. Cela n'altère pas l'aspect comique des œuvres du grand maître, et le directeur du festival, Monsieur Julien, venu souhaiter la bienvenue à Jean Gascon et à ses camarades, donne libre cours à son hilarité. Après la répétition, il ne tarit pas d'éloges sur le spectacle auquel il vient d'assister. Comme il a encouragé dès la première heure la candidature du TNM au Festival des Nations, on le sent soulagé de constater le professionnalisme de la troupe qui, affirme-t-il, peut rivaliser avec n'importe laquelle des compagnies françaises, belges ou suisses ». « Je vous prédis un éclatant succès, s'exclame-t-il.

L'après-midi, il est convenu que la troupe assistera à une répétition de Berthold Brecht et du Berliner ensemble au théâtre Sarah-Bernhardt. Représentant l'Allemagne de l'Est au Festival des Nations, le maître en personne y créera *Le*

Cercle de craie caucasien. Écrit à la fin de la guerre, ce drame social impressionne grandement Monique. Très émue, elle a le privilège de rencontrer le célèbre auteur après la répétition. Humble et sans prétention comme le sont souvent les grands créateurs, il invite les comédiens canadiens à la première représentation de la pièce le soir-même.

À 19 heures 30, toute la troupe du TNM est confortablement installée au parterre du théâtre Sarah-Bernhardt. À 20 heures, lever de rideau sur une mise en situation assez aride, en langue germanique. Commence alors pour les invités un long combat contre l'assoupissement. Le décalage horaire ! Tous ont beau lutter, se frotter les yeux, bouger les jambes, rien n'y fait, l'issue est inévitable, ils tombent de sommeil. De peine et de misère, ils surnagent jusqu'à l'entracte. Répit de courte durée. Retour au parterre. Comme la plupart de ses camarades, Monique retombe dans les bras de Morphée pour ne se réveiller qu'à la tombée du rideau.

C'est à Guy Hoffman qu'incombe la tâche ingrate d'aller en coulisses saluer les acteurs du Berliner Ensemble. Contrairement à son habitude, il est peu disert !

Deux jours plus tard, Monique a oublié la mésaventure de la troupe. Elle a un autre sujet de préoccupation. Dans quelques minutes, avec ses 16 collègues, elle entrera en scène pour l'une des expériences les plus marquantes de sa jeune vie de comédienne. Le 23 juin, à quelques heures de la fête nationale du Canada français, les trois coups traditionnels sont frappés sur les planches du théâtre Hébertot. Ce soir, aucune blague, aucun bavardage avant l'entrée en scène. Le recueillement et la concentration sont de mise. On sent bien que le public n'est pas le même qu'au Canada. À quoi s'attendre ? On chuchote que les Parisiens sont exigeants, on les prétend blasés, les critiques sont, paraît-il, sans pitié. Allons-y, il faut plonger, c'est la loi du théâtre.

Dès les premières réactions, c'est gagné ! Comme l'année dernière, dans les jardins de l'Ermitage. Du début à la fin de la pièce, on assiste à une cascade de rires qui soulèvent l'enthousiasme des acteurs. Guy Hofmann est particulièrement applaudi. Monique comme d'habitude se distingue par son aisance et son naturel. Pendant trois jours, les comédiens du TNM vont se démarquer de leurs confrères étrangers. On parle d'eux pour le grand prix du Festival. Les critiques sont unanimement favorables. Robert Kemp du journal *Le Monde* affirme : « Le Théâtre du Nouveau Monde a donné là un des meilleurs spectacles du Festival... C'est dru, c'est vrai... » De son côté, le chroniqueur littéraire de la revue *Arts* Pierre Marcabru écrit : « La troupe du TNM nous a offert une étonnante soirée, saine et vive comme un bel animal... »

Quelques jours plus tard, le verdict tombe : la troupe du TNM remporte la médaille de bronze, troisième place après la troupe d'Athènes, qui a joué *Œdipe roi*, de Sophocle, et celle du Berliner Ensemble, qui remporte la palme d'or avec l'œuvre de Brecht. Tous les comédiens canadiens, Jean Gascon en tête, se félicitent mutuellement. Jean Dalmain est ravi du succès de ses mises en scène et en particulier de la réussite de sa fiancée. La Comédie-Française offre un engagement à long terme à Guy Hoffmann. On parle même, pour la troupe, d'un prolongement de séjour en France, histoire de jouer *Les Trois Farces* en tournée. Jean Gascon réclame tardivement un réajustement de budget pour permettre cette éventualité. Peine perdue ! Le projet ne se réalisera malheureusement pas.

Quoi qu'il en soit, fiers de ce triomphe inespéré, les dirigeants du TNM reprennent le chemin du retour en pavoisant.

Stimulés par les réactions positives du public et de la critique, Jean Gascon et ses collègues conviennent de reprendre *Les Trois Farces* dès leur retour au Canada. Entre août 1954 et décembre 1958, elles seront données plus de 80 fois. Un record absolu. Encore de nos jours, cette production est considérée comme l'un des événements fondateurs de l'entreprise théâtrale montréalaise.

Même si Monique, qui a retrouvé Sophie avec émotion à son retour, sait que ses obligations antérieures l'empêcheront de participer à toutes les représentations à venir, elle se sent vraiment comblée d'avoir vécu pleinement, en France et au Canada, cette extraordinaire aventure avec ses camarades. Elle n'oubliera jamais cette première véritable expérience théâtrale. Elle sait aussi que ce ne sera pas la dernière et elle est fermement convaincue qu'elle consacrera une très grande partie de sa vie à sa passion pour la scène.

Au retour, quand le navire s'arrache des quais du Havre, elle retrouve son transat sur le pont avant du paquebot. Cette place lui sied tout à fait, pense-t-elle. La tête au vent, admirant le coucher du soleil qui tombe sur cette Amérique qu'elle rejoindra bientôt, elle envisage l'avenir avec optimisme. Tout à l'heure, dans la glace de sa cabine, elle a vu une belle jeune femme de 27 ans. Déjà mature. Plus sûre d'elle. Une démarche à la fois ferme et féminine. Un nez mutin, des yeux perçants, inquisiteurs quelquefois et, en même temps, d'un charme à faire damner tous les saints. Une femme toute menue, mais qui paraît bien grande. Déjà maman et encore demoiselle. Libre, mais engagée envers le théâtre et sa petite famille. Intéressée par toutes les formes d'expressions : chanteuse, artiste de variétés, actrice, passionnée de cinéma, vedette naissante à la télévision. Monique, peu à peu, devient Leyrac. Et c'est loin de lui déplaire !

CHAPITRE 13

Scènes de la vie parisienne

— Tu es méchant, monsieur !

— Pourquoi dis-tu que je suis méchant, pitchounette ?

— Parce que tu tues les poissons.

— Mais il faut bien les tuer, les poissons, pour que tu les manges.

— Je les mangerai pas tes poissons, bon !

Le brave poissonnier, tout souriant sous sa moustache de Méridional, se retourne vers la jeune maman embarrassée et rouge de honte.

— Alors, la petite Canadienne, je vous en mets combien, de rougets ?

Avant de répondre, la dame se confond en excuses pour l'impolitesse de sa fille.

— Excusez-la, monsieur, elle n'a que trois ans et déjà beaucoup de caractère, comme vous pouvez le constater.

— Mais non, elle est mignonne, votre petite Sophie et, en plus, elle s'exprime bien pour son âge.

— Ah ! pour ça, il n'y a aucun problème ! Pour s'exprimer, elle s'exprime !

— Alors, je vous en mets combien ?

— Six, ce sera suffisant, et une petite rascasse.

— Et voilà. Et bonne soupe de poisson, ma p'tite dame.

— Merci et au revoir, Monsieur Chauvet.

Monique est ragaillardie par l'amabilité du poissonnier. Elle sent qu'elle commence à s'intégrer à son environnement parisien. Ce n'est pas si facile même si, dès son installation, elle s'est sincèrement efforcée de faire bonne figure en tout temps, en tout lieu et d'apprendre rapidement les us et coutumes de la Ville lumière. C'est d'ailleurs ici au cours de ces années 50, après la période de vaches maigres de son premier séjour français, qu'elle a vraiment appris à cuisiner selon les règles de l'art.

Le couple vit alors une période de relative tranquillité, se partageant entre les tâches ménagères et l'éducation de Sophie. Les deux cuisinent volontiers. Quand ses activités théâtrales le lui permettent, Jean Dalmain trouve le temps d'aller chez le brocanteur, où il achète des meubles bretons, et de s'occuper de certains détails de décoration. On le voit souvent le soir endormir la petite Sophie, lui racontant de mémoire *La Chèvre de Monsieur Seguin*. Monique, de son côté, s'occupe de tout le reste, fait les courses, la lessive, la cuisine, la couture. Malgré son emploi du temps très chargé, elle parvient à consacrer quelques moments de sa vie parisienne à approfondir de nouvelles connaissances.

Dès qu'elle peut se libérer de ses tâches domestiques, elle s'emploie à découvrir des musées, comme celui de Gustave

Moreau, non loin de la maison. Un pur ravissement qui présente essentiellement les œuvres du grand peintre symboliste qu'elle ne se lasse pas d'admirer. Et, pour se gâter un peu, quand son budget lui permet de faire garder Sophie, elle s'offre une séance de cinéma, plus rarement une pièce de théâtre.

Peu à peu, elle a pris conscience que Paris est un assemblage de petits villages qui s'ignorent les uns les autres. Elle ne se fatigue pas de sillonner les rues de la capitale, arrondissement par arrondissement. La Ville lumière est devenue son cadre de vie.

Jean et elle ont élu domicile au 18, rue La Bruyère. De là, on peut emprunter la rue Notre-Dame de Lorette et descendre vers la jolie place Saint-Georges. Ou encore remonter vers les commerces de la rue des Martyrs. Il y a également le Théâtre La Bruyère, à deux portes de l'immeuble, de style haussmannien. Réparti sur deux étages, l'appartement est composé de trois chambres de bonnes rattachées à un atelier d'artiste doté d'une verrière. Le balconnet de la cuisine révèle une très jolie vue sur les toits et la basilique du Sacré-Cœur. Pour l'anecdote, d'autres célèbres locataires habiteront à cet endroit, notamment le peintre québécois Fernand Leduc et l'écrivain Michel Tremblay.

Certains lieux lui sont devenus familiers. Comme ce parc adjacent de la place Saint-Georges où elle s'arrête maintenant avant de monter chez elle. Le moment est bien choisi pour faire une pause. Sophie s'est endormie dans la poussette. Le soleil de septembre réchauffe les cœurs. Les marronniers sont lumineux, l'air est bon, et Monique prend le temps de s'asseoir et de rêvasser. Un souvenir récent refait surface. Il y a quelques jours, au marché Notre-Dame-de-Lorette, alors qu'elle traversait la rue avec son cabas, elle a entendu un passant s'exclamer : « Ah ! qu'elles sont belles, nos petites Françaises ! » Cela l'avait fait sourire et lui avait confirmé que son intégration était réussie.

Depuis son récent retour à Paris en novembre 1955, elle s'est prise de passion pour ce qui se passe dans le monde. Chose nouvelle, elle s'intéresse aux actualités internationales. Depuis qu'elle a entendu parler de Françoise Giroud, cette femme extraordinaire, sa nouvelle icône, elle s'est abonnée à *L'Express*, l'hebdomadaire que la célèbre féministe a cofondé. Comme toutes les semaines, on y parle de la guerre d'Algérie. Monique parcourt quelques articles très critiques de la politique française sur le territoire d'Afrique du Nord.

Curieux, se dit-elle… Pendant que la guerre fait rage là-bas, ici tout est calme, prédispose à la flânerie et le temps passe. Lentement ? Quelquefois oui, à d'autres moments, non. Quand on est immobiles, tout semble arrêté. Mais dès qu'on est en mouvement, il s'écoule à une vitesse folle. Monique le sait bien, elle qui n'a cessé de s'agiter depuis les huit dernières années. Dieu merci, elle reprend maintenant son souffle. Une éclipse souhaitée, un retrait temporaire, une pause pour voir grandir sa fille.

Cela lui donne le temps de réfléchir à sa vie professionnelle. Depuis ses récentes expériences au théâtre, elle a pris conscience de son attrait pour le métier de comédienne. Au théâtre, bien sûr, mais aussi à la télévision, comme lorsqu'elle a joué dans *Anne-Marie*, d'Eugène Cloutier. Avant cela, sa seule expérience télévisuelle avait consisté à tourner un bout d'essai en circuit fermé avec Jean-Yves Bigras, qui l'avait déguisée en « négresse » pour chanter *Le petit chien de laine*. Un épisode qu'elle préfère oublier !

D'autres images lui reviennent à l'esprit. Après le succès remporté au Festival des Nations, Monique était rentrée à Montréal afin de retrouver sa fille, Sophie, qui, à l'âge de deux ans, avait bien besoin de sa maman. Le passage au Canada ne devait durer que le temps d'organiser le rapatriement du bébé, d'obtenir les papiers indispensables à un séjour prolongé en France et de planifier le déménagement de la petite famille en Europe pour les trois prochaines années. Mais le TNM qui, dans la foulée du succès remporté à Paris, remontait *Les Trois Farces* au Gesù, avait fait appel à Monique pour reprendre ses trois rôles. Pendant son séjour, elle se souvient avec une émotion particulière qu'un soir on lui avait présenté le comédien François Périer, venu l'applaudir. Simple et engageante comme elle sait l'être, elle avait séduit le grand acteur français.

Un léger gémissement interrompt sa rêverie. Sophie vient de se réveiller. La récréation est terminée, elles vont rentrer. L'escalier de la rue La Bruyère est raide, six étages sans ascenseur. Aussi, comme la tortue de La Fontaine, elle se hâte avec lenteur. « C'est bien qu'une actrice se tienne en forme, se dit-elle. Mais si on m'offrait un rôle, ce serait encore mieux ! »

La proposition vient plus tôt que prévu. Jean Gudin, un ami de Dalmain, administrateur du théâtre du Vieux-Colombier, a engagé le comédien pour tenir le rôle principal dans *Le Malade imaginaire*, de Molière, en vue d'une tournée au Maroc. En même temps, on apprend le désistement de la comédienne qui doit jouer le personnage de Toinette. Pourquoi ne pas l'offrir à Monique ? Cette dernière accepte avec enthousiasme et mémorise le rôle en quelques heures.

Le 21 octobre 1956, la troupe atterrit à Rabat. La première est prévue pour le lendemain au théâtre Mohamed V de la capitale. Le 22 octobre, au réveil, c'est la consternation. On apprend qu'une caravelle du gouvernement marocain à destination de Tunis, ayant à son bord le chef du Front de libération nationale, l'Algérien Ahmed Ben Bella, vient d'être arraisonnée en plein vol par l'aviation militaire française. Cet acte de piratage, contraire à toutes les lois internationales, porte atteinte à la souveraineté de deux pays neutres, récentes colonies françaises et néanmoins sympathisants de la cause algérienne. L'ambassade française à Rabat conseille à tous ses ressortissants de quitter le territoire marocain par crainte de représailles de la part des autorités et de la population. La situation est délicate pour les membres de la troupe du Vieux-Colombier, qui doivent jouer le soir même devant le roi et une assemblée de notables berbères venus de tous les coins du Maroc.

Après s'être consultés, les acteurs conviennent d'affronter le public. Le soir, en l'absence notable de Mohamed V, devant un parterre dégarni, les Français donnent la première représentation du *Malade imaginaire* sur le sol marocain. Ils marchent sur des œufs. Ça rit très peu et les saluts sont écourtés. L'affaire finit par être oubliée, sinon par la classe politique, du moins par le grand public qui réserve aux acteurs français un accueil de plus en plus chaleureux à mesure que le temps passe et que la tournée progresse en territoire marocain.

Fès, Casablanca, Ouarzazate, Mogador, Marrakech où l'on révèle aux acteurs les charmes et les douceurs de cet extraordinaire palace qu'est La Mamounia, toutes ces villes accueillent la tournée théâtrale française qui a presque commencé par une catastrophe et qui, heureusement, se termine en beauté.

Monique, comme d'habitude, tire son épingle du jeu avec brio et prend plaisir à explorer ce magnifique pays qui lui rappelle à bien des égards le Liban, visité cinq années plus tôt. Le 23 novembre, elle atterrit à l'aéroport d'Orly sous une pluie battante.

Dès le lendemain, la vie parisienne reprend ses droits. Tous les matins, elle se rend au marché, elle balade Sophie à droite et à gauche, elle mitonne des petits plats, elle écume les musées jusqu'à l'épuisement. Très systématique comme toujours, Monique a décidé de connaître le Louvre comme le fond de sa poche. Elle devient incollable en matière d'art et, à sa grande satisfaction, sa culture générale s'enrichit.

Sophie lui donne tout de même un peu de soucis. La petite démontre une très grande force de caractère, n'obéit pas facilement à ses parents, se montre quelquefois insolente avec les adultes, fait preuve d'entêtement chronique, bref, elle impose ses quatre volontés. Monique doit à la fois se montrer ferme et éviter de prendre la fillette de front. La négociation n'est pas simple, d'autant plus que la jeune maman a toujours fait preuve elle-même d'un caractère fort.

De plus en plus passionnée par le théâtre, Monique se tient au courant de ce qui se monte à Paris et, lorsque faire se peut, s'efforce d'y aller. À la Comédie-Française, à l'Odéon, au TNP, dirigé par Vilar : anciens, modernes, tragédies, comédies, auteurs français, traductions étrangères, tout l'intéresse. Pendant son séjour, elle fait l'apprentissage des œuvres de Beckett, de Ionesco, de Shakespeare, de Feydeau, elle s'intéresse autant au théâtre grec antique qu'à la plus légère des pièces de boulevard. Certains soirs, il lui arrive de vivre des instants d'intense bonheur et d'émotion en allant voir telle ou telle interprétation d'une grande actrice, d'un comédien exceptionnel. Comme cette fois où elle assiste au *Cid*, de Corneille, avec Gérard Philipe dans le rôle de Don Rodrigue. Un vers en particulier la transporte et lui fait verser des larmes :

Cette obscure clarté qui tombe des étoiles

Elle ne l'oubliera jamais et se le répétera comme un mantra pendant de nombreuses années.

Pendant la saison 1957, une autre occasion se présente à elle. On lui propose un petit rôle de nonne dans *Dialogue des carmélites*, de Georges Bernanos, donné au théâtre Hébertot. Encore une fois, Monique accepte avec joie. D'abord, pour avoir le plaisir de fouler de nouveau les planches de ce théâtre qu'elle connaît déjà, mais aussi pour jouer en compagnie de la grande Emmanuelle Riva. Détail amusant, c'est à Monique, la chanteuse, que l'on a demandé de jouer le rôle de la sœur musicienne, celle qui doit donner le *la* avant le chant *Veni Creator Spiritus* précédant la montée à l'échafaud.

Tous les soirs, le jeu très habité d'Emmanuelle Riva la bouleverse. L'intensité déployée par la grande actrice, sa faculté à se métamorphoser, à devenir littéralement le personnage qu'elle interprète, sa manière d'être, sur scène et en coulisses, le caractère qu'elle déploie, toutes ces qualités dramatiques auront sur la jeune actrice canadienne une influence non négligeable.

En 1958, Monique Leyrac peut dresser un bilan satisfaisant de ce séjour de trois années en sol français. Elle a affiné sa curiosité intellectuelle et acquis une vaste culture, deux qualités qui deviendront de grands atouts et qui l'aideront à façonner sa carrière artistique. La vie parisienne lui a inculqué toutes sortes de nouvelles connaissances dont elle n'avait pas pu faire l'apprentissage quand elle était plus jeune. Histoire, géographie, français parlé et écrit, musique, cinéma, théâtre, arts visuels, science politique, elle a fait flèche de tout bois.

Elle termine son séjour en France par un coup d'éclat tout à fait digne d'elle. À l'été 1958, quelques semaines avant son retour au Canada, Monique Tremblay-Leyrac épouse Jean Dalmain, geste considérable qui aura sur sa vie diverses répercussions. D'un commun accord, Jean et Monique se sont pliés à cette formalité administrative afin de faciliter l'intégration de leur petite Sophie à la vie canadienne. La cérémonie, très simple, a lieu à la mairie du 9e arrondissement. Suzanne Avon est le témoin de Monique et le peintre René Poirot joue le même rôle auprès de Jean dont il est le fidèle ami. Toutefois, l'événement donne lieu à un imbroglio assez cocasse. Le maire a refusé tout net de marier les futurs conjoints sous prétexte qu'ils avaient déjà convolé en justes noces au Canada. Il faut beaucoup de persuasion de la part de Monique pour convaincre le brave homme que tout cela n'est qu'une rumeur qu'on a laissé se répandre là-bas afin qu'on ne pose pas de questions embêtantes sur la légitimité du couple.

En septembre, Monique embarque sur l'Île-de-France, navire amiral de la Compagnie générale transatlantique. La traversée est agitée et Monique est terrassée par le mal de mer. Confinée à sa cabine, elle ne mettra le nez dehors qu'en vue des gratte-ciel de New York. Sophie, du haut de ses cinq ans, se porte comme un charme. Intense comme sa maman et volubile comme son papa, elle se laisse choyer une fois de plus par le personnel. Quant à Jean Dalmain, un engagement théâtral le retient momentanément en France.

Tiens, Montréal a bougé. Dès qu'elle pose le pied dans sa ville natale, Monique ressent qu'un vent de changement anime la province. La rumeur est donc avérée. Le Québec se transforme. Le peuple rue dans les brancards. Depuis la grève de l'amiante, neuf années plus tôt, on sentait que c'était inéluctable, que ça viendrait un jour. Les bouleversements sociaux n'en sont qu'à leurs débuts. Dans quelques semaines, les réalisateurs de Radio-Canada déclencheront une grève mémorable. Maurice Duplessis mourra en septembre 1959, remplacé en 1960 par Jean Lesage et son « équipe du tonnerre ». Au retour de Monique, la Révolution tranquille est déjà en marche. Une page d'histoire est en train de s'écrire. L'artiste que l'on surnommait à Paris « la petite Canadienne » deviendra bientôt la Québécoise Monique Leyrac. Et cette Québécoise fera rayonner le nom du Québec un peu partout dans le monde.

ACTE 3

CHAPITRE 14

La grève

« DIFFICULTÉS TEMPORAIRES, N'AJUSTEZ PAS VOTRE appareil. » Cet avertissement diffusé par Radio-Canada en cas de panne de réseau a été habilement récupéré par les réalisateurs de la société d'État, qui en ont fait leur slogan de grève. On peut le lire partout et même sur les pochettes de deux disques que les vedettes de la radio et de la télévision ont réalisés en appui à leurs collègues. Les passants qui, malgré la froidure de ce mois de février 1959, prennent le temps de s'arrêter devant la vitrine d'Archambault peuvent donc admirer les photos de leurs vedettes favorites, Olivier Guimond, Paul Desmarteaux, Jean Duceppe, Doris Lussier, Clémence DesRochers, René Lévesque, Lucille Dumont. Cette grève est la première impliquant les cadres d'une entreprise publique. Elle durera six mois pendant lesquels la population sera privée de ses émissions fétiches, *La famille Plouffe*, *Point de mire*, *Le Survenant* et bien d'autres. En revanche, l'auditoire en profitera pour se régaler des films français qui seront volontiers mis à sa disposition.

Monique Leyrac, à peine débarquée à Montréal après une absence de trois années et demie, ne participe à aucun de ces événements syndicaux. On ne lui a rien proposé et sans doute la croit-on encore à Paris. De son côté, elle ignore tout bonnement la nature du litige en cours.

Dès son arrivée, son premier souci a plutôt été de se trouver un logement. Elle l'a déniché avenue Elm, où habite déjà le comédien François Cartier et son épouse, des amis du couple Leyrac-Dalmain. Le coin est tranquille, les rues, peu fréquentées, la population, cossue, débonnaire et anglophone. On est loin ici de l'agitation qui règne dans l'est de la ville. La jeune femme et sa fille de cinq ans retrouvent un peu l'atmosphère européenne.

L'installation est rapide. Quelques caisses en guise de meubles, les jouets de Sophie, le nécessaire pour la cuisine et Monique hume déjà l'air du temps. Comment réintégrer la vie dans sa propre ville après avoir été déracinée si longtemps ? Jean viendra la rejoindre un peu plus tard, Sophie sera bientôt à l'école maternelle, la radio et la télévision lui sont momentanément inaccessibles. Une décision s'impose.

La meilleure chose est de faire volte-face, de prendre parti, d'en apprendre un peu plus sur le combat syndical que mènent Jean Duceppe, président de l'Union des artistes, et Jean-Louis Roux, président de la Société des auteurs. Prompte à s'engager maintenant qu'elle a été mise au courant des enjeux, Monique participe à une série de galas au profit des grévistes. Elle le fait avec d'autant plus d'énergie que le mari de sa grande amie Denise Proulx est réalisateur à la télévision d'État et qu'on le retrouve aux premières loges de son syndicat. Amitié et solidarité obligent.

Une fois de plus, le public répond présent et Monique le retrouve avec plaisir, à la fois étonnée et ravie de cette fidélité indéfectible. L'occasion lui est donnée de se remettre en voix et de revoir son répertoire après ces années de silence chanson. Le timbre est devenu plus rond, la projection vocale, plus déterminée, le geste, plus précis. La chanteuse a gagné en assurance, en profondeur. L'accueil qu'on lui réserve la comble, et c'est tout naturellement que d'autres idées jaillissent de sa boîte à projets.

Entre-temps, Jean Dalmain est venu rejoindre femme et fille avec quelques nouveaux plans en tête. Il faut bien vivre, faire chauffer la marmite. Ils n'attendront pas d'hypothétiques propositions et créeront les occasions. Ils cherchent un théâtre, mettent plusieurs fers au feu, échafaudent, convainquent, ils sont partout à la fois. Ils renouent avec leurs camarades et les assurent de leur disponibilité.

C'est ainsi que le couple revoit le jeune comédien et fantaisiste Pierre Thériault, avec qui une amitié nouvelle et durable se noue. Le personnage est attachant. Mi-lutin, mi-farfadet, ce Pierrot cherche sa Colombine, qu'il finit par découvrir en la personne de Monique. En revanche, cette dernière essaie de l'organiser, de lui inculquer un peu de discipline, denrée rare mais indispensable. Elle n'y arrivera pas tout le temps, mais elle pardonnera toujours au funambule, à l'elfe imprévisible, et se jettera avec passion dans chaque nouveau projet qu'il lui proposera.

Depuis son retour au Québec, Monique Leyrac a fait battre son tambour avec constance. On ne s'étonnera guère d'apprendre que les graines qu'elle a plantées vont bientôt générer d'abondantes récoltes. Les prochaines années seront parmi les plus fertiles de sa vie professionnelle dans les trois domaines qu'elle occupe : le théâtre, la radio-télévision et la chanson.

Entre 1959 et le début de 1964, Monique tiendra onze premiers rôles à la scène, donnera avec un égal succès trois spectacles, enregistrera un disque mythique, participera à quatre continuités télévisuelles et une radiophonique, jouera dans deux télé-théâtres et sera invitée régulièrement sur les ondes. Qui peut en dire autant à cette période à Montréal ?

CHAPITRE 15

Le théâtre

Oscar, c'est Dalmain. Il n'y a que lui pour camper ce personnage hâbleur, ratoureux, autoritaire, de la pièce éponyme de Claude Magnier. Le jeune premier est évidemment joué par Pierre Thériault, l'elfe éternel, et, on l'aura deviné, l'épouse, la bourgeoise, c'est Monique Leyrac. Un trio d'enfer. Une réussite assurée. Ils se sont installés dans l'ouest de la ville, au théâtre Anjou, un espace minuscule de 80 places. Sans plus attendre, ils ont monté cette nouvelle pièce de boulevard qui fait un tabac outre-Atlantique.

Dès le mois de mars 1959, peu de temps après que Louis de Funès eut triomphé dans le rôle-titre, au Palais-Royal, à Paris, *Oscar* conquiert le public montréalais, par ailleurs privé de télévision. Un succès populaire comme la métropole en a rarement vu. Tous les soirs, la pièce se joue à guichets fermés et la petite troupe prévoit même des représentations supplémentaires. Les coffres se remplissent, l'entente est parfaite, tout le monde est heureux. Pendant quelques mois, nos amis surfent sur la vague de ce succès inespéré.

À l'été, le propriétaire du théâtre Anjou prévient ses locataires qu'il doit résilier leur bail. Une nébuleuse histoire de comédienne, d'entente verbale, de promesse, d'engagement subséquent, bref, une flopée de prétextes qui ne tiennent pas la route. Dalmain et ses amis ont beau protester, faire valoir qu'ils ont signé une entente en bonne et due forme avec la direction du théâtre, rien n'y fait. Ils doivent décamper avant le 31 juillet. Une des comédiennes du groupe propose alors de soumettre le litige au père de son mari, célèbre avocat de grande réputation. L'affaire se règle très rapidement hors cour et nos amis sont dédommagés de leurs pertes.

Dès septembre, la troupe se transporte à l'ancien Saint-Germain-des Prés, inoccupé, et elle reprend ses représentations avec le même succès, jusqu'à la mi-novembre. Ce n'est pas sans nostalgie que se termine ce qu'il faut appeler une réussite complète.

On ne rompt pas aussi facilement une association professionnelle fructueuse, surtout si elle s'accompagne d'une relation amicale partagée. C'est donc tout naturellement que la petite troupe se tourne vers d'autres horizons. Dalmain entreprend les premières démarches en dénichant un nouveau théâtre. Situé dans le cadre bucolique de l'île Sainte-Hélène, dans un édifice centenaire, la Poudrière abrite depuis à peine deux années une compagnie qui se spécialise dans les productions de taille modeste.

Reste à imaginer quelque chose, à créer un projet. Monique Leyrac et Pierre Thériault possèdent un atout majeur : ce sont à la fois d'excellents acteurs et d'irréprochables chanteurs. Ils proposent donc à la direction de la Poudrière de présenter, quatre soirs par semaine, des pièces de boulevard. Mentionnons *Les Boulingrins* et *La Paix chez soi,* de Courteline, *Les œufs de l'autruche*, de Roussin, et *Mais ne t'promène donc pas toute nue*, de Feydeau. Ces pièces d'un acte, mises en scène par Dalmain, sont ponctuées d'une pause d'une trentaine de minutes pendant laquelle les deux comédiens interprètent, à tour de rôle ou en duo, quelques chansons du répertoire 1900 que Monique affectionne particulièrement et qui convient au style fantaisiste de son partenaire. Dalmain y va aussi de sa participation en récitant des textes de Bruant et de Richepin et il se joint même aux deux autres pour quelques numéros chantants connus du grand public.

Le succès, quoique moins spectaculaire que celui de la précédente production, est néanmoins au rendez-vous puisque le spectacle tient l'affiche pendant deux mois, au printemps 1960. Charmé, le public s'amuse beaucoup de cette suite de chassés-croisés, de portes qui claquent, de traits d'esprit, de répliques canons. Certains soirs, les trois acteurs se permettent même d'improviser, de se lancer des défis, de cabotiner un brin pour le seul plaisir de rattraper la balle au bond. Le délicieux moment de l'interlude musical leur permet d'échanger plus intimement avec le public en lui présentant leur minirécital de chansons.

Le talent de Monique pour le registre comique est remarqué et l'on fait bientôt appel à ses services pour un autre Feydeau. *Le Dindon* est présenté quelques mois plus tard par le TNM dans le cadre du 25e festival de Montréal qui se déroule du 8 au 15 août, à la Comédie-Canadienne.

Ce théâtre, fondé en 1957 par l'auteur Gratien Gélinas, qui en est également le propriétaire immobilier, est une salle de spectacle de bonne dimension, à l'acoustique plus que satisfaisante. Polyvalente, elle accueille toutes sortes de manifestations scéniques qui vont du spectacle de chansons au récital de musique classique, tout en servant en priorité les troupes de théâtre qui veulent bien s'y produire. Le Théâtre du Nouveau Monde en est un des principaux locataires et finira par en devenir le propriétaire exclusif en 1973.

En attendant, Jean Gascon et ses collègues y présentent quelques spectacles de leur saison régulière. C'est à cet endroit, dès le 10 septembre, que Monique Leyrac reprend le rôle de Maggy Soldignac dans la pièce de Feydeau.

Entourée d'une distribution prestigieuse, elle fait crouler la salle tous les soirs en campant ce personnage délirant d'Anglaise qui n'entend que ce qu'elle veut bien entendre. Malgré l'accent loufoque dont elle s'est affublée, elle livre son texte avec virtuosité. Grâce à sa diction impeccable, on ne perd pas un mot de cet étrange sabir débité tout légèrement et avec une grande drôlerie. On imagine une sorte de Valérie Lemercier avant la lettre.

D'ailleurs, dans ces années-là, ce sont essentiellement des pièces comiques, boulevardières, que monte le tandem Dalmain-Leyrac. Celle-ci y joue souvent les coquettes, les épouses fofolles comme dans *Oscar* ou les bourgeoises parisiennes déjantées. La plupart du temps dirigée par Dalmain, elle va perfectionner son talent du punch et du *timing*. Ce qui ne l'empêche pas d'être aussi efficace quand elle campe des rôles dramatiques.

Dans les mois qui suivent, Monique et son mari font la rencontre du jeune et dynamique fondateur des Jeunesses Musicales du Canada, Gilles Lefebvre. Ce dernier propose à Dalmain de présenter un grand classique de son choix pendant les semaines « théâtre » du camp musical qu'il dirige chaque saison estivale, à Orford.

Le couple accepte sans hésitation. Dès la fin du printemps suivant, la petite famille installe ses pénates sur les bords du lac d'Argent, dans le charmant village d'Eastman, voisin d'Orford.

Cette fois, c'est *Bérénice*, de Jean Racine, que Dalmain a choisi de monter en plein été au profit des jeunes stagiaires. C'est rigoureux, à la limite indigeste. De plus, la pièce, bien qu'elle fasse partie des œuvres profanes du grand auteur, valorise l'obéissance à Dieu et à la raison d'État, présentée comme supérieure à l'amour humain. Ce n'est pas pour déplaire à Gilles Lefebvre qui, en matière d'enseignement musical ou théâtral, ne connaît qu'une seule règle, la sienne. Celle de l'obéissance et de la rigueur.

Oui, certes, mais comment le public réagira-t-il ? On comprend qu'il y a ici un parterre d'inconditionnels qui applaudissent à tout ce qu'on leur offre, mais jouer, en pleine saison estivale, une pièce en vers dont la création remonte aux années du jansénisme triomphant… Il faut oser ! Et pourtant, malgré le maintien de cette proposition audacieuse, Lefebvre et Dalmain remportent leur pari. Dans l'espace de la nouvelle salle de concert du camp musical, abrité de la fraîcheur vespérale de ce mois d'août 1961, les spectateurs se laissent séduire par les plus beaux alexandrins de la langue française, portés par une voix unique. Celle de Monique Leyrac.

Que le jour recommence et que le jour finisse,
Sans que jamais Titus puisse voir Bérénice.

Et, pour le plaisir croissant du public de théâtre, on n'a pas fini de l'entendre, cette voix. Pour la première fois de sa carrière de comédienne, on lui présente un grand projet qui mettra enfin à contribution ses talents combinés d'actrice et de chanteuse.

D'année en année, les productions théâtrales du TNM prennent de l'ampleur. En 1961, pour commémorer le 10e anniversaire de l'institution, Gascon décide de frapper un grand coup en proposant à son conseil d'administration de monter *L'Opéra de quat'sous*, de Berthold Brecht et Kurt Weill. Ce chef-d'œuvre de l'expressionnisme, œuvre-phare des deux créateurs allemands, exige des artistes de premier ordre. Jean Gascon, qui projette de signer la mise en scène, croit avec raison qu'il dispose d'un bassin d'acteurs chanteurs suffisamment solides pour se lancer dans l'aventure. Il ne se trompe pas. Il a même trop de choix, comme le démontre l'incident qui met en conflit deux piliers de la scène québécoise, Monique Leyrac et Pauline Julien.

Cette dernière, dès l'entrevue initiale avec le metteur en scène, propose qu'on lui confie le personnage de Polly Peachum, le premier rôle féminin de la pièce. Cela lui permettra, dit-elle, de chanter le fameux air de *La fiancée du pirate*, qu'elle présente déjà dans son tour de chant. Gascon tergiverse, se montre évasif avec la bouillante chanteuse et reporte sa décision à plus tard.

Ce qu'il évite de dire, c'est qu'il a déjà promis à Monique qu'elle jouerait Polly. C'était la seule condition majeure que cette dernière lui imposait. Cela ne posait aucun problème puisqu'il était déjà persuadé que le registre vocal et scénique de Monique la qualifiait amplement pour le rôle.

Une petite phrase va mettre le feu aux poudres. Une rencontre informelle a été organisée afin de permettre aux acteurs de fraterniser avant la première lecture prévue quelques jours plus tard. Entre deux verres de mousseux, Pauline Julien, d'une voix suffisamment forte pour qu'on l'entende partout, annonce la nouvelle :

— C'est moi qui vais jouer le rôle de Polly, j'en suis vraiment très heureuse. Ce personnage, c'est tout à fait mon genre !

Interdite, Monique Leyrac rougit et s'adresse à sa rivale :

— Ça m'étonnerait que ce soit toi qui joues Polly puisque Gascon m'a confirmé, il y a déjà un mois, qu'il me réservait le rôle. Il n'y a aucun doute là-dessus.

Au tour de Pauline Julien de se cambrer et de prévenir l'assemblée qu'il n'est pas question qu'on lui confie un autre personnage que celui de Polly Peachum.

Dans la petite assemblée, le silence est assourdissant. Gascon, le roi du compromis, ne sait plus où se cacher et finit par mettre le couvercle sur la marmite en demandant à Monique de venir le rencontrer le lendemain.

Quinze minutes avant l'heure prévue, la principale intéressée est sur le pied de guerre devant le bureau du directeur du TNM. Gascon n'a pas le temps de placer un seul mot que déjà Monique lui fait un raffut de tous les diables.

— Il n'est pas question que je joue autre chose que le personnage de Polly. Tu te souviens que j'en avais fait une condition absolue. Je ne changerai pas d'avis même si cela doit m'éloigner du TNM jusqu'à la fin de mes jours !

De guerre lasse, le metteur en scène s'incline. Il proposera le rôle de Jenny à Pauline.

Celle-ci finit par se laisser convaincre et jouera avec grand professionnalisme le personnage qu'on lui confie. Mais la blessure est ouverte et ne se cicatrisera pas avant longtemps. Cet incident explique peut-être pourquoi le courant n'a jamais vraiment passé entre les deux femmes.

Quoi qu'il en soit, l'aventure de *L'Opéra de quat'sous* est engagée. La première représentation a lieu à l'Orpheum le 10 novembre 1961, à l'occasion d'une soirée-bénéfice au profit de l'hôpital Sainte-Justine. Les acteurs ont droit à une formidable ovation de la part des invités présents, le maire Drapeau en tête. Dans *Le Devoir* du lundi 13 novembre on peut lire, sous la plume du critique Jean Hamelin, que Monique s'est taillé la part du lion avec son rôle de Polly: « Monique Leyrac en donne une traduction scénique qui compte parmi les plus belles choses que nous ayons vues à Montréal… Voilà un spectacle pour lequel je ne fais aucune réserve. »

Les autres comptes rendus que nous pouvons lire un peu partout rivalisent de superlatifs. Que demander de mieux? Le TNM ajoute des supplémentaires, la pièce part en tournée et, partout, le succès est au rendez-vous.

En février, la troupe reprend ses représentations montréalaises, mais un incident malheureux met un terme à la participation de Monique à *L'Opéra de quat'sous*. Dans la ruelle voisine de son domicile, avenue Elm, elle glisse sur une plaque de glace, pressée comme toujours. Dieu merci, un voisin vient à sa rescousse. Elle se retrouve chez un médecin qui réussit à lui replacer les os tant bien que mal. Verdict: fémur fracturé, deux semaines d'immobilité complète, jambe dans le plâtre pour les trois prochains mois. Elle en gardera une jambe plus courte que l'autre. Au théâtre, on la remplace par Monique Mercure, qui tient déjà le rôle de Lucy dans la distribution.

La mort dans l'âme, Monique est contrainte à l'inaction. Ce n'est pas son genre. On ne sera pas étonnés d'apprendre que, deux semaines plus tard, en pleine convalescence, elle se met à travailler un nouveau rôle. Téméraire, elle s'est laissé convaincre par Yvette Brind'amour, qui monte *L'Idiote*, de Marcel Achard, au Stella, l'ancêtre du Rideau-Vert. En évitant les déplacements superflus sur scène, elle pourra très bien s'en tirer, même avec son plâtre.

Le 1er avril suivant, soir de première au Stella, on peut voir une charmante *Idiote* faire son entrée en scène avec sa jambe plâtrée et donner la réplique à son camarade François Cartier. Aucune réaction particulière du public devant ce plâtre incongru, perçu sans doute comme un élément de costume. Plus embêtant, les spectateurs ne réagissent pas beaucoup non plus à ce qui se déroule sur la scène. Situation typique des soirs de première, se rassure Monique. Il n'empêche, c'est toujours déstabilisant pour un comédien de parler dans le vide, de sentir que les répliques ne portent pas, que les traits d'esprit ne déclenchent pas le rire attendu.

Monique termine sa soirée en nage. Yvette Brind'amour et sa compagne, Mercedes Palomino, sont toutes les deux atterrées jusqu'à ce que la loge de Monique accueille quelques admirateurs enthousiastes venus rendre hommage à l'actrice. « C'est toujours ça de pris », se disent-elles. Heureusement, le lendemain, les critiques confirment la magnifique prestation des acteurs, Monique Leyrac en tête. C'est avec succès que se poursuivent, tout le mois d'avril, les représentations prévues.

Successivement, et pour les deux années suivantes, on peut encore admirer Monique Leyrac dans plusieurs productions, la plupart au TNM. On la retrouve dans *Richard III*, de Shakespeare, et dans deux Molière, *Georges Dandin* et *Le médecin malgré lui*, où elle forme, avec Guy Hoffman, le couple le plus comique que l'on ait vu au théâtre depuis longtemps.

Durant toutes ces années, elle aura appris, la plupart du temps sous la direction de Jean Dalmain, la plus grande qualité qui soit au théâtre : la rigueur. Et cet absolu n'est possible que si l'on s'astreint à une certaine forme de discipline. Cela consiste à ne pas ajouter de gags gratuits dans le registre comique ou d'éviter de jouer mélo dans le registre dramatique mais, au contraire, de cerner la vérité du personnage. Monique aura appris à se plier à l'exigence du texte, à le comprendre. Elle saura que la seule façon de porter un auditoire au bord des larmes de rire, de tristesse ou de désespoir est d'obéir à cette règle d'or. Cela restera son credo pour le restant de sa carrière. On verra plus loin comment elle l'appliquera à ses spectacles solos.

Pour le moment on la retrouve très souvent en tête de l'affiche ! Non seulement au théâtre, mais dans tous les domaines qu'elle aborde.

CHAPITRE 16

La télévision et la radio

Quatre heures et demie avec Surprise,
avec Surprise et ses amis
Quatre heure et demie…

L'APPEL NE DURE PAS LONGTEMPS. TOUS LES ENFANTS DU Québec, leur lait au chocolat à la main, sont déjà installés devant l'appareil de télévision. Fleur à la boutonnière, il apparaît. On l'attend, on l'espère, cet irrésistible Monsieur Surprise. À la fois poète et clown, généreux, prolifique, tendre et naïf, il n'est jamais en reste d'une chanson, d'une historiette. Normal, c'est Pierre Thériault qui l'incarne. Un enfant lui-même ? Sans doute !

Cela explique pourquoi Monique Leyrac a accepté de se joindre à son équipe et d'apparaître ponctuellement au petit écran, le temps d'une comptine, l'espace d'une chanson, histoire de se replonger dans ses souvenirs. À l'aube de la trentaine, Monique prend conscience qu'elle n'a pas eu beaucoup d'enfance. Chargée d'une famille à 13 ans, travaillant en usine à 14, jouant déjà dans des radiothéâtres à 16 ans, seule à Paris à 20 ans, elle n'a pas eu le loisir de s'adonner à la marelle très longtemps. Quelques années de scoutisme, quelques virées à bicyclette et adieu l'innocence.

C'est elle qui a eu cette l'idée de greffer *La boîte à musique de Monique* à l'émission de Thériault. Une petite boîte dans une plus grande, en somme. Elle a imaginé un intermède à la fois ludique et pédagogique qui permette de faire connaître à son jeune auditoire les divers instruments d'un orchestre. Aucun public n'est à négliger et celui de demain encore moins que les autres.

Une autre frange d'auditeurs ne la connaissait pas encore: les mordus des continuités et autres fidèles des séries hebdomadaires, peu attirés par le théâtre et la chanson. Elle les rejoindra dès 1962 avec la série *Les Enquêtes Jobidon*, dans laquelle elle campera une secrétaire de détective privé hors normes. Ce personnage futé, féministe avant la lettre, résout les énigmes, participe aux enquêtes, propose des solutions à son patron. Monique s'amuse beaucoup à retrouver ses camarades Henri Norbert, Yvon Dufour et Marc Favreau.

Certaines émissions plus légères et, pour ainsi dire, alimentaires, comme *Ce soir ou jamais* ou encore *Bonsoir, chéri*, en compagnie de Dominique Michel et Élaine Bédard, ne l'empêchent pas d'en accepter d'autres au contenu plus sérieux. En 1961, on peut la voir dans *Ciel de lit*, un télé-théâtre adapté de l'œuvre de Colette. En 1964, toujours à la télévision, elle joue dans *Le chandelier*, de Musset. Enfin, comme si ce n'était pas suffisant, il n'est pas rare de voir cette artiste infatigable apparaître à titre d'invitée au détour de quelques *Beaux dimanches* et autres *Music-Hall.*

Côté radio, c'est nettement plus calme. On retient toutefois une émission hebdomadaire qui se démarque des diverses productions de la société d'État. *Plein soleil* est née d'une idée d'Éloi de Grandmont inspirée par le talent et les multiples possibilités du duo Leyrac-Thériault. Cela se veut fantaisiste, spirituel, poétique, chanté et musical. Une sorte d'équivalent hebdomadaire des *Joyeux Troubadours*, la désopilante émission réalisée par Paul Langlais et mettant en vedette Estelle Caron, Jean-Maurice Bailly et Gérard Paradis.

Un jeune musicien de grand talent se joint à cette petite équipe : Paul de Margerie, artiste polyvalent, pianiste de formation classique, à l'aise dans tous les genres de musique. Orchestrateur, chef d'orchestre, il se démarque surtout comme un excellent accompagnateur, respectueux de ses interprètes, ce qui n'est pas pour déplaire à Monique Leyrac qui, dans ce domaine comme dans tous les autres, est particulièrement exigeante.

De 1962 à 1964, *Plein soleil* est le rendez-vous d'un public qui aime la belle chanson, les textes choisis et les commentaires distingués. Contrairement à la politique commerciale prônée par leurs confrères des *Joyeux Troubadours*, les artisans de *Plein soleil* ont exigé du réalisateur Denis Arbour qu'il renonce à toute forme de commandite afin de préserver l'authenticité du contenu et la liberté de ceux qui en sont responsables.

Or, c'est là que le bât blesse. Depuis le début, Arbour souhaiterait que *Plein soleil* bénéficie d'un surplus budgétaire, tout comme *Les Joyeux Troubadours*. Cela lui permettrait, prétend-il, de parfaire encore son contenu, d'y ajouter des éléments plus originaux, d'y convier des invités prestigieux. Cette argumentation est assez nébuleuse et ne convainc personne. On croit que la vraie raison qui pousse le réalisateur à souhaiter la présence d'un commanditaire, c'est que cela arrondirait ses fins de mois. Fin de non-recevoir, donc.

Un incident déclenchera une forte réaction. Lors d'une réunion avec toute l'équipe dans sa cabine de réalisation,

Denis Arbour aborde pour la énième fois le sujet du commanditaire. Comme d'habitude, personne ne veut en entendre parler. L'émission débute dans ce climat de tension mais se déroule normalement jusqu'à la fin. Malheureusement pour le réalisateur, son microphone de communication avec le studio de diffusion est resté ouvert et c'est avec stupéfaction que Thériault, de Margerie et Monique surprennent une conversation entre Arbour et son technicien.

— Si ces petites têtes enflées pensent qu'elles vont gagner, elles peuvent aller se faire cuire un œuf. J'ai déjà choisi un commanditaire et puis, c'est moi qui décide. L'année prochaine, y va y avoir des annonces à *Plein soleil*, c'tu clair ? C'est moi le boss pis y vont s'en apercevoir !

Ce n'est que lorsqu'il entre dans le studio de diffusion qu'il comprend, à la tête que font les trois autres, qu'il a été victime d'une indiscrétion microphonique. Il devient aussi blanc que Monique est écarlate. Après de longues secondes de silence à fixer le gaffeur, elle l'apostrophe en le vouvoyant comme si elle ne le connaissait pas.

— Si c'est comme ça que vous concevez notre collaboration, mon cher monsieur, nous allons y mettre un terme et pas plus tard qu'aujourd'hui. Je suis persuadée que mes collègues seront d'accord avec moi et qu'ils vont me suivre. Au revoir, monsieur !

Et lui tournant le dos, elle franchit la porte du studio lentement et dignement, suivie d'un Pierre Thériault un peu penaud. Seul Paul de Margerie fait bande à part. Il expliquera plus tard à Monique et à Thériault que, pour des raisons pécuniaires, il lui a été impossible de les suivre. Il a donc terminé la saison 1964 à titre de chef d'orchestre de *Plein soleil*, privé de ses deux autres partenaires.

Cette aventure démontre une fois de plus la rigueur professionnelle de Monique. Pour elle, il s'agit d'une simple péripétie. En termes de carrière, son ambition dépasse largement les frontières radiophoniques !

CHAPITRE 17

La chanson

Une tête d'épervier sur un corps de chevreuil. Des cheveux noir jais, lissés vers l'arrière. Un regard bleu comme l'horizon qui a bercé son enfance. Une voix haut perchée servie par un accent très pur. Une manière de raconter à nulle autre pareille. Des inflexions vocales modulantes quand il parle et encore plus quand il chante. Un grand corps sec et nerveux, toujours en mouvement, et de grands bras expressifs pour l'équilibre. Voilà comment on peut en quelque sorte résumer le personnage. Et c'en est tout un. Hors normes.

Gilles Vigneault est originaire de Natashquan sur la Côte-Nord, le bout du monde, là où le chemin ne se rend pas. Il a l'habitude de dire à ses interlocuteurs que « ce n'est pas Natashquan qui est éloigné mais bien Québec et Montréal qui sont loin de Natashquan ». Alors, puisque les gens de son pays ne venaient pas le voir, il a décidé d'aller voir les gens de son pays.

Ce soir de février 1962, indifférent à la brume environnante, il s'égosille à pleins poumons, interprétant toutes ses chansons pour le bénéfice de Monique Leyrac courageusement agrippée au volant et espérant arriver à Montréal avant l'aube et sans encombre.

Quand il est entré dans la loge de la chanteuse quelques heures plus tôt, après la représentation de *L'Opéra de quat'sous* au Palais Montcalm de Québec, Monique l'a tout de suite reconnu. Elle avait entendu parler de lui par la radio et les journaux, qui le décrivaient comme un auteur de très grand talent. Elle savait aussi qu'il avait écrit quelques chansons comme cette amusante gigue sur « Jos Montferrand, le cul su'l bord du cap Diamant… », interprétée par le folkloriste Jacques Labrecque.

Avec son instinct habituel, ressentant quelque affinité avec le poète, flairant déjà son immense talent, elle l'a accueilli avec beaucoup de grâce et de gentillesse. On sentait bien que Vigneault, de son côté, venu complimenter Monique sur sa manière de jouer, se servirait de l'occasion pour proposer quelques chansons à celle qu'il considérait déjà comme « la meilleure » !

Après le spectacle, ils sont allés casser la croûte, ont jasé métier, ergoté sur la valeur de telle ou telle chanson, discuté d'Europe et d'Amérique. Et comme Monique devait rentrer à Montréal pour *Plein soleil*, elle a offert un *lift* au jeune homme, l'assurant qu'elle ferait le chemin en sens inverse dès le lendemain.

— Pourquoi pas ? a répondu Vigneault, ça vous fera de la compagnie et moi, ça me permettra de vous fredonner quelques-unes de mes chansons. Et puis, la brume, ça me connaît, avait-il ajouté. Mon père était marin, je vous servirai de vigie.

« Quelques chansons ? Il va toutes les chanter, c'est certain ! » espère Monique, ravie de l'aubaine. Car pendant qu'il les sort de sa besace, les unes à la suite des autres, elle, de son côté, choisit celles qu'elle souhaiterait interpréter en spectacle.

Ce n'est que vers 16 heures que la silhouette du pont Jacques-Cartier apparaît dans le brouillard.

— Drôle de temps pour un mois de février, commente Vigneault qui n'a pas vécu le redoux souvent, ni chez lui, ni à Rimouski où il a fait ses études, ni même à Québec où il habite maintenant. Quoi qu'il en soit, température douce ou froide, le plaisir était de faire route avec vous et de vous faire connaître mon répertoire.

— Je vous remercie, mon cher Gilles, j'ai été comblée et, grâce à vous, je me suis rendue à bon port, conclut-elle en le laissant chez un ex-confrère de classe. Convenons d'un rendez-vous, vous me rechanterez vos chansons, ainsi je commencerai à en apprendre quelques-unes.

Quelque temps plus tard, au Palais Montcalm, des bribes de mélodies hantent les coulisses. L'auditeur attentif peut même saisir au vol des bouts de phrases : « J'ai pour toi un lac… un beau lac tout bleu… Quand vous mourrez de nos amours, j'irai planter dans le jardin… Les gens de mon pays… »

Pour la première fois peut-être, hormis le coup de cœur qu'elle a ressenti pour les premières chansons de Félix, Monique est véritablement hantée par les paroles et la musique d'un créateur. On sait qu'elle considère son métier de chanteuse comme une parenthèse dans sa vie, qu'elle le pratique presque en dilettante depuis que le hasard le lui a imposé. Bien sûr, toujours avec plaisir et en s'y plongeant avec une grande énergie. Elle a même provoqué les occasions de présenter à son public de nouvelles idées de spectacles. Il y a quelques années, fraîchement débarquée à Montréal, elle a conçu, pour le Café Saint-Jacques, un programme de chansons du début du siècle, reprenant avec succès les airs de Mistinguett et de Joséphine Baker. Elle s'est prêtée au jeu pendant plusieurs semaines, acceptant même de le refaire à la télévision à la demande du réalisateur Pierre Morin.

En réalité, depuis ses débuts au Faisan Doré, elle est en quête d'un répertoire qui reflète fidèlement ses aspirations et ses états d'âme, qui lui permette de communiquer au public ce qu'elle ressent profondément. Comme elle réussit à le faire au théâtre. Avec les textes et la musique de Vigneault, elle croit avoir enfin trouvé.

Un premier projet prend forme peu à peu : concevoir un spectacle et un disque exclusivement constitués de chansons d'auteurs d'ici. Avec des paroles qui tiennent compte des nouvelles réalités du Québec, de cette révolution tranquille qui bouleverse la société, de ce pays à bâtir.

Dans ce but, elle souhaite réunir les meilleures chansons des créateurs québécois, Vigneault en tête, et choisir celles qui rencontrent ses exigences. C'est dans cet état d'esprit qu'elle assiste quelques semaines plus tard au spectacle des Bozos, ce regroupement de chansonniers, comme on le dit encore à l'époque. Il y a là Jacques Blanchet, Hervé Brousseau, Clémence DesRochers, Jean-Pierre Ferland, Claude Léveillée et Raymond Lévesque, accompagnés au piano par André Gagnon.

Monique passe une excellente soirée en leur compagnie, va les saluer après le spectacle, renoue avec ceux qu'elle connaît déjà et fait connaissance avec les autres, notamment André Gagnon dont elle a remarqué le professionnalisme.

Particulièrement séduite par les chansons de Jean-Pierre Ferland, elle donne rendez-vous à celui-ci le lendemain au Café des Artistes pour l'intéresser à son projet.

À l'heure dite, Monique, assise à l'une des tables bancales du lieu, fait la conversation avec la propriétaire, Madame Tellier, en attendant Ferland.

— Il est souvent en retard, fait remarquer la gérante. Il travaille pourtant tout à côté, à Radio-Canada.

— Je sais. Il m'avait promis d'être à l'heure au rendez-vous.

Ponctuelle comme une horloge, Monique ne supporte pas qu'on la fasse attendre. Furieuse, elle quitte le Café des Artistes une demi-heure plus tard sans que Ferland se soit manifesté. Elle ne lui en tiendra pas rigueur. On se souvient qu'elle a chanté, plus tard, et de la plus belle façon qui soit, la chanson de Jean-Pierre, *Sainte-Adèle, P. Q*. Les deux sont devenus amis et se sont même fréquentés comme voisins puisqu'ils ont, un temps, habité à deux pas l'un de l'autre… à Sainte-Adèle !

Décidée d'aller de l'avant avec un autre collaborateur, Monique téléphone au compositeur Claude Léveillée et lui parle à son tour de son projet. Les deux conviennent de se rencontrer le lendemain, au Saint-Tropez, autre restaurant à la mode.

Un grand garçon un peu pâle franchit la porte de l'établissement, l'air vaguement neurasthénique, mais le sourire tout de même engageant. C'est bien lui, Claude Léveillée. Même si elle ne l'a croisé que quelquefois, Monique sait de qui il s'agit. Elle a appris qu'il a écrit des chansons pour Édith Piaf et que son succès va croissant. Elle lui expose rapidement et clairement sa vision des choses.

— J'aimerais que l'on m'écrive des chansons, des musiques, faites sur mesure pour ma voix, qui conviennent à mon registre, sur des textes que je sois fière de défendre. J'ai déjà pris contact avec Gilles Vigneault, qui est disposé à collaborer au projet. Je vous vois très bien écrire ensemble. Vous me semblez avoir des talents complémentaires.

— Ça ne peut pas mieux tomber, nous avons commencé à collaborer, Gilles et moi, et ça marche très bien. Je suis sûr que nous pourrions amorcer cette aventure à trois et la mener à terme.

C'est de cette manière que le projet prend forme. Dans la seconde moitié de 1962, Vigneault et Léveillée se rencontrent souvent, passent beaucoup de temps à s'envoyer des textes, à écouter des musiques. Monique se joint à eux à l'occasion. Un jour, Léveillée lui joue un instrumental qui la chavire.

— Pourquoi ne pas en faire une chanson ? demande Monique. Je sais que d'habitude c'est toi qui écris la musique sur des textes de Gilles mais, cette fois, ça pourrait être l'inverse. Il pourrait écrire des paroles sur cette belle mélodie.

Et c'est ainsi que, de la plume de Gilles Vigneault, jaillissent ces mots si simples et si beaux, ceux de *L'hiver*, qui glissent sur la musique évocatrice de son complice.

Ah ! que les temps s'abrègent
Viennent les vents et les neiges
Vienne l'hiver en manteau de froid
Vienne l'envers des étés du roi
Même le roi n'aura point oreille
À maison vieille où déjà ta voix

Bientôt, quatre nouvelles chansons créées par les deux auteurs voient le jour. Monique les dévoile d'abord à la télévision.

Puis, elle les intègre aux divers récitals qu'elle donne depuis quelque temps dans les boîtes à chansons. La réaction du public laisse entrevoir un très bel accueil au disque à venir.

Le contrat avec la maison RCA Victor enfin venu à échéance, la chanteuse s'est aussitôt mise en quête d'un nouvel éditeur phonographique que le projet pourrait intéresser. Son premier choix est la maison Sélect, propriété du magasin de musique Archambault et gérée par un néo-Canadien d'origine roumaine, John Damant. Il n'y a, pense-t-elle, qu'une maison québécoise pour faire connaître aux Québécois des chansons d'auteurs québécois interprétées pas une Québécoise. Damant reçoit Monique assez fraîchement, lui faisant valoir qu'il considère Léveillée et Vigneault comme des créateurs mineurs et qu'il a mieux à lui proposer. Sa compagne, Lise Roy, écrit des chansons et se cherche une interprète. Tiens donc ! Il fallait y penser. On imagine la tête de Monique Leyrac recevant cette contre-proposition !

Claude Léveillée, déjà sous contrat avec la maison Columbia, conseille alors à Monique de rencontrer le gérant de la boîte, John Williams. Cette fois-ci, l'entente est parfaite et Monique signe bientôt un premier contrat avec la multinationale du disque, prélude à une collaboration qui se prolongera pendant 20 années.

Monique Leyrac chante Vigneault et Léveillée : une parution mémorable, un disque mythique, un enregistrement historique. C'est ainsi que l'on peut décrire cette œuvre désormais inscrite au patrimoine musical du Québec. Dix chansons magnifiques interprétées par la plus célèbre chanteuse populaire du pays qui, dans sa 35e année, est en pleine maturité.

« Il n'y a pas de bout du monde », dit la chanson de Léveillée et Vigneault. Dans les années qui suivent, Monique Leyrac va bientôt le constater !

CHAPITRE 18

Éblouissements

DIX-SEPT HEURES. ANGLE PEEL ET SHERBROOKE. Ponctuelle comme à son habitude, Monique franchit la porte de l'immeuble. Au premier étage, la secrétaire de l'imprésario Samuel Gesser l'accueille.

— Bonjour madame, je vais l'informer de votre arrivée.

— Bien, je l'attends… J'ai hâte de savoir.

Dix secondes plus tard, la porte du bureau s'ouvre. Sam, imperturbable, la salue discrètement et prononce les deux mots qu'elle souhaitait entendre :

— Marché conclu !

Ainsi, ils ont accepté le principe d'une participation conjointe de la chanteuse à leur spectacle, ces fameux Swingle Singers. Ce groupe de chanteuses et chanteurs d'origine franco-britannique qui triomphe des deux côtés de l'Atlantique a choisi Monique Leyrac comme partenaire pour son concert de la Place des Arts. La formule est inusitée en 1964 : Monique fera quelques chansons en lever de rideau et le groupe européen conclura la première partie. En revanche, la seconde partie débutera avec les Swingle Singers et c'est Monique Leyrac qui terminera le spectacle.

Gesser n'a pas été long à convaincre le groupe européen. Pour toutes sortes de raisons. D'abord et avant tout, Ward Swingle, le directeur musical du groupe, ne peut que se réjouir d'avoir choisi une jeune chanteuse issue du monde des cabarets et qui n'a jamais foulé la scène d'une grande salle. Elle ne risque pas de porter ombrage aux vedettes du spectacle. Les récents succès de Monique Leyrac sur disque sauront sans doute attirer quelques spectateurs de plus à la salle Wilfrid-Pelletier et tout le monde y trouvera son compte. En outre, la réputation de Samuel Gesser est solide et bien établie en Amérique, ce qui laisse espérer aux Swingle Singers d'éventuelles retombées en sol américain. Après tout, Gesser ne représente-t-il pas au Canada de grands noms du show-business international comme Pete Seeger, Nana Mouskouri et Harry Belafonte ?

Depuis quelques années, Samuel Gesser est établi à Montréal. En sa qualité d'imprésario, il organise les tournées de ses protégés et son habileté en affaires, son honnêteté, son sens artistique, sa passion pour les arts de la scène ne sont plus à démontrer. D'un naturel très discret, ayant l'esbroufe en horreur, c'est un travailleur infatigable, on le voit partout, il a des bureaux chez lui à Westmount, mais aussi à la Place des Arts et rue Peel, ce qui lui permet d'être à toute heure et en tout lieu au service de ses protégés.

Pas étonnant dans ces conditions que le courant passe entre Monique Leyrac et lui. Leur rencontre s'est faite par l'entremise du critique musical du journal *Le Devoir*, Gilles Potvin, enthousiasmé par *Monique Leyrac chante Vigneault et Léveillée*. Le disque, qui fait un tabac et bat tous les records de vente, a révélé Monique à Gesser, tombé à son tour sous le charme de la chanteuse dès la première écoute.

Sous ses allures de père tranquille, ce passionné cache une réelle admiration pour les grands artistes de la scène, pour les grandes voix de la chanson, et c'est ainsi qu'il a perçu Monique Leyrac. « Une artiste hors du commun », s'enthousiasme-t-il. À la suggestion de Potvin, il se rend à Radio-Canada et assiste à la diffusion en direct de l'émission *Pleins Feux*, que Monique anime maintenant.

Après que Pierre Thériault et Monique eurent quitté le plateau de *Plein soleil*, ils avaient déménagé leurs pénates à la station privée CKAC qui, ravie de l'aubaine, bichonnait les deux vedettes. Rapidement, dans sa volonté de corriger le tir, la télévision publique avait offert à Monique l'animation de son émission-phare du dimanche soir, *Pleins Feux*.

Depuis le début de la saison, Maurice Dubois, réalisateur émérite de la télévision, veille à ce que l'harmonie règne entre son équipe et sa vedette. La nouvelle série, présentée par une Monique Leyrac resplendissante, euphorisée par l'accueil fait à son disque, remporte un succès tout à fait justifié. On s'accorde à dire qu'elle crève l'écran de naturel. Les artistes invités sont soigneusement choisis, la mise en scène et la chorégraphie ont été confiées à Michel Conte, qui a toute la confiance de l'animatrice, et c'est dans la joie que le réalisateur mène sa barque.

Samuel Gesser est véritablement ébloui par ce qu'il voit et entend, ce soir-là, au studio 42. Il subodore déjà les immenses possibilités que pourrait offrir l'artiste. L'Europe, l'Amérique, le monde, pourquoi pas ? Celle-ci possède l'étoffe des plus grandes. Il le sait et la croit capable d'une carrière internationale. Dès la fin de l'émission, Maurice Dubois fait les présentations. Monique est au meilleur de sa forme et sympathise avec l'imprésario qui, selon sa manière toute en discrétion, lui propose une éventuelle collaboration. Comme à son habitude, Monique demande à réfléchir, mais Gesser devine que c'est dans la poche.

Très rapidement, les Entreprises Samuel Gesser et Monique Leyrac signent un contrat exclusif avec, à la clé, la perspective de faire la première partie du spectacle des Swingle Singers à la Place des Arts, événement qui se concrétise quelques semaines plus tard, à la mi-avril.

Terribles soirs de première. Jadis, lorsqu'il s'agissait de chanter devant public, Monique s'exécutait de manière un peu désinvolte. Mais le trac la dévaste maintenant comme au théâtre. Et ce soir, en plus, il s'agit d'une double première puisque, se produisant devant près de 3000 spectateurs, la chanteuse n'a jamais affronté un parterre si fourni, même au théâtre. Épreuve supplémentaire, c'est elle qui doit dégeler la salle. Dans la coulisse, immobile, silencieuse, elle frissonne en percevant la rumeur de la foule qu'elle devine derrière le rideau de velours. Son régisseur, Frank Furtado, la rassure. Un soutien essentiel pour la chanteuse. Par la suite, il a pris en charge l'organisation des concerts et des représentations de la chanteuse en tournée. Efficace, autoritaire avec ses subordonnés, quelquefois cassant, il la protège des intrus, règle les menus détails du quotidien, bref, il veille au bon déroulement des choses. Ce soir-là, c'est lui qui pousse littéralement l'artiste sur la scène pour sa première chanson.

De beaux applaudissements l'accueillent. Ouf ! La foule est sympathique. Monique avait oublié qu'elle est tout de même connue du grand public. *La source*, puis un succès de Vigneault-Léveillée. Ça déboule. Les bravos fusent. *Parlez-moi de vous*,

Il n'y a pas de bout du monde. Monique, rassurée, fait entendre ses récents succès. La foule applaudit à tout rompre. Après cette entrée en matière exaltante, c'est maintenant au tour des Swingle Singers de démontrer leur virtuosité. Leur tour de chant se déroule bien, sans surprise, ce sont des professionnels, mais après le début époustouflant auquel il vient d'assister, le public reste sur sa faim.

En coulisses, pendant l'entracte, les artistes européens sont interdits. Ils arpentent les couloirs, la mine basse. Ils n'avaient pas prévu le coup. En deuxième partie, ils doivent redoubler d'efforts pour conquérir ces Montréalais qui, leur avait-on assuré, étaient venus principalement pour les entendre chanter et les admirer, eux. On les applaudit poliment, bien sûr, mais le courant ne passe pas vraiment et ils concluent leur partie de spectacle avec un sentiment d'échec.

Revoici de nouveau Monique Leyrac qu'on acclame debout dès la première chanson. Chaque numéro récolte son lot de bravos et le spectacle va en crescendo. C'est alors que, bien campée au milieu de la scène, droite comme une statue, le regard fixant l'horizon, elle entonne, comme ultime chanson, *Mon pays*, à la manière d'un hymne national : *Mon pays, ce n'est pas un pays, c'est l'hiver*… Vigneault, dans la salle, reste pétrifié devant la force de l'interprétation. Alors que la dernière note s'évanouit, un hurlement interminable conclut la prestation de Monique Leyrac. En coulisses, on doit de nouveau la pousser sur la scène, mais, cette fois, pour saluer. Elle le fait à quatre reprises. Du jamais vu !

« Vous n'entendez donc pas votre nom ? Allez-y ! » lui lance un Ward Swingle d'humeur massacrante, frustré par la tournure des événements. Et c'est ainsi que Monique Leyrac se retrouve sur la scène de la salle Wilfrid-Pelletier acclamée comme la véritable vedette du spectacle, entourée des huit chanteuses et chanteurs qui l'applaudissent à leur tour. Comment faire autrement ?

En tournée québécoise, les représentations qui suivent donnent lieu à la même frénésie. De soir en soir, de ville en ville, Monique Leyrac triomphe en vedette américaine du spectacle des Swingle Singers. On ne sait pas comment le groupe a géré la suite de l'histoire puisque cette première tournée en sol canadien fut aussi leur dernière. Ce que l'on retient, c'est que cette expérience particulièrement marquante a constitué un palier qui a propulsé la carrière de notre chanteuse québécoise vers d'autres sommets.

Son aventure avec les Swingle Singers est à peine terminée que la Société Radio-Canada lui propose de représenter le pays au Festival international de Sopot, en 1965, en Pologne. Cet événement annuel, organisé par un regroupement international de radios publiques, est particulièrement prestigieux et attire la crème des auteurs-compositeurs-interprètes des pays occidentaux, du bloc de l'Est comme de l'Ouest. Il va sans dire que Monique est flattée de cette offre aussi enthousiasmante qu'inattendue. Mais comme c'est souvent son style, elle tergiverse, hésite, avant d'annoncer ses couleurs. C'est qu'elle a décidé de s'offrir quelques semaines de vacances sur la Côte d'Azur pour… apprendre le ski nautique !

Elle finit par accepter la proposition de Radio-Canada non sans avoir fait rajouter un addenda au contrat stipulant qu'elle prendrait directement, et le plus tard possible, un vol de Marseille pour Varsovie. Fin août, après s'être laissée glisser sur la Méditerranée comme elle le souhaitait, elle décolle en direction de Sopot, radieuse, dans une forme olympique.

CHAPITRE 19

Les triomphes

QUELQUES HEURES SEULEMENT SÉPARENT NICE DE Varsovie. À bord de la caravelle d'Air France, le voyage se déroule agréablement. Le contraste n'en est que plus grand à l'atterrissage en Pologne. Après le soleil de la Côte d'Azur et les joies de la mer, c'est la grisaille stalinienne qui l'accueille. Les formalités douanières sont longues, tatillonnes. Un militaire soupçonneux questionne la chanteuse : durée du séjour ? Raisons du voyage ? Permis de travail ? Visa temporaire ? Certificat de santé ? L'interrogatoire est interminable et Monique doit faire appel à tout son calme pour ne pas perdre patience. Heureusement, le supplice prend fin et, une fois la barrière franchie, Monique retrouve son pianiste, André Gagnon, arrivé deux jours plus tôt à Varsovie et venu l'accueillir à l'aéroport.

« Tout semble inconfortable et sans charme dans ce pays », se dit-elle. Sur les pavés inégaux, le trajet en taxi jusqu'à la gare ferroviaire est chaotique. Dans les rues rectilignes, des centaines d'édifices administratifs à l'architecture sans âme défilent, identiques, tout au long du parcours. Varsovie, presque complètement détruite pendant la guerre, a été reconstruite sans imagination et, dirait-on, pour les simples exigences d'un plan quinquennal. Soudain, surprise, tout change! De noir et blanc, le film passe en couleurs. Le taxi s'est engagé dans les dédales de la vieille ville médiévale où tout a été méticuleusement remis en place. Dans son anglais laborieux, le chauffeur explique avec fierté que des artisans ont même récupéré les pierres et les gravats des ruines afin de reconstituer l'architecture à l'identique.

Ce changement de décor remonte un moment le moral de Monique car, pour le reste, le climat polonais semble uniformément gris et humide, ce qui, visiblement, affecte la population qui déambule sur les trottoirs. Aucun sourire, aucune joie, seulement une résignation qui, les deux artistes le sentent bien, règne dans les files d'attente formées par les ménagères devant les rares magasins.

Dans le train, aucun confort. Les voyageurs n'ont droit qu'à des banquettes en bois. C'est avec un soupir de soulagement que les deux compatriotes sentent enfin la locomotive s'ébranler. Heureusement qu'ils voyagent ensemble, conviennent-ils, les 500 kilomètres jusqu'à Sopot leur sembleront moins longs.

C'est qu'ils ont beaucoup à se raconter depuis qu'ils se sont quittés, quelques semaines auparavant. Ils se remémorent les péripéties de la tournée avec les Swingle Singers, la fin de saison à Radio-Canada. Monique décrit avec volupté le bonheur qu'ont été ses vacances en Provence, où elle se promet d'aller vivre un jour.

André, de son côté, lui parle de ses trois orchestrations destinées au concours.

— Je les ai terminées la semaine dernière à Montréal et, déjà, on en a fait une première lecture ici même, à Varsovie, dans la nouvelle salle de l'orchestre philharmonique. Je suis très heureux du résultat et il faut dire que les musiciens sont de très haut niveau.

— Et le chef d'orchestre ? demande Monique.

— Un vrai professionnel, pianiste virtuose de carrière, très courtois, qui parle un français impeccable. J'ai eu l'occasion de converser quelques minutes avec lui. Sur Chopin, son compositeur fétiche. Il m'a confirmé qu'il a interprété toute son œuvre, incluant ses deux concertos pour piano.

— Oui, Neil Chotem m'en avait glissé un mot avant de partir de Montréal. Il ne tarissait pas d'éloges à son sujet.

— Le premier violon de l'orchestre m'a dit que tous ses collègues ont un très grand respect pour ce chef. Pour ses qualités de musicien, bien sûr, mais aussi pour son parcours exceptionnel pendant la guerre.

— Il a été blessé ?

— Pire. Comme il est juif et qu'on l'avait repéré, il a failli y laisser sa peau. S'il s'en est sorti, c'est parce qu'il était musicien. Fait prisonnier, il a eu la chance de tomber sur un chef de camp, un général allemand mélomane, qui disposait d'un piano. Il s'est mis à lui jouer tout le répertoire qu'il connaissait. Quotidiennement, à la demande du militaire, il jouait quelques-unes des plus belles pages du répertoire. Bach, Mozart, Haydn, Beethoven, Schubert et, bien sûr, Chopin. Tranquillement, au compte-gouttes, comme dans *Les Mille et Une Nuits*. Pour retarder l'échéance fatale. Tous les jours, notre pianiste retrouvait le général qui, bien enfoncé dans son fauteuil, attendait sa ration de musique. Il lui jouait quelques pages, puis s'interrompait. « Encore un peu, *mein herr musiker*, jouez-moi encore un *Moment Musical* de

Schubert, comme hier. » « Laissez-moi quelques heures, *mein General*, tout cela est bien loin, je dois rafraîchir ma mémoire. Je vous jouerai le morceau demain. » « *Ach* ! vous êtes cruel, monsieur, de me faire languir ainsi. Soit, demain, mais n'y manquez pas ! » Et le lendemain, le même manège recommençait. Peu à peu, les conditions de détention du prisonnier pianiste se sont améliorées et c'est ainsi qu'il a réussi à traverser les trois dernières années de la guerre sans connaître le triste sort de ses compatriotes. Les troupes russes l'ont récupéré dans les premiers jours de 1945.

Monique, qui adore les histoires, est soufflée par celle que vient de lui raconter André Gagnon. Elle ne remarque même pas que les heures ont passé, que le temps s'est éclairci et que le morne paysage de la plaine polonaise a fait place à quelque chose qui ressemble à un horizon maritime.

On aperçoit bientôt les côtes de la mer Baltique se profiler au loin et, presque en même temps, le soleil se faufile timidement entre les nuages comme pour souhaiter la bienvenue en Poméranie aux deux voyageurs.

Si on la compare à celle de Varsovie, la gare de Sopot est presque pimpante avec son architecture typique des stations balnéaires européennes. Suspendue au mur de l'édifice, l'immense affiche de l'inamovible secrétaire du parti communiste polonais Wladislaw Gomulka ne réussit pas à ternir l'atmosphère de détente qui règne dans les rues avoisinantes.

Au loin, on devine le « Molo », la célèbre jetée en bois, l'une des plus imposantes d'Europe, dit-on, qui longe la mer sur plus de 500 mètres et qui réserve une vue spectaculaire sur le golfe de Gdansk.

Au sortir du train, un géant en costume de chauffeur arbore une pancarte sur laquelle est inscrit ce seul mot : LEYRAC !

— Au moins, on sait bien faire les choses à Sopot, dit Monique. Je ne suis pas étonnée, on m'avait prévenue au départ.

À l'extérieur, les passants curieux écarquillent les yeux devant la rutilante limousine soviétique stationnée en bordure du trottoir. Le chauffeur, prévenant, ouvre la portière arrière et fait monter les voyageurs. Discret, le chauffeur. Plus laconique, ça ne se trouve qu'au cloître ! Nos voyageurs finissent par comprendre qu'il s'appelle Boris et qu'il est d'origine bulgare. Il a appris quatre mots de français qu'il prononce invariablement avec sa voix de basse profonde à chaque question qu'on lui pose : « Faut demander, hein ? », suivi d'un énigmatique et conclusif « Voilà ! »

Le Grand Hôtel, un monument historique situé à une dizaine de minutes de la gare, a été édifié à quelques mètres de la plage municipale, en bordure du Molo. C'est un des plus anciens établissements de luxe de la Pologne, et plusieurs invités de marque y ont séjourné. Monique et son pianiste s'y installent confortablement pour les cinq prochains jours et se donnent rendez-vous une heure plus tard pour un léger repas suivi d'une balade en bord de mer. Ce soir, on se couche tôt. Le travail commence vraiment demain : répétition avec orchestre.

Clip-clop-clip-clop. Le martèlement des talons aiguilles sur le bois du proscenium résonne jusqu'au fond de la salle. Celui du théâtre municipal de Sopot est si proéminent qu'il se confond avec la première rangée de sièges. Il suffirait à l'interprète de se pencher un tant soit peu pour serrer la main des spectateurs. Cela en effraierait quelques-uns. Cela en stimule d'autres. C'est le cas de celle qui se présente maintenant.

Clip-clop-clip-clop. Rien ne vient troubler la régularité du rythme de ses pas. Le public polonais est l'un des plus silencieux d'Europe. Silencieux et exigeant. Aucun applaudissement n'accueille la candidate, qui ne se presse pas pour autant. Mille paires d'yeux la suivent. Elle s'arrête et se campe au beau milieu de la scène, entre deux auditoires qui la dévisagent : les 80 musiciens de l'orchestre derrière et la foule devant. Tout ce beau monde finit par l'applaudir enfin, les cordes de l'orchestre, avec la pointe de l'archet, les autres, discrètement, du bout des doigts, et le public, gentiment, sans plus. « C'est un début se dit-elle, je les aurai ! » Elle fait un léger signe de tête au chef et l'introduction de *L'hiver* se fait entendre. Le piano d'André Gagnon, le bruissement des violons, le solo de cor anglais. C'est parti.

Les jours précédents, les répétitions se sont déroulées sans anicroche. Le chef, cordial, très professionnel, y a mis du sien. Dans la patrie de Chopin, la vie musicale se confond avec celle de tous les jours. La musique est, pourrait-on dire, le pain quotidien du Polonais moyen. Les musiciens se sont montrés coopératifs et ont semblé bien apprécier les interprétations de Monique. Toutefois, cela s'est produit très rapidement, de manière à ce que le temps prévu pour les répétitions soit le même pour tous. Le soir du concours, Monique s'est astreinte à sa routine habituelle : arrivée dans sa loge deux heures avant son entrée sur scène, maquillage, recueillement, à peine troublé par l'apparition d'André Gagnon venu lui chuchoter le traditionnel mot de Cambronne.

Elle est maintenant seule pour cette première ronde du concours qui s'échelonne sur trois jours. Portée par la musique de Léveillée et les paroles de Vigneault. *Ah ! que les temps ramènent l'hiver…* Elle le fait sonner, ce dernier mot, l'allonge à souhait… Et la magie fait son œuvre, comme partout. Le public polonais s'y laisse prendre, emporté par les traîneaux dans la bourrasque. La chanson est courte, les applaudissements crépitent, les bravos fusent, c'est bien parti. Une de faite ! Encore deux autres.

Clip-clop-clip-clop. Le deuxième soir, il pleut à fendre l'âme sur la mer Baltique et le bruit des talons aiguilles sur le plancher du théâtre se confond avec le ruissellement torrentiel sur le toit du casino. Cela n'empêche pas Monique de sentir l'accueil bienveillant du public qui la reconnaît après son interprétation de la veille. La deuxième chanson, une création polonaise, est un passage obligé. C'est en grande partie sur l'interprétation qui en est faite que les juges se basent pour attribuer le prix à la meilleure interprète. Chacun des candidats et candidates l'a fait traduire dans la langue de son pays d'origine. C'est Gilles Vigneault qui l'a transposée en français. Le résultat est impeccable. La foule, très émue, le fait savoir. C'est le lendemain soir que se déroulera la dernière ronde, cette fois-ci consacrée à la meilleure création de chanson, paroles et musique.

Clip-clop-clip-clop. Ultime confrontation. De chaleureux applaudissements accueillent Monique, qui en profite pour s'approcher encore plus de son public. Elle lève les yeux, fixe l'horizon. Une chanson ? Un hymne plutôt, et Monique le sait. Quand elle l'a chantée au Québec, quelques mois auparavant, elle a créé l'événement, une émeute presque, la foule était en délire. *Mon pays, ce n'est pas un pays, c'est l'hiver…* Ici aussi, à Sopot, le peuple s'approprie cette chanson, et quand Monique la termine, c'est l'apothéose, la foule se lève d'un bond, phénomène rarissime en Europe !

On sait d'ores et déjà, dans la salle et dans l'orchestre, que c'est gagné pour la chanteuse canadienne. La seule à ne pas s'en douter est la principale intéressée qui tombe des nues quand on lui apprend un peu plus tard qu'elle a décroché les grands honneurs du concours international de Sopot. Le jury n'a pas eu à délibérer longtemps avant de faire connaître son verdict: la chanteuse canadienne a remporté les deux grands prix, celui de la meilleure interprète pour la chanson polonaise et celui de la meilleure chanson originale pour *Mon pays*, de Gilles Vigneault.

Le lendemain, à la soirée de gala suivie de la conférence de presse, l'artiste a droit à une belle ovation, aux flashes des photographes. En coulisses, elle prend le temps de répondre patiemment aux nombreuses demandes d'entrevues que lui font les journalistes de la presse écrite et parlée, d'Europe et d'ailleurs.

Après les félicitations, les toasts et les vivats d'après-concours, Monique et André ont juste le temps d'attraper l'avion d'Air France qui s'apprête à décoller pour Paris. Le soir même, ils sont attendus pour une répétition en Belgique! En effet, la vedette a accepté de participer à une autre compétition internationale. À Ostende, cette fois. Cela ne lui sourit guère, ses souvenirs de la Belgique n'étant pas les meilleurs de sa carrière. Qu'à cela ne tienne, elle a promis, elle tiendra promesse. Arrivés à Orly, des délais dans le déchargement des bagages leur font rater le départ pour Bruxelles. Les deux artistes, affolés, doivent changer leur plan et se rabattre sur le train dont le départ est prévu deux heures plus tard, à la gare du Nord. Ils sautent dans un taxi et s'installent *in extremis* dans leur compartiment, juste avant le départ. À 20 heures pile, ils sont sur la scène du théâtre attenant au casino d'Ostende. Ouf!

Après la répétition expédiée à toute vitesse et une nuit écourtée, Monique consacre la journée du concours à rencontrer les journalistes belges et français en quête d'entrevues et de commentaires sur les retombées de Sopot. Le soir venu, épuisée et le moral en berne, elle entre sur scène pour défendre une nouvelle fois les couleurs du Canada français en matière de chanson. « Cette fois-ci, se dit-elle, rien à espérer des membres du jury, ils se rendront bien compte qu'ils n'ont devant eux qu'une demi-chanteuse. » À son immense surprise, Monique remporte le Grand Prix de la chanson en interprétant – tout comme elle l'avait fait quelques jours auparavant, en Pologne – sa chanson fétiche, *Mon pays*, de Gilles Vigneault !

Sans s'attarder, les deux amis retournent à Paris, en caravelle cette fois. Après toutes ces aventures, une escale de cinq heures à Orly et un voyage de retour de dix heures, Monique Leyrac et André Gagnon n'ont qu'un seul désir : rentrer chacun chez soi.

Cela ne sera pas si simple. À l'aéroport de Dorval, un douanier enthousiaste et bavard reconnaît Monique et accueille les voyageurs exténués.

— Félicitations, Mademoiselle Leyrac ! Vous nous avez fait honneur ! Repartez-vous bientôt ? La ville de Montréal va vous fêter, vous allez voir…

Et Monique de le remercier gentiment en essayant de prendre congé. Elle y arrive enfin, mais pour se retrouver, quelques secondes plus tard, accueillie par Jean Dalmain et Gilles Vigneault, rayonnants, mais aussi par un maire Drapeau éclatant de fierté et une délégation d'échevins montréalais en liesse, tout ce beau monde entouré par une horde de journalistes excités. Ce n'est que deux heures après leur descente d'avion que Monique et son pianiste parviennent enfin à s'extirper de cette foule d'admirateurs et à prendre le chemin de leur résidence respective pour un repos plus que mérité.

Ils en ont bien besoin. Le lendemain soir, on a prévu une grande fête à l'aréna Maurice-Richard afin de souligner le doublé européen de Monique Leyrac. Et, bien sûr, la principale intéressée a promis d'y chanter !

Au soir de sa vie, quand Monique repense à cet événement, elle s'en souvient comme l'un des grands moments de sa carrière. Pensons-y ! Six mille deux cents personnes sont venues lui exprimer leur fierté. Du jamais vu ! C'est dans cet aréna bondé de Montréalais enthousiastes qu'elle a pris conscience, pour la première fois, d'être devenue pour plusieurs d'entre eux une icône de la culture québécoise.

« Ça s'est déroulé comme dans un rêve », se remémore-t-elle. Sa fatigue ? Les courses folles dans les aéroports ? Les tracasseries administratives ? Le trac ? Oublié tout cela. Il n'y avait plus que les applaudissements de la foule, son cher public, les superlatifs du maire Drapeau, l'ovation interminable qui avait accueilli son interprétation de *Mon pays*, la fierté des membres de sa famille. Et restera gravé dans son cœur le doux visage de sa maman qui avait assisté à son triomphe, bien humblement, cachée au fond de l'assistance.

CHAPITRE 20

L'ambassadrice

1969. DIMANCHE SOIR, 20 HEURES. POUR RIEN AU MONDE, les téléspectateurs nord-américains ne manqueraient l'émission-phare du dimanche soir. Ed Sullivan apparaît avec sa démarche inimitable, le cou dans les épaules. De sa voix traînante, si singulière, le présentateur vedette prononce les paroles attendues: *Good evening, ladies and gentlemen. Tonight, we are expecting a really big show! And we begin now by welcoming a tremendous lady singer from Canada, Madame Monique Leyrac!*

Le Québec tout entier a les yeux rivés sur le petit écran enneigé. Monique apparaît, presque timide dans sa longue robe scintillante. Magie de la télévision, elle donne l'impression d'être plus grande. Elle ferme les yeux, elle est belle et fière, dans la plénitude de sa jeune quarantaine. Dès les premières notes, la magie est au rendez-vous, le public est conquis. « *Try to remember the kind of September…* » Comment ne pas se laisser prendre par tant de grâce? Puis, une autre chanson. Et une dernière en fin d'émission. Le défi a été relevé avec prestance et c'est la tête haute que Monique rentre le lendemain à Montréal, encore toute remuée par son expérience et auréolée d'un succès indéniable.

Quand on connaît le système mis en place par les réalisateurs de la célèbre émission, la chanteuse a bien raison d'être fière. Le grand public ignore à quel parcours du combattant l'invité doit se soumettre. Tout d'abord, cela va de soi, il faut être invité. Quelques heures avant la prestation en direct sur les ondes de CBS, les artistes doivent faire leur numéro devant public et en circuit fermé. Ceux qui remportent le test de l'applaudimètre sont les seuls admis à participer à l'émission véritable en direct. Seulement trois Québécois y sont parvenus : Jean Lapointe et Jérôme Lemay, qui formaient le duo des Jérolas, et Monique Leyrac.

Les images de cette époque lui reviennent avec netteté. Certes, à d'autres périodes de sa vie, elle a vécu des événements très marquants : la naissance de sa fille, son premier engagement à la radio, les leçons de théâtre avec Madame Maubourg, le Faisan Doré. Mais entre 1965 et 1971, sa carrière lui impose une cadence infernale. Elle est sans arrêt sollicitée, toujours en mouvement.

Paris. Une fois de plus. Cette fois-ci, à l'Olympia où, en 1966, elle est la vedette d'un mégaconcert. L'histoire vaut la peine d'être racontée car elle illustre, une fois de plus, le caractère désinvolte de Monique Leyrac et son côté frondeur. Quelques mois plus tôt, Bruno Coquatrix, le grand patron de la mythique salle de concert parisienne, rencontre Monique au Québec et la félicite pour ses récents succès sur disque et sur scène.

— Venez me rendre visite à Paris, lui dit-il. Je suis intéressé à monter un spectacle sur le Québec. Vous pourriez être la vedette de l'événement, en deuxième partie, seule sur scène, avec vos musiciens.

Monique qui, on le sait déjà, ne se commet jamais d'emblée et préfère réfléchir, répond à Coquatrix, non sans un brin de souriante insolence : « Venez plutôt me voir à New York, le 26 mars prochain, je chante au New York Town Hall. » Et elle tourne les talons, laissant l'imprésario ahuri !

Le soir du 26 mars 1966, comme elle l'avait annoncé, Monique monte sur la célèbre scène new-yorkaise. Elle est en pleine possession de ses moyens, elle maîtrise son trac et fait un tabac. La salle trépigne, le critique du *New York Times* est ravi et l'on devine que son compte rendu sera élogieux. Plusieurs artistes de renom sont présents, ils applaudissent à tout rompre et se pressent dans la loge de la chanteuse après le spectacle. Barbra Streisand elle-même s'est déplacée et ne tarit pas d'éloges. Bref, c'est un moment de gloire comme on en voit peu. Même le chef d'orchestre de Monique, Neil Chotem, habituellement peu volubile, laisse libre cours à son enthousiasme.

Soudain, qui voilà ? Bruno Coquatrix lui-même, que la chanteuse avait complètement oublié.

— Alors, ça vous dit de venir chanter pour moi à l'Olympia de Paris ? lui demande-t-il avec un grand sourire.

On comprend que Monique aurait eu mauvaise grâce de refuser.

C'est ainsi que, du 30 août au 11 septembre 1966, Bruno Coquatrix présente aux Parisiens un spectacle intitulé *Pleins feux sur le Canada*. Dans les journaux québécois, canadiens mais aussi français, on parle surtout d'elle et de son immense talent. C'est sa voix, dit-on, qui entraîne celle de ses camarades et c'est à elle que l'on attribue tout naturellement le succès de l'événement.

D'autres souvenirs encore. La chanteuse rêve, ferme les yeux. Un théâtre mythique. Des sièges recouverts de velours rouge, des boiseries crème. Carnegie Hall, à New York, au printemps 1967. Ce soir, on refusera du monde. André Gagnon rappelle quelquefois à son amie le concert mémorable qu'elle y a donné et qu'il considère comme l'un des plus réussis de la carrière de la chanteuse.

De retour à Montréal, l'Exposition universelle lui déroule un tapis rouge. On l'embrasse, on la congratule. À la fin de l'été, elle donne son spectacle à l'Expo-théâtre, à guichets fermés. Encore une fois, succès populaire et succès critique. Jean Basile, dans *Le Devoir* du 13 septembre, écrit qu'elle se hisse au rang des plus grandes. Même si elle se retrouve sur scène chaque soir, elle se sent bien à Montréal, elle est chez elle. Mais pas pour longtemps ! La vie trépidante à laquelle son métier l'oblige reprend aussitôt.

Gare Windsor. Des wagons qui s'entrechoquent. Des porteurs qui poussent les valises. L'appel du conducteur. *All aboard for Toronto* ! Une autre tournée attend Monique. Au Canada anglais cette fois, où elle se produira en français et en anglais, langue qu'elle a apprise par commodité, elle qui voyage depuis longtemps, mais aussi par amour du théâtre d'expression anglaise. De Terre-Neuve à Yellowknife, dans de vastes amphithéâtres ou dans des salles paroissiales, à la ville ou en région, elle sillonne inlassablement ce grand pays qu'elle pensait connaître mais qu'elle découvre.

Cependant, c'est un échange car, grâce à elle, les anglophones apprennent un peu du Québec. *What does Québec want?* demande-t-on souvent à cette époque où pas une journée ne se passe sans que l'on insiste sur le clivage qui oppose les « deux solitudes » canadiennes. Dans cette tournée,

Monique Leyrac agit comme un trait d'union. Inlassablement, elle fait découvrir la culture du Québec aux Canadiens anglais. C'est son action politique. En réponse aux interrogations inquiètes de son public anglophone, elle propose les chansons de Vigneault, Léveillée, Gauthier, Calvé, Conte. On l'applaudit à l'université Simon Fraser de Vancouver, elle parcourt le Grand Nord canadien, se rend jusqu'à Yellowknife, aux confins du Yukon, le « Klondike », comme on disait alors.

Presque tous les soirs, pendant une douzaine de semaines, elle retrouve ce public qu'elle adore et qui le lui rend avec un enthousiasme jamais démenti. Qu'elle se produise au Massey Hall de Toronto, où elle obtient un triomphe sans précédent pour une chanteuse « canadienne-française », ou dans une modeste salle de Gravelbourg, en Saskatchewan, c'est avec la même ferveur, le même professionnalisme que Monique Leyrac s'offre à son public. Une prestation sans compromis qui révèle une sincérité absolue, une présence sur scène maîtrisée au quart de tour, une attitude à la fois humble et conquérante, des chansons qu'elle vit intensément. Pas étonnant que, soir après soir, la foule immense, ou plus intime, l'acclame jusqu'à exiger qu'elle fasse trois et même quatre rappels.

À la fin d'un de ses spectacles, un admirateur vient la remercier en lui adressant ces simples paroles : « Madame, vous nous avez appris la beauté ! » C'est, en effet, la mission que s'est donné Monique, sa vocation. La quête de la beauté est ce qui la motive, elle ne fait jamais de compromis là-dessus. Il n'y a qu'à entendre sa voix, ce timbre à nul autre pareil qu'elle a perfectionné, sculpté tout au long de sa vie. Il y a une sorte de mystère dans sa manière de chanter ce qu'on appelle la belle chanson à texte, un peu comme la Callas quand elle entonne un air d'opéra. Quelque chose d'indéfinissable qui transcende le genre.

Chaque nuit, après le baisser du rideau, Monique Leyrac s'endort avec le sentiment qu'elle a donné le meilleur d'elle-même. Elle est ainsi faite : la perfection ou rien !

En 1968, c'est un tour de force que la chanteuse accomplit : une tournée de quinze récitals dans autant de villes importantes d'URSS, organisée par l'imprésario canadien d'origine russe Nicolas Koudriavtzeff. Seize jours de course folle ! Un véritable défi logistique quand on connaît les tracasseries administratives soviétiques. Le succès va croissant de ville en ville. De grands moments d'émotion : le concert donné dans la mythique salle Tchaïkovski, à Moscou, reste un souvenir marquant ; la réception à l'Ermitage, à Leningrad, un moment délicieux ; le passage de Monique à Minsk, en Biélorussie, un triomphe ; les pays baltes, si pittoresques, une jolie surprise.

À l'occasion de ce périple en Europe de l'Est, André Gagnon a su s'entourer de deux des meilleurs musiciens français de l'époque, le contrebassiste Pierre Michelot et le batteur Christian Garros, collaborateurs habituels de Jacques Loussier. Ils ont accepté d'emblée, d'autant plus que ce sera leur premier voyage au-delà de ce que l'on appelle encore à l'époque « le rideau de fer ».

Monique ne peut se remémorer sans sourire trois incidents cocasses où elle a été confrontée aux autorités soviétiques. Cela illustre une fois de plus son côté rebelle, sa répugnance à obéir aux ordres lorsqu'elle les trouve injustifiés ou absurdes.

En cours de tournée, dans une ville anonyme où elle doit, ce soir-là, donner son récital, elle se rend compte que l'on a installé sur la scène une série de micros visiblement destinés à enregistrer sa prestation. Elle s'informe auprès du gérant de tournée qui lui confirme qu'en effet, compte tenu du succès de ses concerts, on souhaite en garder un souvenir en archives.

— Et, tant qu'à faire, pourquoi ne pas le diffuser sur les ondes de la radio d'État, rétorque Monique, furieuse !

— Oui, c'est bien ce que nous comptons faire, en effet, répond son interlocuteur le plus naïvement du monde.

— Eh bien ! ça ne se fera pas ! Sinon, conclut-elle, péremptoire, je ne chante pas !

Et, sans ajouter un mot, elle s'enferme dans sa loge. On a beau frapper à sa porte, elle ne répond pas. On la supplie, on la menace, ses musiciens essaient de la convaincre, rien à faire. Elle ne bouge pas. Vingt minutes avant le spectacle, les micros sont enfin débranchés, démontés et sortis de scène.

Ce soir-là, le vin de Crimée offert par le commissaire politique en l'honneur de la chanteuse canadienne a tout simplement été annulé !

La chanteuse se souvient aussi d'une passe d'armes mémorable avec la dragonne qui occupe l'étage de sa chambre à Saint-Pétersbourg. Puisqu'on interdit aux locataires de faire monter un visiteur, il va de soi que Monique s'empresse de contourner le règlement. Elle a convié un Russe, ami de Koudriavtzeff, à venir prendre une vodka dans sa chambre. À peine le portail de l'hôtel franchi, l'invité est refoulé. Monique s'interpose, le ton monte, on s'engueule. Peine perdue, la Soviétique, gardienne du royaume, a gain de cause. Notre chanteuse se résout alors à appliquer le plan B qu'elle avait élaboré en cas d'échec : elle fait monter l'intrus par un escalier de secours. Les deux amis fêtent et trinquent une bonne partie de la nuit. Le bruit finit par ameuter la surveillante, qui interpelle les délinquants. Le visiteur, apeuré, en profite pour prendre la poudre d'escampette. Monique triomphe. Une fois de plus, elle a gagné la bataille. Et c'est en paradant victorieusement devant la matrone vociférante qu'elle rentre dans sa chambre en savourant sa victoire. L'histoire n'aura heureusement pas de suite.

Cependant, Monique a la frousse de sa vie quand, la veille de son retour à Montréal, elle reçoit la visite de trois cerbères du KGB, qui lui demandent de venir récupérer son passeport au ministère de l'Intérieur. La chanteuse soupçonne que ses démêlés avec la gardienne d'étage lui valent cette attention particulière. Une fois sur place, dans une pièce fermée, un officiel lui explique, tout d'abord avec aménité que, en raison du succès de sa tournée, il serait souhaitable qu'elle prolonge son séjour afin de donner son récital aux confins du bloc soviétique. Soulagée, Monique répond que c'est, hélas, impossible, d'autant plus que ses musiciens sont attendus à Paris le lendemain pour d'autres concerts. Mais son vis-vis insiste : « Le public vous adore… Vous nous feriez un grand honneur… Le gouvernement vous demande cette faveur… ». Monique, ennuyée, signifie au fonctionnaire l'impossibilité de sa requête. Le ton monte et des menaces à peine voilées sont proférées. Monique résiste, l'hostilité est palpable. Enfin, après un quart d'heure d'âpre discussion, les Soviétiques finissent par baisser les bras. Une fois de plus, Monique a gagné… mais elle a eu chaud. Remise de ses émotions, c'est avec la satisfaction du travail accompli qu'elle rentre à Montréal avec son pianiste, après des adieux émouvants à ses musiciens français.

D'autres souvenirs refont surface, comme cette fois, à Londres, où elle chante au palais de Buckingham pour la princesse Margaret, qui la complimentera chaleureusement. Nouvelle coqueluche de l'auditoire anglophone, elle en profite pour enregistrer un disque en anglais dans la capitale britannique.

Au milieu des années 60, Monique Leyrac a véritablement gagné ses galons de vedette internationale. Le Québec n'avait pas vu ça depuis la grande Albani, la diva de l'opéra. Pour les années subséquentes, il est difficile de suivre la chronologie de sa vie professionnelle. On la croit à Paris, elle est à New York, on la croise à Moscou, la pensant au Yukon, on croit l'applaudir en tournée au Québec, peine perdue, elle est reçue à la télé américaine. Et cette illusion d'ubiquité ne fait que renforcer la vénération que lui portent ses compatriotes, Montréalais, Québécois et Canadiens confondus. Cette décennie constitue une sorte de sommet dans la carrière de Monique Leyrac. Par la suite, elle deviendra une véritable icône, choisissant des auteurs, des compositeurs qui créeront des chansons sur mesure pour elle, bâtissant elle-même ses projets, ne se préoccupant que de sa seule vision artistique, souvent au détriment de l'aspect commercial de sa carrière, Mais, pour l'heure, sa vie trépidante la passionne. Et elle la savoure pleinement !

CHAPITRE 21

Luc Plamondon

IL N'Y A PAS DE HASARD. CES DEUX-LÀ DEVAIENT SE rencontrer. Beaucoup d'affinités, des intérêts communs, l'amour de la langue française, le choix du bon mot, la soif d'apprendre et de se cultiver et, surtout, une manière de ne concevoir l'existence que si on la vit comme une star. Monique Leyrac en est déjà une. Luc Plamondon aussi, mais il ne le sait pas encore.

En 1967, le jeune homme, boursier du Québec, vit à Londres où il étudie la littérature anglaise. Il rêve de devenir polyglotte et d'enseigner les langues à son retour au pays. En conséquence, il projette de se rendre à Berlin et d'y entreprendre des études en langue allemande. En attendant, il sillonne les quartiers du *Great London*, qui n'ont plus de secrets pour lui, vivant pleinement cette révolution culturelle que connaît la capitale britannique dans ces années-là. Mais il n'est aucunement question qu'il y participe directement comme auteur de chansons. Ça ne lui vient même pas à l'esprit. Admirer, applaudir, parcourir musées et théâtres, découvrir goulûment les plaisirs nocturnes de la vie trépidante londonienne lui suffisent amplement. À mi-chemin entre Oscar Wilde et David Bowie… Plamondon est un poète.

Alors qu'il mène cette vie de bohème débarque une femme qu'il aime d'emblée, Monique Leyrac. C'est son copain André Gagnon qui la lui présente. Elle est accompagnée de sa complice de toujours, Suzanne Avon. Monique s'est déplacée à Londres pour quelques jours afin de donner un spectacle à Buckingham Palace en l'honneur de la princesse Margaret. Dès l'arrivée des deux femmes et d'André, Luc propose de leur servir de guide et de leur faire découvrir les merveilles de la capitale anglaise. Ensemble, ils partent donc en vadrouille. Longues randonnées dans Hyde Park, arrêts chez Harrods, va-et-vient sur Oxford Street, dîners interminables dans Soho, flâneries entre Piccadilly Circus et Saint-Martin-in-the-Fields. Monique ne s'arrête que le temps de chanter pour la princesse, qui applaudit généreusement la chanteuse. C'est ainsi que la semaine à Londres passe à une vitesse folle. Et quand Luc fait ses adieux à tout ce beau monde, à Heathrow, il ne manque pas de promettre à Monique Leyrac de la revoir bientôt et surtout d'aller l'entendre chanter de nouveau.

Car le jeune homme a été envoûté par la charmante sorcière. Cette voix le poursuit et, bien que pour lui il ne soit pas encore question d'écrire pour cette chanteuse qu'il adore, il rêve de la revoir en spectacle, à Montréal ou ailleurs. Cela ne se fera que trois années et demie plus tard.

En 1970, Luc Plamondon rentre au Québec. Son projet d'enseigner les langues étrangères ne s'est pas encore matérialisé. Il demeure le poète hédoniste qu'il était en Europe, voyageant maintenant entre San Francisco, New York, Los Angeles, Montréal et Toronto. Il se met toutefois à écrire de belles choses, un peu sérieuses, bien sonores, bien rimées, des vers qui ressemblent plus à du Rimbaud qu'à du Aznavour. Toujours ami avec André Gagnon, il lui propose de mettre l'un de ses récents poèmes en musique. Après tout, la mode est à la chanson, en particulier au Québec. Gagnon est un bon compositeur qui a signé des musiques de chansons, et certaines sont devenues des succès radiophoniques.

André Gagnon accepte volontiers et relève le défi. La première chanson de Luc Plamondon est née. Un peu maladroite sans doute, puisque son partenaire lui fait remarquer que l'ensemble, bien que joli, n'est pas très mémorisable, bref que ça n'a pas l'allure d'une chanson. Un peu déconfit, l'autre lui demande comment s'y prendre pour créer quelque chose de qualité, mais qui soit assez simple pour passer à la radio.

Je vais te proposer une autre méthode de travail, lui conseille André. J'ai composé un morceau, une pièce instrumentale en forme de chanson. La musique est au goût du jour, très palmarès. Pourquoi n'écris-tu pas un texte sur cette mélodie ?

— Je ne suis pas sûr d'y arriver, je n'ai jamais écrit sur une musique existante, rétorque le poète.

— Alors, c'est le temps de t'y mettre. Je te fais confiance, tu as du talent, tu vas sûrement trouver quelque chose. Parle de ta vie, des choses que tu as vécues. Et garde la simplicité en tête.

« Je veux bien être simple, se dit Luc, un peu déconfit, sur le chemin du retour. Mais ce n'est pas si simple de rester simple ! Raconter ce que je vis, c'est bien joli, mais c'est souvent banal. Après tout, je ne peux tout de même pas raconter que je suis allé me balader à San Francisco dans ma Camaro ! »

C'est pourtant cette image qui lui inspire un des succès les plus retentissants de cet été 1970. Quelques semaines plus tard, Plamondon n'en revient toujours pas d'entendre son texte sur la musique de Gagnon, interprété par le jeune chanteur Steve Fiset. Tous les jours, *Les chemins d'été (dans ma Camaro)* passe en boucle à la radio. Ce ne sera, bien sûr, que le premier d'une longue série de succès que Luc, devenu Plamondon, écrira pour la planète entière.

Vers la fin de cet été inoubliable, le téléphone sonne chez lui. En décrochant le combiné, il a la surprise d'entendre une jolie voix qui lui fredonne son tube estival :

« *Dans ma Camaro…* » Bonjour ! C'est moi, Monique ! Oui, oui, Monique Leyrac, répète-t-elle à un Plamondon abasourdi. C'est très beau, cette chanson que tu as écrite avec Dédé. J'aurais bien le goût d'en ajouter de semblables à mon répertoire.

Et sans lui laisser le temps de réagir, Monique lui donne rendez-vous le midi suivant au restaurant Chez son Père.

À l'heure dite, nerveux, survolté, Luc rejoint Monique, déjà attablée au fameux restaurant de la rue Craig. Pendant qu'Alphonse, l'inamovible maître d'hôtel, prend les commandes, Monique explique en deux mots à son vis-à-vis qu'elle a été invitée à chanter avec l'Orchestre Symphonique de Montréal.

— Je me cherche de nouvelles chansons qui se prêteraient bien aux orchestrations classiques, tout en restant accessibles au grand public. En un mot, des chansons classiques, mais populaires.

Après lui avoir fait préciser la nature de ce qu'elle recherche, Luc, comme illuminé, lui lance :

— J'ai un bon flash, je crois. Pourquoi ne pas se réapproprier les grandes mélodies classiques, ces airs immortels de

Bach, Mozart, Chopin, Liszt ? Je pourrais écrire des textes sur mesure pour ces lignes mélodiques si belles et que tout le monde aime.

Tout de suite, Monique est séduite par l'idée. Elle adore ces grands airs qu'elle connaît pour la plupart depuis son enfance, à l'époque où son frère Jacques lui faisait découvrir la musique classique. Elle est certaine que cela conviendrait parfaitement à son projet symphonique.

— À une seule condition, précise-t-elle, c'est que tu viennes écrire tes textes chez moi, près de Paris. Cela me permettra de les approuver et de les apprendre. Ce sera un véritable atelier de création où on pourra discuter de l'évolution du projet. Ainsi, je pourrai me familiariser avec tes textes, me les mettre en voix, les lire, les mémoriser.

C'est avec enthousiasme que Luc accepte. Pensez donc ! Une première commande de chansons destinées à l'interprète la plus célèbre de son pays. En prime, revoir l'Europe, agrémenté d'un séjour dans la vallée de Chevreuse, ça ne se refuse pas. Trois semaines plus tard, il vole allègrement sur les ailes d'Air France, en route pour une expérience toute nouvelle et bien excitante.

Mais l'aventure sera moins idyllique que celle dont il avait rêvé…

Dès son arrivée, Luc se rend compte qu'il devra partager l'intimité de la famille Dalmain. Papa, maman, jeune fille. « Qu'à cela ne tienne se dit-il, je sais ce qu'est la vie de famille. J'ai connu ça, à Portneuf. » Soit. Mais c'est sans compter sur les discussions, tensions, bouderies et autres coups de gueule que vit quotidiennement le couple. « De toute manière, je travaille la nuit et souvent jusqu'au matin. Je dormirai le jour », décide-t-il.

Comme il en a l'habitude, le poète se met au travail dès 22 heures. Il s'installe dans la cuisine, à bonne distance des chambres à coucher. De soir en soir, sur son magnétophone, il écoute consciencieusement chacune des pièces musicales que Monique a choisies. Les mots se juxtaposent plus facilement sur certains airs que sur d'autres. Il fait quelquefois des découvertes poétiques qui le comblent de joie. À d'autres moments, il peut mettre des heures à trouver le mot juste, l'image percutante. Bref, comme tous les apprentis, il gâche du plâtre !

Monique, toujours matinale, se pointe vers 6 heures dans la cuisine et vérifie le travail de la nuit. À la manière d'Édith Piaf en son temps, la chanteuse a souvent rêvé d'avoir à son service un parolier en résidence qui lui fasse des chansons sur commande. Le rituel est toujours le même. Ou elle aime ou elle n'aime pas. Quand elle aime, un sobre compliment réconforte l'auteur. Quand elle n'aime pas, elle ne met pas de gants blancs. « Ce n'est pas pour moi, dit-elle je ne pourrai pas chanter ça… » Ou alors : « Ça m'ennuie. Et si je m'ennuie pendant une seule ligne dans une chanson, je ne la chante plus après trois jours. »

Luc, bien humblement, se remet au travail. Il a choisi de l'écouter, de lui obéir au doigt et à l'œil, de se fier à son expérience et à son instinct. C'est ainsi que naissent les belles chansons sur de grands airs classiques qui sont les premières que Plamondon ait écrites. On entend encore certaines d'entre elles, parfois, à la radio. Elles ont indéniablement conservé un air de jeunesse, dû non seulement à la beauté des mélodies, mais aussi à la fraîcheur des textes. On pense, entre autres, à *C'est ici que je veux vivre*, sur l'air de la Bachiana brasileira nº 5, de Villa-Lobos ; à *La danse du sabre*, de Khatchatourian ; au thème du mouvement lent du Concerto nº 23, de Mozart ; à *La Moldau*, de Smetana.

Quarante-cinq années plus tard, Luc Plamondon livre ce témoignage au sujet de Monique Leyrac : « Elle a été l'une des personnes à l'origine de ma carrière de parolier, la première chanteuse à chanter mes chansons. Je lui dois beaucoup. Elle m'a tout appris. »

ACTE 4

CHAPITRE 22

Sortilèges

INTERROMPONS BRIÈVEMENT LE COURS DE NOTRE RÉCIT pour projeter quelque lumière sur la personnalité professionnelle de Monique Leyrac, sur la relation qu'elle entretient avec son public ainsi que sur celle qui s'est établie entre ses collaborateurs et elle-même.

Monique Leyrac démontre autant de soin, de talent et d'instinct à affiner son personnage public qu'à préparer ses tours de chant et ses rôles au théâtre. Sa vie d'artiste est un jeu ; sa posture publique, souvent théâtrale. En un mot, c'est une star ! Regardons-la maintenant en pleine action. Observons la séductrice ensorceler son public !

Certains soirs, Monique se métamorphose en gitane. Elle hume l'air. Elle est en mode séduction. Son public la désire, l'attend. Des coulisses, elle le sent, l'enveloppe du regard, avant de l'hypnotiser, de le subjuguer.

La chanson, prétend-elle, n'est pourtant qu'un moyen. Un flash théâtral. Un hors-d'œuvre. Ça se fredonne dans la rue, ça se chante sous la douche, ça se siffle au détour d'un sentier, comme chez les guides. Ce n'est pas un objet précieux, une chanson, et depuis ce premier soir où elle a accepté de chanter en public, il y a un siècle, au Faisan Doré, elle ne s'est jamais prise pour une chanteuse. Et pourtant, Dieu sait qu'elle les prépare, ses chansons. Soigneusement. En peaufinant tous les détails.

Au cours de sa longue carrière, des gens bien intentionnés ont tout essayé pour qu'elle interprète tel ou tel répertoire, pour la convaincre de l'opportunité commerciale d'enregistrer ceci ou cela. À l'exception de sa période contractuelle avec la maison américaine Columbia pendant les années 60, elle n'en a jamais fait qu'à sa tête, dans ce domaine comme dans tous les autres de sa vie. Elle chante ce qu'elle veut, quand elle veut et avec qui elle veut : des chansons qui lui plaisent, qui lui vont comme un gant ; qu'elle chante aussi longtemps qu'elle le désire mais qu'elle n'hésite pas à jeter après usage. Une fois ces airs choisis, elle les chante comme elle le faisait à dix ans ; elle a l'air de les sortir de son chapeau. De petites fleurs sans importance.

N'empêche. La chanson, peu à peu, est devenue pour elle une sorte de drogue douce. Une drogue dont elle s'intoxique, mais dont elle use aussi pour ensorceler son public, le vrai, celui qui lui cède sans réserve, celui qui succombe à ses atours de gitane séductrice.

Il est à ses pieds, ce public, soumis à son désir quand elle le veut. En attente, un peu hagard, palpitant.

Mesdames et messieurs, Monique Leyrac !

La salle s'apaise, les feux de la rampe se tamisent.

Dans les coulisses, Monique sent monter la colère. Ça lui arrive quelquefois, comme une sorte de rage qu'elle ne peut réprimer, une volonté de soumettre cette masse noire qu'elle devine à quelques pas d'elle. Dans ces moments-là, les souvenirs remontent à la surface, flashback de pauvreté, d'humiliations, de poupées qu'on lui a refusées, d'usine, de promiscuité, sentiment d'avoir été abandonnée, trompée, laissée pour compte.

Elle entre en scène sous les bravos et commence de manière anodine, avec quelques airs jazzés, un peu de folklore, un ou deux classiques revisités à la manière de ses auteurs fétiches, Conte, Plamondon, Bach à la manière de…, valse de Chopin débridée. Puis, sans avertissement, elle sortira son couteau et le plantera à la vitesse de l'éclair dans le cœur de ses victimes consentantes. Défileront alors des chansons magiques qu'elle est la seule à savoir imposer de cette manière, des paroles qui deviennent sa vie, des airs qui se confondent avec son souffle. Une sorte de triangle amoureux s'établira entre sa voix, sa présence magnétique et l'auditoire. La chanson s'effacera enfin pour faire place au théâtre.

Mon pays ce n'est pas un pays, c'est l'hiver…

La voix est forte. Le ton est ferme.

[…] Dans ce pays de poudrerie
Mon père a fait bâtir maison
Et je m'en vais être fidèle
À sa manière, à son modèle…
[…] De mon grand pays solitaire
Je crie avant que de me taire
À tous les hommes de la terre…

La chanson de Gilles Vigneault se déroule et la vengeance se transforme peu à peu en amour pour un public qui l'adule, pour ce pays qu'elle modèle de sa voix d'airain.

[…] Ma maison c'est votre maison
Entre mes quatre murs de glace

Je mets mon temps et mon espace
À préparer le feu, la place
Pour les humains de l'horizon
Et les humains sont de ma race...

Une autre fois, elle court, elle apparaît sur scène, illuminée, effervescente, radieuse, multicolore. C'est *L'étrangère* ! Elle a revêtu ses plus beaux atours, s'est parée de ses colliers aux milles reflets. Oui, c'est bien elle, *L'étrangère*, la belle conquérante d'Aragon et de Ferré.

À d'autres moments, Monique se profile dans la pénombre et son beau visage d'amoureuse embrase la foule. Elle est la femme éternelle qui évoque la naissance d'un amour. Mille paires d'yeux sont fixées sur elle. Mille cœurs battent au même rythme que le sien. La douceur irradie de tout son être, elle ondule, elle s'abandonne. En l'espace de quelques secondes, la triomphante, la guerrière s'est transformée en amante éperdue.

Pour cet amour qui vient au monde
Pour cet amour qui vient de toi

Puis, elle nous prend par la main et nous entraîne à sa suite dans un périple improbable. Son regard fixe l'horizon, elle ne voit rien d'autre, on est ailleurs, mais tous la suivent des yeux, personne ne veut rien manquer du voyage. On embarque avec elle, le vent caresse la foule, le rhum enivre et elle mord dans les mots de Pierre Calvé.

L'hiver s'éloigne,
Le vent tourne et ça sent l'Espagne

Effrayante lorsqu'elle nous impose les démences du poète, Monique ricane, se démène, geint, pleure. Elle frôle la folie, c'est la descente aux enfers et tous s'y engouffrent à sa suite.

Elle boit le vin jusqu'à la lie. Ivre morte, elle célèbre le joli mois de mai, tel un Nelligan des temps modernes.

Ô le beau soir de mai ! le joyeux soir de mai !
Un orgue au loin éclate en froides mélopées ;
Et les rayons, ainsi que de pourpres épées,
Percent le cœur du jour qui se meurt parfumé.
Je suis gai ! je suis gai !
Dans le cristal qui chante,
Verse, verse le vin !
Verse encore et toujours,
Que je puisse oublier la tristesse des jours,
Dans le dédain que j'ai de la foule méchante !

Changement de cap. Une pirouette ! Elle se projette maintenant dans l'univers de Félix, celui qu'elle préfère, celui dont elle dit qu'il est l'être le plus drôle au monde, le fabuliste, le moraliste espiègle. Tour à tour, elle emprunte les habits de la veuve inconsolable et ceux du curé moralisateur.

Une veuve
Une veuve inconsolable
Chez le curé se traîne
Révérend, écoutez
Je nage dans le noir
Désespoir…

Quarante jours après
Le curé perd sa mère…

Comme au théâtre, Monique conclut sans s'attarder.

Elle n'a jamais compris
Pourquoi, à coups de pied
Comme une malapprise
Le curé l'a chassée…

Mais que sont ces tambours qui l'appellent ? Quelles images émergent dans sa mémoire ? Des rubans sans fin d'épinettes, des saisons sans pitié, des bouillons d'écume ? Elle redevient la petite indienne de Pointe Bleue, elle est la fille, la femme, la fée, l'amante, c'est elle la Julie de Vigneault, celle qui raconte, illuminée, la saga de la Manikoutai.

Jusqu'à ce trou dans la neige
Attention la glace est mince !
Tu la salueras pour moi
Non. Viens pas ! Tiens-toi, j'arrive !
Les chiens sont revenus tout seuls...
Ils ont dit que c'était la Julie
Moi je dis que c'était la Manikoutai
Ils diront qu'avec l'âge on oublie
Telle était la Manikoutai

Monique chante parfois *Il n'y a pas de bout du monde*, de Vigneault. Elle est l'éternelle nomade qui parcourt le monde de ville en ville, en quête de foules à séduire. Et c'est ainsi que, de Paris à Chicoutimi, de Toulouse à Mégantic, de New York à Ottawa, d'Ostende à Percé, tous les soirs, le miracle se produit.

On devine avec quelle minutie elle prépare ses prestations scéniques, au théâtre comme pour la chanson. Elle peaufine tous les détails. En répétition, ses collaborateurs n'ont qu'à obéir. Au doigt et à l'œil. On ne discute pas ses tempos, on ne remet jamais en question ses tonalités. C'est elle le patron et tous le savent. Si on la sert bien, elle sait se montrer charmante. Mais gare à ceux et celles qui lui tiennent tête ou la contredisent sans raison valable.

Un jour, au début des années 70, à la veille d'une première très prestigieuse avec l'Orchestre Symphonique de Montréal, un conflit survient lors d'une répétition générale. Un incident banal met le feu aux poudres. Le chef d'orchestre Neil Chotem a distribué les partitions. Les premières chansons à répéter sont les nouvelles adaptations d'œuvres de concerts célèbres que Monique affectionne tout particulièrement et pour lesquelles Luc Plamondon, encore tout jeune, a écrit les paroles. Bien entendu, les tonalités d'origine, la facture rythmique et, pour tout dire, la structure des œuvres ont été modifiées afin de les adapter à sa tessiture. Mais la diva sent bien que ce nouveau répertoire ne plaît pas aux musiciens de l'OSM qui, gardiens de la morale musicale – c'était une époque d'orthodoxie culturelle ! –, le considère comme un « détournement de sons » éhonté. Le premier violon se lève et prévient la soliste que les musiciens refusent d'accompagner ces chansons.

Monique ne fait ni une ni deux. Laissant son vis-à-vis pérorer, elle ramasse ses partitions, tourne les talons, récupère son manteau, son chapeau, et quitte la scène sous les regards stupéfaits des 75 instrumentistes silencieux. Vingt secondes plus tard, elle est dans le stationnement extérieur, son chef d'orchestre sur ses talons, essayant de la convaincre de négocier. Ce qu'elle refuse obstinément. « Ces messieurs-dames ont été engagés pour jouer, lance-t-elle, ils n'ont qu'à jouer et à se taire. Point à la ligne. C'est tout simple, on annule le concert ! » Il faut toutefois préciser que, bien qu'elle ait du caractère, Monique n'est pas butée. À cette occasion, c'est elle qui proposera le compromis : les chansons seront chantées avec ses musiciens, seuls sur scène, et l'OSM donnera le reste du spectacle. Personne ne perdra la face, l'honneur sera préservé !

Une autre anecdote illustre bien sa rigueur qui, parfois, frôle l'intransigeance. Pendant une tournée, une dizaine d'années plus tard, Monique souffre d'une douloureuse inflammation du nerf sciatique. Elle est d'une humeur massacrante, en répétition à la Maison du citoyen de Hull. On raccorde, on peaufine, on rajoute, on retranche, bref, on travaille. La chanteuse et son accompagnateur sont dans une petite salle non loin de l'auditorium de concert. La paix absolue !

Soudain, après une heure de travail, une rumeur enfle en provenance de la salle voisine. Une autre séance commence avec les 40 musiciens de l'orchestre local. On s'accorde, on reprend, on accélère, on ralentit, bref, on répète. En furie, Monique se dirige vers ce qu'elle considère comme un tintamarre inacceptable, une intrusion dans sa propre vie, une attaque personnelle. Elle est vêtue d'un de ses costumes de scène, une grande cape multicolore personnifiant une chauve-souris menaçante. Ainsi attifée, elle s'élance vers l'auditorium, derrière le chef d'orchestre. Furieuse, elle apostrophe tout ce beau monde : « Cessez immédiatement ce vacarme ! » Puis, altière, sans une parole de plus, elle fait demi-tour et revient vers son local. Ahuris, les musiciens obtempèrent et reportent leur répétition.

La star ne supporte pas non plus que l'on bavarde pendant son tour de chant. Qui l'en blâmerait ? Un jour, au Château Frontenac, à l'occasion d'un congrès du Barreau canadien où elle a accepté de chanter, les personnes présentes ne se gênent pas pour poursuivre certaines discussions amorcées plus tôt durant la journée. Monique fait les trois premières chansons comme si de rien n'était. Les applaudissements sont froids, le public semble distant, le bruit ambiant s'amplifie mais, derrière le calme apparent de Monique, la colère gronde. Soudain, elle prend le micro descend dans la salle et apostrophe le public. « Ou bien vous m'écoutez quand je chante ou alors je ne chante pas, à vous de choisir ! » Les juristes, éberlués, se calment le temps d'une chanson ou deux. Mais la rumeur reprend bientôt. Alors, Monique lance à cette assemblée de bavards : « Merci beaucoup, au revoir ! » Puis elle se tourne vers son pianiste : « Allez, on a été payés, on s'en va ! » Sans un mot de plus, elle se retire côté jardin.

Une autre attitude qu'elle abhorre, c'est cette habitude fréquente chez les musiciens d'orchestre d'appliquer à la lettre et de manière rigide la convention collective en ce qui a trait aux horaires de travail. Un jour qu'elle répète avec l'Orchestre de Jeunes du Québec, le gérant des musiciens interrompt la soliste à quelques mesures de la fin de sa dernière chanson sous prétexte que le service de répétition doit se terminer à la seconde même. En furie, Monique monte sur le podium, prend la place du chef d'orchestre et apostrophe les 40 jeunes musiciens. « Vous n'avez pas honte ? À votre âge, je travaillais en usine, c'était la guerre et on n'avait aucun droit. Il fallait finir le boulot avant de quitter la manufacture ! On était payés des clous, on n'avait jamais le droit de dire un mot, sans ça, dehors ! Vous n'avez pas honte ? Vous ne ferez jamais rien de bon dans la vie ! » Et Monique continue sur le même ton pendant dix minutes. Un sermon, un vrai !

L'extraordinaire dans tout cela, c'est que ses accompagnateurs, eux, n'ont que de belles choses à dire sur elle. Ils gardent en mémoire une Monique douce, maternelle, espiègle, simple en tout, d'une grande gentillesse, amusante, pleine d'humour et toujours très distinguée.

On comprend donc que Monique Leyrac puisse être la plus délicieuse des personnes, pour autant que l'on ne contrevienne pas à son plan de travail, que l'on respecte son rythme et qu'on la seconde avec intelligence. Monique est toujours disposée à écouter les conseils musicaux pertinents de ses collaborateurs. Au théâtre, elle se plie avec humilité aux exigences des metteurs en scène en autant que ces derniers fassent preuve d'intelligence, de rigueur et de politesse. Selon ses humeurs, elle peut faire preuve d'une grande amabilité... et laisser éclater sa mauvaise humeur quelques secondes plus tard. On lui reconnaît des gestes très généreux, suivis de mesquineries incompréhensibles. Cette manière d'être lui permet d'imposer son autorité, de camper son personnage. Elle est impériale. Cela la sert auprès du public comme auprès de sa garde rapprochée, essentiellement composée d'hommes.

Si c'est une femme, Jeanne Maubourg, qui a initié Monique aux secrets du théâtre, ce sont, en effet, surtout des hommes qui lui font faire ses véritables premiers pas dans le monde de la scène, du cinéma, de la musique. Des hommes honnêtes, simples, enthousiastes, de véritables artisans, des artistes sincères et authentiques.

Parmi ceux-ci, Paul Langlais lui donne sa première chance en lui confiant, à la radio, le rôle de Bernadette Soubirous alors qu'elle sort à peine de l'enfance. Il la guide, la rassure, l'encourage, et tout cela sans rien attendre d'elle en retour. Monique lui en saura gré toute sa vie et n'hésitera jamais à collaborer de nouveau avec lui. Jacques Normand, par son exemple et ses conseils, lui apprend à affronter le public, à dompter une salle bruyante et agitée. Pierre Dagenais, lui, est le premier auteur qu'elle a connu sans toutefois beaucoup le côtoyer, mais l'influence de cet homme et de son théâtre a été déterminante dans le choix de carrière de la future comédienne. Deux réalisateurs de la Société d'État, Maurice Dubois dans les années 60 et, plus tard, Richard Martin, ont soutenu Monique et lui ont dévoilé les tenants et aboutissants du petit écran. Quant à Pierre Pétel et Jean-Yves Bigras, ils lui révèlent le cinéma, lui permettant de vivre, à l'aube de la vingtaine, la formidable aventure du tournage des *Lumières de ma ville.* Une pareille expérience en début de carrière ne s'oublie jamais. Plus tard, cela lui servira quand elle partagera l'écran avec Geneviève Bujold dans le film de Paul Almond *The Act of the Heart.*

Jean Dalmain a tenu, comme on l'a constaté, un rôle déterminant en enseignant à Monique à « déchiffrer la partition », au-delà du texte écrit, à saisir les intentions de l'auteur.

Les auteurs et les musiciens, inséparables du parcours de Monique Leyrac, ont occupé une grande partie de son espace et de sa vie. À l'exception de Marie Bernard, on le verra un peu plus loin, tous sont des hommes. Le premier de ceux-là est André Gagnon, le jeune et talentueux pianiste, *alter ego* de Claude Léveillée, rencontré au hasard d'une série d'émissions sans lendemain qui portait le nom sonore de *Cocorico.* Pour Gagnon, Madame Leyrac – il finira par l'appeler Monique, mais ne la tutoiera jamais – est « la grande dame de la chanson ». Tout jeune, alors qu'il ne la connaît pas encore, il voue à Monique Leyrac une admiration qui frôle l'idolâtrie. À l'époque des *Lumières de ma ville*, il se rend souvent au casse-croûte de son village, à Saint-Pacôme de Kamouraska, et, prélevant 5 cents sur ses maigres économies, fait tourner dans le jukebox la chanson du film pour le bonheur furtif d'entendre la voix de son héroïne. Plus tard, pendant les années où il l'accompagne en tournée un peu partout en Europe et en Amérique, il accepte sans sourciller les remontrances de la vedette, se confie à elle et se laisse volontiers materner par Monique, qui réconforte le jeune homme, souvent mélancolique. André Gagnon, devenu le grand musicien professionnel que l'on connaît, gardera pour la chanteuse une affection indéfectible.

Tout au long de sa vie, Monique a su s'entourer des meilleurs collaborateurs. En première ligne, on retrouve l'un des grands musiciens du Québec de la seconde moitié du 20e siècle, Neil Chotem. Rigoureux, compétent, musicien complet, à la fois excellent pianiste et orchestrateur imaginatif, subtil et minutieux, il entretient avec la chanteuse un rapport admiratif, très courtois et même chaleureux, sans qu'il devienne toutefois l'un de ses intimes. Il la conseille, la dirige, c'est une sorte de mentor artistique, la caution musicale dont l'autodidacte a eu besoin à ses débuts.

Sur le plan musical, il était normal que Michel Conte et Monique Leyrac se rencontrent. C'est grâce au réalisateur Maurice Dubois qu'ils font connaissance, en 1965, sur le plateau de l'émission-phare de la télévision de Radio-Canada, *Pleins Feux*. Michel Conte est doux, cultivé, délicat, s'exprime avec grande aisance, adore la chanson et en écrit. Quant à Monique, on le sait, elle a soif d'apprendre, recherche de nouveaux complices et construit son répertoire.

En 1968, elle est au sommet de son art, en pleine force de l'âge, ayant atteint la célébrité. Toujours juvénile, elle renouvèle sa garde rapprochée en s'entourant de musiciens qui ont à peine 20 ans. Comme d'autres l'ont fait pour elle, Monique Leyrac considère qu'il est de son devoir d'aider les jeunes musiciens, les artistes de la relève, de les entourer, de les conseiller.

C'est à cette époque qu'elle rencontre Denis Larochelle, futur accompagnateur de Clémence DesRochers. Bon communicateur, de caractère égal, de nature optimiste, débrouillard, en plus d'être particulièrement doué pour l'accompagnement, il rassure Monique, la précède en tournée, conduit la voiture, réserve les restaurants et, plus important encore, écrit de superbes arrangements, dirige les autres musiciens de l'orchestre avec assurance. On verra plus tard qu'il a été un partenaire inégalé pour Monique quand elle s'est lancée dans l'aventure de ses grands spectacles solos. Pas étonnant que leur collaboration ait duré jusqu'au début des années 80, et qu'aujourd'hui encore les deux se considèrent presque comme frère et sœur.

Plus réservé, Yvan Ouellette est un homme que l'on pourrait qualifier de doux poète. Ne vivant que par et pour la musique, artiste jusqu'au bout des doigts, il ravit Monique par sa musicalité et l'amour qu'il porte à son art. Monique en parle avec une sorte de ravissement. Elle conserve de lui le souvenir d'un musicien exceptionnel et pressent qu'il aurait pu être le frère spirituel qui lui a toujours manqué.

Jean Marchand est resté lui aussi très proche de Monique pendant toutes ces années. Jeune homme aux multiples talents, il poursuit une carrière simultanée de comédien et de musicien. Deux raisons pour plaire à notre vedette. D'une très grande rigueur professionnelle, pianiste accompli, lecteur rapide, sa présence sur scène et sa polyvalence rassurent autant la chanteuse que la comédienne.

Même s'ils ont été moins présents dans la vie de Monique, il ne faudrait pas oublier de saluer Paul de Margerie et Denis Chartrand, qui ont magnifiquement secondé Monique à la radio, ainsi que Franck Dervieux et Gaston Brisson, deux excellents pianistes qui ont fait quelques tournées avec elle, remplaçant souvent l'un des accompagnateurs réguliers.

Après ce coup de projecteur sur les collaborateurs de l'artiste, reprenons le cours de notre récit et revenons à Monique. Elle qui d'habitude provoque les événements se retrouve maintenant à l'aube de la quarantaine, hésitante, indécise, s'interrogeant sur le chemin à suivre.

CHAPITRE 23

À la croisée des chemins

CE SOIR, C'EST FÊTE CHEZ LES MELLA. SUZANNE ET FRED ouvrent leur porte aux collègues et amis du Tout-Paris de la chanson. Aznavour, Brassens, Béart, Ferré, directeurs de salles de spectacle, de sociétés phonographiques, ils sont tous là. À côté des amphitryons, on aperçoit Monique Leyrac, Jean Dalmain et leur fille, Sophie, 14 ans déjà, qui rayonne au bras d'un charmant garçon.

Monique, heureuse, est dans son monde. Celui de la chanson à texte, des musiques signifiantes. Tout le contraire de celui des palmarès, des chansonnettes yéyé et de ce que l'on appelle déjà l'industrie culturelle. Elle est revenue à Paris, enfin. Son Paris ! Celui qu'elle aime tant et où elle habitera pour toujours, souhaite-t-elle. Elle a bien choisi son moment, elle en est convaincue. Au cours des années 60, le Québec a fait d'elle une star, les États-Unis l'ont remarquée, il est temps d'amorcer une autre étape. Pourquoi pas la France ? Son mari est Français, sa fille y a vécu sa petite enfance, Monique adore le pays, il ne lui reste qu'à s'installer ici une fois de plus et à s'imposer. Sans écouter les conseils de Sam Gesser qui, logiquement, la poussait à poursuivre une carrière américaine si brillamment amorcée, Monique, en accord avec son mari et sa fille, n'en a fait qu'à sa tête, comme toujours.

La famille s'installe en juin 1968 dans la foulée des agitations parisiennes du mois précédent, événements qui, par ailleurs, laissent Monique de glace. Par méfiance autant que par principe, elle n'est pas d'un naturel militant. C'est à peine si, au Québec, elle adhère du bout des lèvres au crédo souverainiste de l'époque que, pourtant, une majorité d'artistes québécois soutiennent. Jean Dalmain, indéfectible gaulliste, est un indépendantiste pur et dur qui se plaît, par ailleurs, à répéter que Molière est Québécois ! Quoi qu'il en soit, le couple vit maintenant à Paris et, comme il doit faire face à la musique, les préoccupations québécoises les atteignent peu et celles des étudiants de la Sorbonne, encore moins.

Après avoir loué leur atelier du 9e arrondissement au peintre Fernand Leduc, ils emménagent boulevard Suchet, dans le chic 16e arrondissement. C'est plus tranquille et, surtout, à deux pas de la Maison de la Radio où Monique compte bien se faire valoir d'une manière ou d'une autre. Les fins de semaine, la petite famille se retrouve aux Moutiers, en forêt de Rambouillet. Dans cette maison de campagne, acquise quelques années plus tôt, Monique se métamorphose en parfaite petite ménagère française. Elle découvre les joies du jardinage, se passionne pour les fleurs et l'horticulture, cuisine à merveille, reçoit ses amis et, entre la poire et le fromage, oublie qu'elle est tout de même venue en France pour poursuivre sa carrière.

La réalité la rattrape bientôt car il faut penser à gagner sa vie. Monique entreprend alors de courts séjours dans son pays d'origine. Elle redevient, pour quelques semaines, la grande star, la diva qui a droit à toutes les prévenances, que tout le monde applaudit à la télévision et sur scène, notamment à Terre des hommes où elle triomphe à deux reprises. Des événements culturels dont on se souviendra longtemps !

De retour boulevard Suchet, entière et rigoureuse comme dans tout ce qu'elle fait, elle reprend ses activités sédentaires, choisissant les couleurs, les teintes et les styles de son environnement.

Cela dit, côté métier, elle prend conscience que la situation est différente en France et, avouons-le, un tantinet décevante. Elle entame la quarantaine, sa situation financière est instable et elle est, pour quelques années encore, légalement et moralement responsable de sa fille. Elle réalise qu'il est difficile, voire présomptueux, d'amorcer une seconde carrière dans ce pays qu'elle adore mais qui n'est pas le sien. De plus, pour Jean Dalmain, la situation n'est pas plus facile. À 53 ans, après toutes ces années d'absence, il se sent déphasé, ce qui n'aide pas à l'harmonie du couple. Le temps est à l'orage. Mais ce n'est pas tout. L'artiste Monique Leyrac est confrontée à une sorte de compétition où elle se retrouve en porte-à-faux avec les Sylvie Vartan, France Gall et autres Mireille Mathieu, championnes des ritournelles à succès. Elle qui a connu et connaît encore, au Québec, les ivresses des salles pleines, le triomphe des soirs de première, peine à retrouver les mêmes satisfactions en France.

Quand elle veut oublier ses soucis, Monique revient aux Moutiers et passe le plus clair de son temps avec ses amis, principalement Suzanne Avon et Fred Mella, qui habitent la région. Ces derniers ne cessent de l'encourager à persister dans la voie qu'elle s'est tracée, celle qui défend les couleurs de la grande chanson française, écrite dans une langue poétique, fantaisiste, intelligente, spirituelle, teintée d'humour. La principale intéressée n'est pas difficile à convaincre. En pleine possession de ses moyens scéniques, elle souhaite imposer son style original à Paris. Mais, au contraire, le directeur artistique de Columbia, Phillipe Boutay, la presse de se laisser séduire par les sirènes de la chanson populaire, de s'engager dans la voie qu'ont choisie les vedettes de l'heure.

Malgré une très forte pression, tentée de céder au mirage, Monique résiste et choisit de rester fidèle à la route qu'elle a choisie, celle de la grande chanson à texte. Sa décision prise, elle se met à la recherche de chansons originales, avec textes et musiques écrits à son intention. Sans doute sa recherche la met-elle sur la piste de créateurs de talent, mais les meilleurs gardent leurs plus belles chansons pour eux. Monique est sur le point de jeter l'éponge quand elle croise le chemin de Guy Béart, avec qui elle sympathise. Elle lui confie qu'elle cherche de nouvelles chansons et lui demande si, à défaut d'en composer pour elle, il pourrait lui conseiller quelqu'un. Béart est évasif mais il tombe sous le charme et invite la chanteuse à faire la première partie de son prochain spectacle à Bobino. Autrement dit, la case réservée aux débutantes. Malgré cette offre peu avantageuse pour celle qui a déjà chanté en vedette à l'Olympia, Monique, guidée par son instinct, accepte la proposition.

Le soir de la première, devant le Tout-Paris, ministres et académiciens au premier rang, c'est une Leyrac morte de trac qui entre en scène. On la comprend, c'est à elle qu'incombe la redoutable mission de « chauffer » la salle avant la prestation de celui que le public est venu applaudir. Bien qu'elle n'ait que quelques chansons à chanter, elle a l'impression de bafouiller, de chanter avec un filet de voix, bref, de frôler la catastrophe à chaque couplet. Quand elle sort enfin de scène, libérée de sa torture, complètement épuisée, sourde aux applaudissements nourris qui lui parviennent, Monique Leyrac court se réfugier dans sa loge. Elle a le sentiment que, cette fois, le public l'a boudée et que les critiques seront à l'avenant. Béart vient tout de même la féliciter. Bien qu'il la rassure, la complimente et lui dise qu'elle a su tirer son épingle du jeu, Monique n'en croit pas un mot.

Quelle n'est pas sa joie de constater, le lendemain, que les journaux parlent tous avec enthousiasme de ses interprétations. Paul Carrière écrit dans *Le Figaro*: « Voix ravissante, romantique… mais de la force et du feu ! » André Ransan, de *L'Aurore*, renchérit: « […] un sens dramatique très sûr ». Le critique du *Monde*, Martin Even, n'est pas en reste: « Leyrac… quelquefois piquante et ironique, fantaisiste, nostalgique, espiègle, amoureuse… »

La glace est maintenant brisée et c'est une Monique rassurée qui, chaque soir, pendant les trois semaines qui suivent, chante pour un public venu l'acclamer sans retenue. On dirait que l'aventure lui porte bonheur puisque c'est quelque temps après qu'elle va, comme on l'a lu, succomber aux charmes d'un auteur qui ne sera pas avare de ses textes: Luc Plamondon.

L'aventure Bobino ne se termine pas là. Trois années plus tard, en novembre 1974, on peut voir Monique Leyrac déambuler chaque jour sur le boulevard Montparnasse, bifurquer sur l'avenue du Maine et remonter la rue de la Gaité jusqu'au numéro 14, l'adresse de Bobino, une salle qu'elle connaît maintenant très bien. C'est ici qu'elle donne un spectacle d'une heure et demie sans entracte, cette fois en compagnie de Georges Brassens. Deux heures avant son tour de chant, elle franchit la porte, s'arrête un court instant devant la loge d'un jeune auteur-compositeur portant le joli nom de

Maxime Le Forestier. Comme c'est celui qui la précédera sur scène tout à l'heure, elle lui glisse quelques mots gentils. Puis, dans la loge voisine, elle vient brièvement saluer Georges. Ensuite, Monique s'installe « chez elle », se prépare à son tour de chant, révise ses textes, précise sa gestuelle, fait appel à son pianiste Denis Larochelle pour vérifier quelques passages musicaux. Enfin, elle entre en scène avec ses musiciens et donne à son public le meilleur d'elle-même. Tous les soirs, celui-ci lui fait un triomphe. Chaque soir, elle le remercie, lui accorde quelques rappels avant de se retirer dans sa loge, exténuée et ravie.

Ses relations avec Georges Brassens dépassent la simple courtoisie. On peut les qualifier carrément d'amicales. Certains soirs, après le spectacle, on aperçoit les deux artistes attablés au restaurant *La belle Polonaise*. Ils garderont l'un pour l'autre une affection, un attachement particulier et même si Monique n'a jamais été une interprète de Brassens, elle l'a toujours considéré comme l'un des plus grands créateurs de la chanson française.

Ses collaborations successives avec Béart et Brassens resteront pour elle une période privilégiée de sa carrière parisienne. Ces deux moments l'auront, entre autres, inspirée à créer un genre nouveau qui combine la chanson à texte au théâtre. Le succès exceptionnel de Monique Leyrac au côté de ces deux artistes majeurs permet de rappeler aux Français qu'il y a, outre-Atlantique, une présence, une culture francophone, un amour pour la belle chanson à texte. À Bobino, plus de 30 000 spectateurs auront entendu Leyrac chanter Vigneault et les autres poètes québécois. Qui, à l'époque, peut en dire autant ?

Depuis ses tout premiers voyages en France, Monique, sous l'influence des lectures de Colette, est attirée par la Provence, par la douceur de son climat, par la simplicité de la vie qu'on y mène. Pendant la saison estivale, à l'instar d'une majorité de Français, elle prend des vacances en famille dans ce coin de pays. C'est vers 1974 qu'elle découvre le petit village de Seillans, situé entre Grasse et Draguignan, dans le département du Var. Monique a le coup de foudre pour cet endroit et elle y aménage la maison de ses rêves. Dès les premières semaines, elle oublie les Moutiers, la carrière, les tracas. Sophie vit sa vie de jeune fille libérée, Monique noie ses soucis dans le jardinage, Jean, les siens dans la pétanque et le pastis.

Le temps d'une saison, les activités domestiques de la famille prennent le pas sur tout le reste alors que l'artiste s'affaire à l'aménagement de la maison et aux travaux horticoles. Une vraie passionnée de la rénovation et du jardinage raisonné ! Elle reçoit, elle accueille les amis qui débarquent et séjournent un soir, un week-end, une semaine car, bien que la maison de Moutiers ait été vendue, ceux qui y venaient hier découvrent aujourd'hui le chemin de Seillans.

Mais, surtout, ce village est celui de la liberté retrouvée, cette liberté que Monique a toujours farouchement préservée tant dans sa vie professionnelle que dans sa vie personnelle. L'arrêt sur image qu'elle s'impose en Provence lui donne l'occasion de repenser sa relation avec son mari. Aux Moutiers, le couple a vécu quelques soubresauts orageux. Mais c'est à Seillans que l'union du couple Leyrac-Dalmain commence véritablement à battre de l'aile.

Leur vie commune a duré 27 années. Vingt-sept années d'amour, d'escarmouches, de négociations, de vie familiale, de théâtre, de voyages, de tournées, d'infidélités, de ruptures, de réconciliations. Vingt-sept années qui ont modelé la personnalité de la femme et de l'artiste, 27 années essentielles pour le développement de son talent, pour l'évolution de sa carrière. Vingt-sept années, enfin, qui se sont terminées brutalement par une rupture définitive. Quels sont les éléments qui ont entretenu cette relation hors du commun ?

L'amour du théâtre, d'abord, et de la langue française, un goût commun pour la peinture, la musique et la décoration, une passion pour les antiquités. Celle des voyages également. Ensemble, ils découvrent, entre autres, l'Italie et Ibiza. Ils ne parcourent pas ces lieux en touristes mais ils veulent saisir la vie quotidienne, les courants sociaux, les habitudes des habitants, la musique des langues étrangères… Le plus important sans doute, c'est qu'ils sont fous de leur fille, Sophie, et qu'ils ont à cœur son éducation. Ils ont aussi, de l'aveu de cette dernière, été d'excellents grands-parents.

Le rôle de Dalmain dans cette vie de famille n'est pas négligeable. Avec la fille et la mère, il se pose en pédagogue, devient une sorte de *coach*. En l'absence de Monique, il fait la cuisine et, en tout temps, il s'occupe de l'éducation de sa fille, choisit les écoles, rencontre les professeurs, s'occupe des devoirs. Quand elle devient une jeune adulte, il l'encourage à aller au bout de ses talents. Féministe avant son temps, il la voit libre et la pousse à faire carrière.

Coach, il l'est aussi avec sa femme. Il est le premier à entrevoir le potentiel de Leyrac, à l'imaginer en artiste internationale. Il la compare aux plus grandes tragédiennes. L'idée que l'on puisse, armée d'un tel talent, rêver de lâcher le métier pour planter des fleurs en Provence lui est incompréhensible. Dalmain croit en Leyrac comme personne d'autre, et ce, dès le début de leur relation. Il est présent à tous ses récitals, commente chaque représentation, peaufine, corrige. « Ta mère est une grande artiste », confie-t-il à sa fille, Sophie.

Cette protection un peu étouffante finit pas lasser Monique. On sait qu'elle se rebiffe devant toute forme d'autorité. Elle vit un paradoxe, veut mener sa barque, refuse le rôle d'élève mais, en même temps, elle profite de l'expérience de son mari, se nourrit de ce qu'il lui apporte. Au fil des années, le rapport maître-élève finit tout de même par causer quelques fractures dans le couple.

L'a-t-il aimée ? Sans doute beaucoup plus qu'il ne le laissait croire. Il avait pour elle une admiration absolue et il lui a beaucoup apporté sur le plan artistique, c'est indéniable, malgré ce que Monique a pu en dire par la suite. Mais ce rôle de mentor qu'il tenait a sans doute fini par peser lourd dans la vie du couple. Et, bien sûr, son penchant pour le vin blanc et ses incartades galantes ont contribué pour beaucoup à la détérioration de l'ambiance domestique.

L'aimait-elle ? Peut-on imaginer Monique Leyrac partager si longtemps son quotidien avec un homme sans éprouver un sentiment puissant ? Poser la question, c'est y répondre. Et cela, malgré le fait qu'elle ait minimisé l'influence de Jean Dalmain à l'époque de leur vie commune et qu'elle ait ensuite rayé l'homme de son existence et même jusqu'à son souvenir. Dès le début, il lui a été indispensable. Pour l'autodidacte qu'elle était, pour la « p'tite fille de l'Est » qu'elle avait été, il apportait dans ses bagages de Français de vastes connaissances et une culture exceptionnelle. Il était l'incarnation de ce qu'elle désirait dans la vie. Il a pris la suite de Jeanne Maubourg en devenant son professeur de théâtre. Un metteur en scène à domicile, en quelque sorte. On se doit de souligner, cependant, qu'il a surtout tenu cet emploi au théâtre. Des Molière des débuts jusqu'à *Divine Sarah* au TNM, c'est presque toujours le nom de Jean Dalmain que l'on voit sur l'affiche à côté de celui de sa femme. Son influence a été telle que Monique a fini par parler comme lui et penser théâtre comme lui.

Pendant les années 60, à Montréal, ils symbolisaient le couple d'acteurs exemplaire. Mais, par la suite, comme Monique n'a jamais cessé d'être une rebelle, qu'elle a toujours dit ce qu'elle pensait, qu'elle ne se laissait jamais mener par qui que ce soit, le conflit n'en a été que plus brutal et la cassure, quelque temps après leur retour définitif à Montréal, sans appel.

Quelle direction la carrière de Monique Leyrac prend-elle pendant ces années charnières ? Entre 1968 et 1974, l'artiste n'arrête pas. Enregistrements de quatre disques, dont un en anglais à Londres ; galas parisiens ; tournage avec Geneviève Bujold pour le film de Paul Almond, *The Act of The Heart* ; participations à plusieurs émissions de télévision des deux côtés de l'Atlantique, dont le *Ed Sullivan Show* à New York ; récitals à la Place des nations, au Patriote, à la Comédie-Canadienne et à la Place des Arts, dont un avec l'OSM ; deux tournées au Québec ; *The Threepenny Opera*, de Bertolt Brecht et Kurt Weill, où elle triomphe, pendant un mois, au Festival de Stratford en Ontario. Dans cet incessant va-et-vient transatlantique, on la sent sans cesse en équilibre entre ses grands projets, son besoin pressant de gagner sa vie, ses voyages et ses retours au Québec. Mais malgré le succès réel toujours très vif que suscite chacune de ses apparitions, on devine qu'il manque un fil conducteur menant à l'éclosion d'une véritable carrière internationale, digne de son immense talent.

Il est naïf, voire présomptueux, d'analyser rétrospectivement certains événements et de spéculer sur leurs conséquences, en un mot de réécrire l'histoire. Que serait-il advenu si ? Aurions-nous agi différemment dans tel cas ? Si c'était à refaire, quelle voie choisirions-nous ? Au tournant de la quarantaine, dans la force de l'âge, la chanteuse, la comédienne, la femme Monique Leyrac est à la croisée des chemins. Elle a le sentiment qu'elle doit se renouveler. Mais comment ?

En réalité, elle se cherche.

Tous ceux qui ont connu Monique Leyrac s'accordent à dire qu'elle était, dès son plus jeune âge, particulièrement douée pour la musique et la chanson et qu'elle jouissait d'une intelligence et d'un instinct hors du commun. De plus, elle possédait un atout supplémentaire : des dons naturels tout à fait remarquables pour le théâtre. Au sommet de son art dans son pays, il lui suffisait de pousser quelques mesures d'une de ses chansons-phares pour obtenir l'adhésion d'un public enthousiaste et l'amener au délire à la fin du spectacle. Au théâtre, on la reconnaissait comme l'une des grandes comédiennes francophones de sa génération. Le public anglophone canadien l'appréciait également. On se demande alors pourquoi, dans ces conditions, Monique Leyrac a mis un terme à une carrière internationale déjà bien amorcée ? La réponse est simple : le mot « international » se confond dans son esprit avec « commercial », et cet aspect de son métier, ce que l'on désigne déjà sous le nom « d'industrie culturelle » ne l'intéresse tout simplement pas.

Habiter New York, prendre un chemin qui ne lui est pas naturel, qui laisse peu de place à la vie personnelle, tout cela pour conquérir le public américain ? Son goût du travail, sa force de caractère, ses aptitudes naturelles, tout la destinerait pourtant à emprunter cette avenue glorieuse. Monique s'y refuse. Seule contre tous ceux qui la poussent à choisir la voie royale, elle résiste. Et se cherche.

Sam Gesser, homme de cœur, imprésario de grande expérience, conseiller fidèle et honnête, qui aime et admire sincèrement Monique, qui lui veut du bien et ne songe pas à s'enrichir à ses dépens, essaie vainement de la convaincre. Il a des appuis à Toronto, à New York et à Los Angeles, insiste-t-il. De tous ceux et celles qui reconnaissent un immense talent à la chanteuse québécoise, il est le mieux placé pour lui garantir une carrière internationale.

Rien n'y fait. Dès qu'on la bouscule, Monique Leyrac se braque et refuse de se laisser influencer. La carrière américaine qu'on lui fait miroiter ne lui dit rien qui vaille, les cages dorées ne l'intéressent pas, s'y laisser enfermer ne lui convient pas. Elle préfère tracer son chemin comme elle l'entend, dans les deux pays qu'elle aime, en préservant pleinement son indépendance.

Mais par-dessus tout, elle le sait, elle le sent, elle se cherche.

Et elle se trouve enfin ! En s'inventant une esthétique personnelle, en s'imposant une direction originale, en privilégiant un parcours conforme à ses aspirations, en empruntant de nouvelles voies, en posant des choix en accord avec sa vraie nature. Comme elle en a eu l'inspiration pendant son séjour européen, elle entend maintenant concevoir un nouveau genre de grands spectacles solos qui marieraient la fantaisie, la musique et le théâtre.

Si ce choix l'amène à percer ailleurs, ce sera tant mieux, mais elle ne le sacrifiera pas à des ambitions purement commerciales, aux États-Unis ou ailleurs. Une carrière internationale ? Peut-être. En abandonnant la tradition théâtrale qui est la sienne ? Jamais ! Amoureuse de la langue française, elle imposera son choix, convaincra le public qui voudra bien la suivre.

De retour pour de bon à Montréal en 1978, Monique Leyrac va donner la pleine mesure de son immense talent.

CHAPITRE 24

Seule en scène

« MIROIR, MIROIR, QUI EST LA PLUS BELLE EN CE royaume ? » On se souvient de cette phrase fatidique que la méchante reine du conte des frères Grimm adresse, inquiète, à son miroir.

En ce soir de novembre 1989, dans la loge du théâtre où, presque 10 années après avoir personnifié Sarah Bernhardt dans *Divine Sarah*, elle s'apprête à l'incarner, en anglais cette fois dans *Sarah Bernhardt and the Beast*, Monique se pose peut-être une question semblable : « *Mirror, mirror*, qui est la meilleure en ce pays ? » La réponse du miroir est invariable : « Mais c'est vous, *Majesty* ! »

Oui, c'est elle la meilleure ! Elle l'a souhaité, s'est démenée, a travaillé, a quelquefois sacrifié sa famille, ses amis, ses proches, ses plaisirs, elle s'est battue, s'est démarquée. Enfin, elle est arrivée où elle voulait en venir : au sommet.

La glace de la coiffeuse lui renvoie l'image d'une très belle femme, énergique, féline, intelligente, au charme indéniable. À 61 ans, Monique Leyrac est devenue l'une des plus grandes artistes de son époque. De plus, elle sait jouer de tous ses atouts, physiques, psychologiques et intellectuels, qu'elle a l'intelligence et la sagesse de mettre au service de son art.

Déjà, au début des années 70, elle avait pris conscience que son meilleur avantage, c'était encore elle-même. Elle savait d'expérience que les disques, les spectacles et les tours de chant qui allieraient exigence artistique et succès populaire seraient ceux qu'elle concevrait, qu'elle mettrait en scène et qu'elle dirigerait. Au fil des années, elle avait appris à se méfier de celles et ceux qui prétendaient mener sa carrière. À l'avenir, et à l'exemple de ce qu'elle avait toujours fait dans sa vie personnelle, c'est elle qui tiendra fermement les rênes de sa vie professionnelle.

Très tôt, elle n'avait eu qu'un projet en tête : le théâtre. Le vrai. Dès son plus jeune âge, la magie des mots l'avait fascinée, les textes des livres l'avaient enchantée. Puis, elle avait découvert les joies du music-hall, la chanson étant pour elle un plaisir léger, un peu réducteur. Elle avait ensuite rencontré ses auteurs fétiches et compris la puissance du texte, les sentiments des poètes portés par la force de la musique. Pour elle, une chanson n'était artistique que si elle était théâtrale. Déjà, en 1968, le redoutable critique de *La Presse* Claude Gingras avait bien saisi cette dimension chez l'artiste quand il avait écrit que « [Leyrac est] une comédienne qui chante ou plutôt qui interprète un texte étayé de musique ».

Pour Monique Leyrac, le texte est tout. Elle ne l'apprend pas par cœur comme un perroquet, elle le lit, le relit en profondeur, elle s'en imprègne et le vit avant de l'offrir au public. Directement, sans intermédiaire. Elle lui fait vivre les sentiments que l'auteur a voulu exprimer. Le texte est théâtre mais la musique l'est aussi. Celle-ci porte les vers, ceux-ci en portent le sens et le sens porte les intentions de l'auteur. On peut dire de Monique Leyrac que, sur scène, elle devient une sorte de « médium », comme l'est Glenn Gould. Tout comme ce dernier ne joue pas de notes mais s'imprègne de la forme, de l'harmonie, du contrepoint, des intentions mystiques de la musique de Bach, Monique se pare des habits du poète qu'elle interprète. Son art est inspiré de deux écoles : le music-hall, avec la chanson et le cabaret, et le théâtre, avec l'interprétation du texte parlé et le jeu scénique. Mais dans les deux domaines, le texte est son maître. Elle le déchiffre comme une partition, pour en découvrir le sens profond, voulu par l'auteur. Le même mot n'a pas le même sens chez Corneille que chez Tremblay, il n'a pas la même portée poétique pour Vigneault que pour Nelligan. Une fois qu'elle a compris cela, elle se met dans la peau du personnage, elle expérimente des intonations, se donne du souffle, adopte une attitude. Ce qui nous éclaire sur un des mystères de son art : sa prodigieuse élocution. Monique Leyrac peut chanter un couplet ou lancer une tirade à une vitesse ahurissante. Le spectateur au dernier banc de la dernière rangée n'en perdra pas une seule syllabe et, surtout, en saisira tout le sens. Écoutez son interprétation des paroles de Michel Conte sur la Valse minute de Chopin et vous comprendrez !

Le texte donc, d'abord et avant tout, dans ses moindres ramifications, sa complexité, son sens profond. Depuis longtemps, Monique a fait de ce principe esthétique le grand moteur de sa vie professionnelle, une ascèse permanente, son exercice quotidien.

Déjà, à la Comédie-Canadienne, en 1965 et en 1970, elle avait esquissé une manière originale de présenter ses chansons en leur donnant une teinte théâtrale, en mettant en scène chacune d'elles comme autant de petits morceaux dramatiques. Le 16 mars 1970, dans *Photo Journal*, le réalisateur

Jean Bissonnette déclarait : « Son don de comédienne qui détaille ses chansons font d'elle la plus grande interprète qu'on a ici. » Les autres éloges du public et des journalistes étaient de la même eau et avaient achevé de la convaincre. Elle était sur la bonne voie !

En 1974, elle va pousser sa réflexion plus loin encore, alors qu'une idée novatrice germe en elle. Elle va créer un genre nouveau : la chanson-théâtre. La carrière tracée d'avance ne lui dit rien ? Le star-système ne l'attire pas ? La superficialité du milieu artistique lui répugne ? Eh bien ! qu'à cela ne tienne, elle va s'inventer un nouveau cadre !

Depuis longtemps, elle s'intéresse à Émile Nelligan, ce poète québécois qui, bien que faisant partie de la mémoire collective, est un peu oublié du grand public. Cette œuvre poétique, exigeante et fiévreuse, va lui permettre, pense-t-elle, de dessiner un spectacle à sa mesure. Elle lit sur le sujet, compulse des notes, étudie, rédige, bref, découvre le parcours du poète à la manière d'une universitaire. Du même souffle, elle apprend que son ancien accompagnateur André Gagnon, admirateur de Nelligan, a composé des musiques sur quelques textes du poète. Elle propose au musicien de poursuivre sur sa lancée en créant suffisamment de mélodies pour justifier la tenue d'un spectacle complet. Gagnon se laisse séduire par l'idée – comment refuser pareille commande venant de sa chanteuse fétiche ? – et s'attèle à la tâche.

Dès la livraison des premières chansons, Monique se les approprie, les fait siennes. Elle s'enferme dans une salle de répétition au sous-sol de la Place des Arts et s'emploie à sculpter ce qui va peu à peu devenir un spectacle nouveau genre, à mi-chemin entre le tour de chant, le récital poétique et le théâtre. Elle s'est entourée de deux musiciens en qui elle a une confiance absolue : le fidèle Denis Larochelle et Yvan Ouellet, qu'elle connaît depuis quelque temps. Le premier est son accompagnateur depuis 1968 et le restera jusqu'au début des années 80, ce qui en fait son complice le plus constant. Le second charme Monique par sa sensibilité particulière et sa vision poétique de la vie.

Les trois complices se rencontrent quotidiennement, travaillent à leur création collective. Dès la première ébauche de l'œuvre, une évidence apparaît : *Nelligan* sera un spectacle d'une très grande sobriété, mettra en lumière l'œuvre du poète quelquefois récitée, quelquefois chantée, et il sera porté par les musiques de Gagnon. Côté jardin, côté cour, deux pianos se font face. Au centre de la scène, entre les pianistes, l'interprète se détache en pleine lumière. Chaque texte, chaque chanson fait l'objet d'un soin particulier, chaque détail est minutieusement travaillé et chacun y apporte son inspiration, ses idées, son talent. Tout en respectant le style si caractéristique des mélodies du compositeur, les accompagnements musicaux des poésies chantées sont conçus de manière à leur donner une allure plus classique encore, à les rendre résolument universelles.

La première du spectacle a lieu au printemps de 1974, au Patriote, la petite boîte de la rue Sainte-Catherine. L'exigüité du lieu accentue le caractère quasi mystique de cette plongée dans le monde de Nelligan. Les textes parlés s'enchaînent aux chansons, aux interludes instrumentaux, sans interruption, d'un trait, sans applaudissements. La salle est plongée dans le noir absolu et le silence du public est si parfait que les deux pianistes ont l'impression qu'ils jouent pour eux seuls et pour la chanteuse, habitée, ensorcelante. Après cette grand-messe poétique, ceux qui y ont assisté sortent du Patriote *groggy*, avec la nette impression d'avoir assisté à quelque chose de complètement inédit, un moment de grâce, et d'avoir été conviés privément dans l'univers du poète. Monique a su les charmer, les envoûter.

La critique est dithyrambique. On parle d'un spectacle nouveau genre. On souligne le respect de l'artiste pour son public et inversement. Chose rare, on remarque le talent des accompagnateurs, les arrangements originaux, le dialogue des pianos. Le succès est tel que le spectacle sera repris l'année suivante au Gesù. En 1978, c'est à Paris, au petit Théâtre de l'Odéon, que la chanteuse refait *Nelligan* sous le titre *Le mai d'amour*. Pendant cinq semaines, uniquement grâce au bouche-à-oreille, le théâtre est bondé de spectateurs enthousiastes à qui elle fait découvrir et apprécier la langue du poète. Encore une fois, les critiques sont unanimes. Les journalistes du *Monde*, de *L'Aurore*, de *La Croix*, du *Quotidien de Paris* rivalisent d'hommages et de compliments, celui du *Figaro*, Norbert Lemaire, allant jusqu'à écrire que « [Monique Leyrac] dit et chante avec une telle conviction qu'on est emporté, soulevé et finalement harassé par le destin tragique de cet immense poète que fut Émile Nelligan. » C'est ainsi que, jusque dans les années 80, à l'Outremont, à la Place des Arts et dans d'autres salles, au pays et ailleurs, Monique Leyrac remet Nelligan à l'honneur, en le réhabilitant, en lui redonnant la place qu'il mérite dans le cœur des Québécois et en le faisant découvrir et admirer des publics étrangers.

Ravie que la poésie fasse encore courir les foules, Monique s'attèle à un second spectacle solo qui lui tient à cœur et qui sera consacré à l'œuvre de Félix Leclerc, ce Félix qu'elle chérit depuis si longtemps. Une fois de plus, de la manière la plus rigoureuse qui soit, Monique prépare son projet en amont. Comme elle l'a fait pour *Nelligan*, elle s'est efforcée de rendre justice au grand Félix en le représentant comme le poète authentique qu'il est et non en véhiculant l'image un peu folklorique que plusieurs gardent de lui, celui d'un vieux barde à guitare. C'est à cette occasion qu'elle rencontre Marie Bernard, musicienne émérite. Des affinités naturelles, le sens de la rigueur, un amour partagé pour les beaux textes et la musique de qualité ont rapproché les deux femmes. Sur scène, Marie se fait valoir au synthétiseur, au mélodica et à la flûte à bec, mais surtout aux ondes Martenot, cet instrument mystérieux que Monique a découvert jadis en Europe. Trois autres musiciens complètent l'effectif de ce petit orchestre insolite : Jacques Beaudoin à la contrebasse, Jean-Michel Préfontaine au violoncelle et, au piano, Denis Larochelle qui dirige tout ce beau monde et qui a conçu les orchestrations.

On sait le respect que Denis Larochelle a pour Monique, le dévouement qu'il lui porte. Il faut souligner ici la qualité d'un travail d'une grande intelligence et d'une magnifique sensibilité, le pianiste ayant su percevoir, dans les musiques de Félix Leclerc, cette vision cinématographique dont le poète ne s'est jamais départi. Félix raconte des histoires, il les met en scène en trois minutes, les traduit en images et fournit la musique de l'action. C'est un homme de théâtre, cela résume son art. Denis Larochelle se sert de ce somptueux matériel et le met en lumière avec des moyens instrumentaux modestes, des orchestrations et des arrangements d'une justesse absolue. On comprend pourquoi l'œuvre de Félix portée par l'écriture musicale imagée de Larochelle convient tant à la démarche théâtrale de Monique Leyrac.

Le spectacle s'ouvre sur un gramophone des années 50 qui crachote la voix d'un Félix de 35 ans fredonnant *Le petit bonheur*. Cela permet à Monique de jouer sur les contrastes, en juxtaposant l'image déjà ancienne de Félix avec la jeunesse et l'universalité de ses textes. Le ton est donné : une ambiance poétique faite de nostalgie, d'amour de la musique, celle de Schubert en particulier, de malice, d'humour, de mélancolie et de joie, facettes essentielles de l'univers du poète. Mais ici encore, à l'instar de ce qui a été fait pour *Nelligan*, la conception musicale et l'interprétation des chansons sont très éloignées de la manière de Félix, de sa palette de couleurs. Une fois de plus, l'artiste s'est approprié de la plus habile façon l'œuvre remodelée d'un grand créateur avant de l'offrir à son public. Si l'on veut en être convaincu, le disque existe toujours, chez Analekta, un incontournable pour qui souhaite s'offrir une nouvelle lecture de l'œuvre de Félix et comprendre la démarche de Monique Leyrac.

En janvier 1977, le soir de la première, la chanteuse ne peut cacher sa joie de voir arriver, dans sa loge du Grand Théâtre de Québec, un Félix Leclerc ému aux larmes, enthousiasmé par le moment inoubliable que Monique vient de lui faire vivre. « J'avais le beau sentiment que tu redonnais à toutes mes chansons un coup de jeunesse que je ne croyais plus possible. Merci ! » lui dit-il en l'embrassant. Quelques jours plus tard, Monique recevait un magnifique texte de reconnaissance du poète.

Pour le grand créateur qu'a été Félix Leclerc, Monique Leyrac a pris la forme d'un personnage romanesque. C'est elle « la fille de l'île » de sa chanson. Il a pour elle une profonde admiration et la considère comme la plus grande interprète de ses chansons, une artiste absolue. Le jugement qu'il porte sur elle n'a jamais fléchi et, toute sa vie, dès lors qu'il voulait confier à quelqu'un le soin d'interpréter une nouvelle chanson, c'est vers Monique Leyrac qu'il se tournait. Cette dernière aime beaucoup Félix et son œuvre, et elle a toujours été honorée de l'intérêt que le poète lui porte. L'un pour l'autre, ils ont été de grands amis, des compagnons de fêtes mémorables, des complices de moments plus graves. Personne plus que Félix, qui en tirait beaucoup de plaisir, n'a autant fait rire Monique.

En 1979, pour faire suite à *Nelligan* et à *Félix* mais, cette fois, dans un style plus léger, Monique donne le coup d'envoi de *Ragtime*. Dans ce spectacle complètement déjanté, en compagnie d'un nouveau pianiste, Gaston Brisson, qui conçoit les arrangements, elle renoue avec les joies et les délires du music-hall. Tous les soirs, Brisson nous irradie avec sa technique éblouissante, accompagnant une Monique qui s'éclate totalement en revivant les beaux souvenirs de sa jeunesse.

Si le spectacle concept correspond bien aux aspirations artistiques et au désir de liberté de Monique Leyrac, celle-ci n'aime pas se répéter. Quelques années plus tard, elle crée un autre spectacle qui englobe poésie, chanson, théâtre et musique, cette fois-ci inspiré d'un univers bien loin de celui du poète de l'Île d'Orléans, celui de Charles Baudelaire. Monique propose à son ami musicien, le doux Yvan Ouellette, de l'accompagner dans cette nouvelle aventure intitulée *Des paradis artificiels*. Depuis ses années étudiantes au séminaire de Rimouski, le pianiste voue à Monique une admiration passionnée. Fils d'un père multi-instrumentiste, il n'a jamais osé rêver qu'un jour il collaborerait de très près avec celle qu'il considérait déjà comme la plus grande artiste du Québec. Cela survient pourtant au début des années 70 quand on lui demande de remplacer au pied levé le pianiste de Monique, Frank Dervieux. Dès les premiers instants, le courant passe. Une conception commune du travail bien fait, une vision poétique de la vie, la recherche de la perfection, tout les rapproche. Et comme Yvan ne cache pas son adulation pour la diva, cette dernière donne son accord quand Denis Larochelle lui propose d'engager son collègue pour

Nelligan. Le nouveau venu ne déçoit pas : en plus de son rôle d'accompagnateur, on lui doit l'interprétation de plusieurs pièces du répertoire classique, notamment la redoutable *Balade en fa mineur*, de Chopin.

Le 2 septembre 1981, *Des paradis artificiels* ouvre la toute nouvelle salle de la Place des Arts, le Café de la Place. Le public est conquis par cette poésie écrite, notamment, sous l'influence de l'opium. « Sur scène, se souviendra plus tard Yvan Ouellette, les mots de Baudelaire se posaient délicatement sur le public comme des objets concrets, portés par les vapeurs de la drogue. C'était hallucinant, littéralement. On avait l'impression d'apercevoir chacune des syllabes des vers du poète tomber de son cerveau embrumé pour ressortir par l'âme d'une interprète possédée par quelque force extérieure. Le public était abasourdi. Puis, Monique enchaînait les chansons mises en musique par Ferré que j'avais arrangées pour piano. Là aussi, sa voix prenait des teintes qui dépassaient le réel, des inflexions d'éternité. Il m'arrivait souvent d'être ému aux larmes, même si j'assistais chaque soir au même miracle poétique ! »

Oui, le prodige est quotidiennement au rendez-vous, et ce, malgré les problèmes de santé des deux protagonistes. Une semaine, c'est Yvan qui est terrassé par un lumbago à ce point sévère qu'on doit le porter sur scène à bras-le-corps et le déposer sur une chaise capitonnée pour que le spectacle puisse avoir lieu. Une autre semaine, c'est Monique qui peine à endurer une douloureuse crise de sciatique.

En 1983, le pianiste Denis Chartrand fait la connaissance de Monique. Il parle de cette rencontre comme d'un événement majeur de sa carrière. Celle-ci vient de publier une courte autobiographie, *Mon enfance à Rosemont*. À des fins promotionnelles, elle a accepté d'en lire quelques extraits à la radio de Radio-Canada. Pour l'occasion, l'animateur de l'émission lui suggère d'être accompagnée par des interventions de musique originale. Un jeune compositeur lui est présenté. Denis Chartrand est dynamique, sympathique, enjoué et si ému de travailler avec sa vedette favorite que Monique, d'abord un peu réticente, se laisse finalement séduire. Portée par les musiques de Chartrand, l'émission connaît un tel succès que la chanteuse lui propose de participer à *1900*, le nouveau spectacle qu'elle a imaginé à partir de chansons du début du siècle.

En étroite collaboration avec son nouveau pianiste, Monique amorce le travail, choisit les chansons, scénarise les textes, commente les accompagnements et exige de Denis Chartrand qu'il se mette à l'accordéon ! Lui qui, pour rien au monde, ne voudrait décevoir cette grande artiste qui l'impressionne, peine et sue sang et eau pour finir, quelques semaines plus tard, par apprivoiser l'instrument. Tout cela se fait dans la joie et l'humour. Décidément, Monique s'est prise d'affection pour son nouveau complice, qui a l'impression de vivre un rêve. Elle se confie à lui, lui laisse entendre qu'elle se trouve trop vieille déjà pour continuer à chanter sinon à faire du théâtre. Denis n'en croit pas ses oreilles ! Elle, une artiste si vivante, si pleine d'énergie encore, une voix inégalée, dure à l'ouvrage, se levant tôt, se couchant souvent aux aurores !… En tournée, les deux font la fête, sortent au restaurant après le spectacle, boivent du vin sans que jamais rien transparaisse ou vienne troubler la discipline de travail. On a vu qu'à ce chapitre Monique est intraitable.

« Elle m'a donné quelques conseils, que j'ai suivis, conclut Denis Chartrand. Après l'avoir côtoyée, j'ai complètement changé la vision de mon métier. » On conçoit que, bien que

Monique Leyrac ait eu ses têtes ou parfois des états d'âme, elle cultive un faible pour ses pianistes. C'est son côté tendre !

Un autre de ceux-ci mérite une attention particulière. Homme de culture aux multiples talents, Jean Marchand se démarque autant comme comédien que comme musicien. En 1983, la réalisatrice Danièle Suissa, à la demande de Radio-Québec, tourne une adaptation de *Divine Sarah* pour le petit écran. Un ami commun présente Jean à Monique.

— Très heureuse de faire votre connaissance, lui dit-elle. Vous tombez à pic, mon pianiste-accompagnateur Denis Chartrand n'est pas disponible pour les prochaines représentations de *1900*, mon spectacle sur Aristide Bruant et son époque. Ça vous dirait de le remplacer ?

Sans lui donner le temps de répondre, elle continue sur sa lancée, lui parle de théâtre, d'accordéon, de chansons, de musique, de poésie, bref, elle l'enjôle comme elle seule sait le faire. Jean, subjugué, tombe sous le charme de cette diva qu'il révère.

Dès le lendemain, ils se mettent au travail et le pianiste expérimente la méthode Leyrac : travail, cisaille, détail ! Mais à la grande joie de Monique, il en redemande, la relance, lui donne son avis, révise les textes, suggère des modifications musicales, des idées de mise en scène. Un climat de confiance mutuelle s'établit dès les premières répétitions. Ce sera le début d'une indéfectible amitié.

Cela n'empêche pas Monique de diriger les opérations, comme elle en a l'habitude. Le soir de la première de cette nouvelle mouture de *1900*, Jean, mort de trac, trébuche dans le duo qu'il fait avec Monique. Mécontente, la chanteuse souligne la piètre performance à son complice, qui promet de se reprendre le lendemain. Il n'y aura pas de reprise. Le lendemain, Monique annonce à Jean qu'elle coupe la chanson. Tout simplement. Penaud, Jean doit se contenter de son rôle d'acteur de soutien et d'accompagnateur à l'accordéon et au piano, ce qui n'est pas rien tout de même !

Ce spectacle solo, qui lui rappelle le répertoire monté en collaboration avec Thériault et Dalmain au début des années 60, est un franc succès, comme tous ceux qui ont précédé. À travers les chansons et les poèmes d'Aristide Bruant, les évocations d'Yvette Guilbert, de la Goulue et des poètes de son époque, le public s'imprègne de l'atmosphère des cafés concerts fin de siècle, avec, en toile de fond, des tableaux de Toulouse-Lautrec et des affiches du Moulin-Rouge. Ne manquent que les vapeurs d'absinthe ! Le spectacle donne lieu à une tournée au Québec, à des représentations à Toronto ainsi qu'à une adaptation télévisuelle à Radio-Québec.

En 1988, Monique Leyrac présente l'une de ses dernières créations. Admiratrice de Brecht, éprise de la poésie de Prévert, Européenne de cœur comme de raison, elle a l'idée d'associer le poète français et le dramaturge allemand en jetant une sorte de pont poétique entre les deux. Toujours en compagnie de son fidèle Yvan Ouellette, elle s'attèle à l'ouvrage. Les deux sont infatigables et ne comptent pas leurs heures. Le pianiste peine à l'ouvrage, cisèle, rature, recommence. Il faut dire que les musiques de Weill et de Kosma sont très complexes. Encore une fois, comme pour les spectacles précédents, *Paris-Berlin* ravit le public et les critiques. Tous conviennent que Monique Leyrac a réussi brillamment à réaliser sur scène la réunification franco-allemande et cela peu de temps avant la chute du Mur de Berlin !

À l'aube des années 90, au-delà de l'admiration suscitée par ce que Monique a accompli dans les quinze années précédentes, il faut aussi applaudir la place qu'elle a donnée aux jeunes musiciens qui l'ont entourée. Peu d'artistes ont, comme elle, accordé tant d'attention à la relève. Dans ce domaine aussi, elle a été visionnaire. Ce n'est pas là son moindre mérite !

Ces présences juvéniles à ses côtés la stimulent et lui donnent des ailes. La rassurent, aussi. Parfois anxieuse, elle réfléchit à voix haute, partage ses doutes créatifs devant ses jeunes collaborateurs, s'interroge sur la capacité de son public à saisir la véritable portée de ce qu'elle s'efforce de lui transmettre. Ce public qui l'applaudit depuis 15 années dans ses spectacles multidimensionnels est-il conscient qu'il a devant lui bien plus qu'une chanteuse de variétés, qu'une actrice de théâtre ? Trente années plus tard, laissons la parole à son fidèle Yvan Ouellette. « Monique Leyrac a inventé, dans les années 70, un genre de spectacle unique au monde. Peu de gens ont eu la capacité de comprendre le phénomène, à l'époque. On est passé à côté de quelque chose de très important dans le Québec d'alors, tourné sur lui-même, tandis que Leyrac proposait au contraire, sur scène, une vision ouverte sur le monde, résolument universelle. Sur le plan artistique, Monique était une sorte d'hybride entre Barbra Streisand, Édith Piaf et Sarah Bernhardt. Elle était en avance sur son public. On se plaît à imaginer ce qu'aurait pu être une collaboration entre elle et Robert Lepage. Quant à moi, j'affirme que Monique Leyrac est un élément méconnu de notre patrimoine national. »

CHAPITRE 25

Salut l'artiste !

En 1987, quand on lui demande à quoi elle occupe son temps, Monique répond par une boutade : « Je joue une chipie ! » Et elle ajoute avec un demi-sourire : « J'adore ça ! » Cette réponse en forme de provocation pourrait être lancée par le personnage qu'elle accepté de jouer dans le très populaire téléroman de Lise Payette, *Des dames de cœur*. Elle personnifie Laurence Trudel, flamboyante tigresse dans la jeune cinquantaine, impitoyable avec ses semblables, distillant des méchancetés et semant la zizanie. Ce contre-emploi l'amuse et la repose, en plus de lui permettre de vivre confortablement !

Il faut quand même avouer que les artifices du petit écran ne suffisent pas à la combler : le cadre des continuités est trop exigu pour ses exigences artistiques. À la fin des années 80, à l'approche de la soixantaine, le théâtre continue de l'habiter. Toujours lucide, Monique réalise que la plupart de ses accomplissements professionnels sont derrière elle et elle sent qu'il est temps de préparer sa sortie, qu'elle souhaite définitive et… théâtrale !

Oui, théâtrale ! Parce qu'elle veut quitter la scène avec panache et que le théâtre demeure sa passion première. Pour quelques années encore, elle désire vivre l'ivresse des soirs de première et sentir le cœur du public, de son public, battre à l'unisson avec le sien. Sans renier pour autant sa carrière de chanteuse, c'est tout naturellement vers l'art dramatique que ses derniers gestes professionnels se porteront.

Au cours des quinze dernières années n'a-t-elle pas fait alterner ses célèbres spectacles concept avec des pièces de théâtre du répertoire ou créées à son intention ? Dès 1975, elle choisit *Madame Marguerite*, du Brésilien Roberto Athayde, une pièce qui, adaptée par Jean-Loup Dabadie et défendue par Annie Girardot, avait fait un tabac à Paris. Mais comme avec Monique Leyrac rien n'est jamais tout à fait simple, elle s'avise que l'adaptation de Dabadie ne convient ni au public québécois ni à elle-même. Elle demande donc à Michel Tremblay de réécrire le texte pour qu'elle en soit pleinement satisfaite. Quelques semaines plus tard, *Madame Marguerite*, rebaptisée *Mademoiselle...* en version québécoise, est prête à subir l'épreuve des planches.

Sous les traits de Marguerite, maîtresse d'école atypique, Monique est irrésistible de drôlerie et de finesse. Il faut dire que l'adaptation de Tremblay est particulièrement réussie. Truculente, ne doutant de rien, et surtout pas d'elle-même, l'extravagante pédagogue inculque à ses jeunes élèves des principes très éloignés de ceux qui sont habituellement énoncés sur les bancs d'une école conventionnelle. Pour le plus grand plaisir du public et de l'actrice, un vent de liberté totale souffle sur le théâtre québécois. Tous s'en donnent à cœur joie, et cette première expérience de pièce à un personnage s'avère un franc succès pour l'actrice.

Une fois de plus, la mise en scène de la pièce est signée Jean Dalmain. Malgré des moments de très grande tension dans leurs vies personnelles, Leyrac et Dalmain atteignent ici un sommet de leur association professionnelle. On ne peut qu'admirer leur travail sur ce texte, ses ressorts, son potentiel comique. Une fois de plus, ils arrivent à saisir la vérité d'une situation, d'un personnage. Il faut souligner, chez Monique Leyrac, seule en scène, une compréhension profonde du texte, ce sens du *timing* qui lui vient du cabaret. Le travail très précis de l'actrice et du metteur en scène ne peut que mettre en valeur l'action théâtrale portée par la langue de Michel Tremblay.

À la même époque, au printemps 1975, Monique est invitée au Centre national des Arts d'Ottawa pour assister à *Divine Sarah*, un spectacle qui l'attire particulièrement et dans lequel la grande actrice Denise Pelletier incarne Sarah Bernhardt. Une icône ! Monique est curieuse de voir comment cette camarade qu'elle estime interprétera le personnage. Trois heures plus tard, à la sortie du théâtre, notre chanteuse s'esquive rapidement afin d'éviter les questions indiscrètes des journalistes comme « Que pensez-vous de la pièce ? » ou « Que dites-vous de l'interprétation de Madame Pelletier ? » Autant d'interrogations auxquelles elle refuse de répondre. D'autant plus qu'elle a trouvé le jeu de Denise Pelletier assez quelconque. Monique affirmera plus tard que les personnalités respectives de la tragédienne française et de la grande comédienne qui l'avait alors personnifiée étaient incompatibles. Ajoutons que Denise Pelletier, déjà gravement malade, donnait là son ultime spectacle et qu'elle n'était sans doute pas au meilleur de sa forme.

Quant à la pièce de Jacques Beyderwellen, un auteur peu connu, Monique lui reconnaît certaines qualités. « Il faudrait repenser tout cela, songe-t-elle, revoir la mise en scène, rendre le personnage de Sarah plus dynamique, plus cohérent. Surtout devrait-on choisir, pour le camper, une interprète qui puisse se glisser aisément dans la peau de la grande tragédienne française, une sorte de jumelle ? Et pourquoi pas une réincarnation ? Tiens donc ! »

À la suite du décès de Denise Pelletier, l'année suivante, Monique prend contact avec Beyderwellen, qui lui accorde les droits d'interprétation et d'adaptation de sa pièce, ravi d'en prolonger l'existence, servie par une telle interprète. À son habitude, Monique se lance dans l'aventure avec ardeur, entreprenant de nouvelles recherches sur Sarah Bernhardt, allant jusqu'à écumer les boutiques de nombreux antiquaires afin de glaner objets et accessoires datant de la Belle Époque. La grande interprète se sent comme un poisson dans l'eau dans cette suite de tableaux inspirés de la vie de la Divine, chantant sublimement les œuvres de Rossini et de Reynaldo Hahn. Elle revêt les habits de la vedette du théâtre français, s'identifie volontiers à elle, imagine sa vie, emprunte ses pas, réinvente sa démarche, allant jusqu'à imiter sa voix, qu'elle a entendue sur des enregistrements d'archives.

De 1977 à 1982, Monique Leyrac défendra *Divine Sarah* sur les scènes les plus diverses, de l'Île d'Orléans à Toronto, où elle en donnera une représentation en anglais. Une anecdote amusante illustre, une fois de plus, l'aisance et la présence d'esprit de Monique Leyrac sur scène. Au beau milieu d'une représentation au Théâtre de l'Île d'Orléans, un violent orage éclate, faisant un tel vacarme sur le toit de la grange transformée en théâtre que la comédienne peine à se faire entendre. Sans abandonner son personnage de Sarah, elle s'interrompt et, apostrophant les éléments, déclame : « C'est l'orage ou moi ! » Puis, bien droite, sans un mot de plus, elle attend patiemment que le ciel se calme. Elle a droit à une ovation spontanée ! Les dernières représentations de la pièce auront lieu au TNM, dans une mise en scène qui sera la dernière que Jean Dalmain fera pour Monique Leyrac.

Mais la cohabitation de Monique et de Sarah Bernhardt n'est pas terminée puisque, vers la fin des années 80, son fantôme revient la hanter. À la côtoyer quotidiennement comme elle l'avait fait jadis, Sarah était devenue une amie, son ombre, son *alter ego*, presque sa jumelle. Peu à peu, cette promiscuité lui avait fait prendre conscience que le texte qu'elle défendait, s'il mettait en lumière les aspects amoureux, éclatants, triomphants de la vie de la tragédienne, omettait toutefois ses côtés plus sombres, passant sous silence son anxiété permanente, sa peur du public, son trac légendaire. C'est cette réalité, escamotée par l'auteur Beyderwellen, que Monique, toujours assoiffée d'exactitude, avide de rigueur, souhaitait un jour révéler à son public.

Au cours de ses séjours au Festival de Stratford, en Ontario, elle fait la connaissance de Michael Bawtree. D'origine australienne, cet écrivain prolifique, installé au Canada depuis le début des années 60, est bien connu de l'intelligentsia anglo-canadienne. Critique, metteur en scène et auteur à succès, il est, selon Monique, la personne tout indiquée pour révéler au grand jour le côté trouble du caractère de la grande tragédienne française. Avec la force de conviction dont elle sait faire preuve, Monique obtient une subvention publique et convainc Bawtree d'écrire une seconde mouture de la vie de Sarah, en contrepoint à la première qu'elle a si brillamment portée. C'est ainsi que naît la pièce *Sarah Bernhardt and the Beast*, montée d'abord en anglais puis traduite, plus tard, en français sous le titre *Sarah Bernhardt et la bête*.

L'osmose est si parfaite entre les deux femmes que certaines lettres d'admiratrices et d'admirateurs destinées à

Monique Leyrac sont adressées à Madame Sarah Bernhardt. Monique les parcourt en diagonale. « J'aurai bien le temps de lire tout cela quand j'aurai 80 ans », se dit-elle, en déposant les enveloppes dans ce qu'elle appelle sa « boîte à souvenirs », pleine de lettres personnelles, la plupart non décachetées. On lui écrit de partout : des artistes, des célébrités, des camarades, des parents oubliés, des inconnus. Elle reçoit des missives de Toronto, Paris, Vancouver, mais aussi de Saint-Georges de Beauce, Roberval, Val-David, Rivière-des-Prairies. Ces mots lui réchauffent le cœur dans les moments de doute, mais Monique n'a pas de temps à consacrer aux applaudissements privés, aux coups de chapeau individuels, aux admirations particulières. Son élan naturel la porte vers les foules, les acclamations de masse.

En 1990, cela fait plus de 20 années que Monique n'a pas participé à une pièce de théâtre où elle ne soit pas seule en scène. Et pour cause, puisque l'artiste complète qu'elle est devenue ne s'épanouit jamais autant que lorsqu'elle est seul maître à bord. Pourtant, une femme de théâtre va réussir à la convaincre de renouer avec ses sources, qui l'ont vue partager la scène avec tant d'acteurs de talent.

Femme de théâtre accomplie, Lorraine Pintal a alors déjà signé près d'une dizaine de mises en scène et elle a obtenu un beau succès d'actrice avec *Madame Louis 14*. Elle a du bagout, de l'énergie et elle sait convaincre. Elle va le prouver en persuadant Monique Leyrac de jouer le personnage de Bélise dans *Les Femmes savantes*, de Molière, au théâtre Denise-Pelletier. Pintal évoque une entrevue à la radio étudiante du cégep de Granby où les deux femmes avaient sympathisé. Puis, elle sort un as de sa manche : sa mise en scène, dit-elle, prévoit une Bélise chantante. Le rôle ne peut être tenu que par une comédienne qui sait très bien chanter. Monique est séduite !

La voici donc transformée en célibataire sur le retour, toute de grâce et de séduction, qui croit que les jeunes hommes qui se pressent à ses côtés sont amoureux d'elle. On l'imagine volontiers se délectant discrètement de leurs regards langoureux, mais les véritables admirateurs sont dans la salle ! Il faut entendre les applaudissements quand elle fait son entrée et qu'elle entonne l'aria dont la musique a été écrite, pour l'occasion, par le compositeur habituel de Lorraine Pintal, Philippe Ménard, sur un texte de Molière.

Tout se passe donc à merveille pour Monique. Elle est charmante, détendue, drôle, attentive à celles et ceux qui l'entourent. On la sent très en confiance avec sa metteure en scène, réceptive à ses indications, disciplinée, sans jamais céder à quelque mouvement d'humeur. Par ailleurs, se prévalant de sa grande expérience scénique, elle se permet à l'occasion de materner la jeune femme, lui prodiguant volontiers des conseils que cette dernière accepte de bonne grâce.

Ces retrouvailles avec le théâtre de sa jeunesse vont lui donner le goût de récidiver quelques années plus tard, avec la création d'une pièce de Michel-Marc Bouchard, ce dramaturge dont elle a entendu parler à la suite du succès de ses pièces, dont *Les Feluettes* et *Les Muses orphelines*. Cette rencontre va donner naissance à une très belle histoire d'amitié, qui se poursuit encore aujourd'hui.

Pourtant, en 1994, quand ils font connaissance, l'affaire semble mal engagée. Après avoir lu la pièce, Monique se pointe au restaurant L'Express, où l'auteur et son metteur en scène, René-Richard Cyr, lui ont donné rendez-vous. Enturbannée, lunettes fumées sur le nez, elle toise les deux hommes du haut de son statut de star et critique abondamment le texte qu'elle vient de lire. Quelques passages ne correspondent pas à la réalité des années 50, période à laquelle se déroule l'action. Elle est incapable de dire certaines phrases du texte. Elle souligne plusieurs incongruités, comme ces allusions aux danseuses du Faisan Doré, alors que, Monique est bien placée pour le savoir, personne ne dansait dans le club de nuit de ses débuts.

Patiemment, humblement, gentiment, les deux hommes finissent par convaincre Monique d'accepter le rôle proposé. Des passages seront réécrits, d'autres précisés, lui promettent-ils. Cette première rencontre se termine dans la joie et la détente. À telle enseigne que l'auteur, gagné par l'enthousiasme, se met à tutoyer la vedette. Sans lui donner le temps de s'aventurer plus avant sur ce terrain glissant, Monique lui souligne qu'elle n'est pas coutumière de ce genre de familiarité. Confus, Bouchard bat en retraite. Jusqu'à ce jour, l'usage rigoureux du vouvoiement est resté une particularité de leur amitié.

Coproduite par le TNM – alors sous la direction de Lorraine Pintal depuis deux années – et le théâtre du Trident de Québec, *Le voyage du couronnement* est une sorte de métaphore de la société québécoise des années 50. Elle met en présence des membres de l'élite québécoise invités au couronnement de la reine Élizabeth II, à Londres. Conviés à un événement mondain de haut prestige, ceux-ci voguent en réalité vers leur destin. Sur le pont de l'Empress of France, chacun projette sa vision désenchantée d'un monde hanté par les souvenirs récents de la Seconde Guerre mondiale et paralysé par l'immobilisme d'un système politique québécois. Dans ce chassé-croisé à la fois tragique, cocasse et fertile en rencontres improbables, l'auteur façonne des personnages en quête d'identité mais dont la vie est perturbée par des drames familiaux, des crises de conscience et l'angoisse de l'inconnu.

Monique Leyrac incarne Alice Gendron, l'épouse d'un diplomate canadien en mission officielle. Adoptant un ton ironique, puis de plus en plus dramatique, elle raconte le débarquement raté de Dieppe. Tous les soirs, la comédienne a droit à une salve d'applaudissements à la fin de cette « tirade de l'anarchie », qui deviendra un véritable morceau d'anthologie. Le public assiste, immobile et captif, au récit de cette femme amère, revenue de tout, qui n'a plus rien à attendre ni de la vie ni de personne.

En rétrospective, l'auteur Michel-Marc Bouchard affirme sans hésiter que Monique Leyrac était l'icône rêvée pour porter le texte de la femme hors normes à laquelle il a donné vie dans sa pièce. Son camarade Gérard Poirier, qui jouait le rôle de son mari, abonde dans le même sens : « Elle était impériale, littéralement. Sur scène, elle ne marchait pas, elle planait. Et le public sentait cette présence magnifique, l'accueillait chaque soir avec enthousiasme et grand respect. En privé, continue-t-il, Monique Leyrac était très changeante. Certains jours, on la retrouvait particulièrement enjouée, drôle, familière avec nous tous comme si nous étions des membres de sa famille. Un jour, en tournée, alors que nous jouions dans un collège classique, elle s'était arrêtée pendant une de ses tirades pour houspiller les jeunes spectateurs agités. Elle devait être dans un de ses grands jours !

« D'autres fois, au contraire, elle semblait sombre et distante, préoccupée. Avait-elle décidé que ce rôle au théâtre serait son dernier ? On la voyait alors déambuler silencieusement dans les coulisses comme si elle désirait s'imprégner une dernière fois de l'atmosphère si particulière des planches. Ces jours-là, je n'engageais pas la conversation. Je me contentais d'un "Bonsoir, madame", un peu solennel. Elle devait préparer sa sortie. »

Se retirer ? Maintenant ? Pourquoi ? Après ce retour triomphal au théâtre, d'abord dans un Molière puis dans une création québécoise, on est plutôt en droit d'attendre la suite. Dans quoi la verrons-nous maintenant ? Quel personnage pourra-t-elle nous faire découvrir ? Quelle aventure vivrons-nous en sa compagnie ? « Allons, madame, nous insistons, racontez-nous encore ! »

Mais non, c'est tout ! Bel et bien terminé. Monique Leyrac a choisi la dernière représentation du *Voyage du couronnement* pour tirer sa révérence et mettre un point final à sa carrière. Elle a plus de 65 ans, l'âge de la retraite, répète-t-elle. Et quand on lui rétorque qu'il n'y a pas d'âge de retraite qui tienne pour les artistes, elle répond qu'il n'y aura pas de retour en arrière, qu'elle a pris sa décision, que cette décision est « finale comme dans final ! »

— Du moins, resterez-vous pour nous chanter d'autres choses encore, Madame Leyrac ?

— Je déteste les vieilles chanteuses !

Voilà qui a le mérite d'être clair !

CHAPITRE 26

Le temps qu'il reste

— Mamie, pourquoi on te voit jamais sur les photos ?

— Parce que c'est moi qui les prends, les photos, et que pour prendre de belles images, il faut soigneusement ajuster la lentille et faire une mise au point sur ce que l'on désire photographier. Et pour cela, on doit se tenir derrière l'appareil. Et si l'on est derrière, tu comprends, Renaud, on ne peut pas être devant et apparaître sur la photo.

— Tu aimes ça, jouer avec un Kodak ?

— On ne dit pas un Kodak, qui est une marque de commerce, En français, Renaud, on dit un appareil photo.

Toujours le mot juste. Comme au théâtre. Dire juste, parler juste, jouer juste. Bientôt 25 années qu'elle a quitté les planches mais elle n'a rien oublié. La grande finale, la vraie de vraie, cette fois-là. Une finale qui va se jouer sans éclat, discrètement, quasi mystérieusement.

Elle commencera par voyager beaucoup. Principalement dans les pays hispanophones, Mexique, Costa Rica, Espagne. Elle suivra des cours de langue espagnole. Se passionnera sérieusement pour la photographie, fera de beaux et savants montages, splendides diaporamas qu'elle accompagnera avec un goût exquis de musiques classiques de son choix.

Au retour de ses voyages, elle retrouvera son quartier de Westmount, achètera et revendra ses maisons. Elle se mettra sérieusement aux confitures et au pot-au-feu. Elle prendra soin de ses chères fleurs, elle accueillera dans sa maison sa fille, Sophie, ses amis, les vrais, ceux qui comptent. Certains soirs, elle regardera ses photos de voyage. Surtout, elle jouera à la grand-mère et, de plus en plus, elle s'occupera beaucoup de son petit-fils, Renaud, le cajolera, le gâtera. Puis, tout de même, elle sortira un peu. On la verra au restaurant, au cinéma, parfois au théâtre.

Elle déclinera presque toutes les demandes d'entrevues. Elle évitera les couloirs de Radio-Canada. Elle ne se montrera plus dans les cocktails en ville. On ne la verra ni dans les lancements de disque, ni dans les studios d'enregistrement, ni aux premières, à l'exception de celles de ses amis auteurs et interprètes. Par fidélité.

Puis, elle voyagera moins, ira peu en Europe sauf pour rendre visite à ses amis français, pour aller faire la bise à « Suzannéfred ». Malgré son intransigeance et peut-être même grâce à ce trait de caractère, Monique a su se faire des amis inconditionnels. Fred Mella et Suzanne Avon ont pu en témoigner. L'admiration pour l'artiste, la femme de scène, a parfois été l'élément déclencheur d'amitiés indéfectibles. Prenons pour exemple celle que le comédien Jacques Lavallée lui porte. Quand on lui demande pourquoi il a cette passion absolue pour Monique, il répond tout simplement par ces quelques mots profonds et touchants : « Elle m'a appris à regarder au loin ! »

Quelques récitals de chansons attireront encore Monique. Ceux d'Aznavour, qu'elle ira applaudir. Un soir, après le spectacle, elle ira voir son vieil ami et lui dira gentiment mais clairement : « Ne chante plus, Charles, cela vaut mieux ! » Il sourira gentiment et continuera de chanter. Et elle ira encore l'applaudir.

Puis le public s'éloignera de Monique, le Québec l'oubliera un peu. Et on la redécouvrira. On se souviendra qu'elle fut jadis la grande Monique Leyrac. Une vingtaine d'années après avoir été reçue officier de l'Ordre du Canada, en 1967, elle recevra le Prix des arts de la scène du Gouverneur général et on l'élèvera au rang de chevalier de l'Ordre national du Québec. Lorsqu'on lui attribuera, en 2013, le prix Denise-Pelletier pour l'ensemble de sa carrière, elle dira, dans son discours de remerciement : « Eh bien ! dites-donc, il était temps, vous avez failli me rater ! » Les invités de marque applaudiront et ses amis présents glousseront : « Ah ! notre chère Monique, comme on la retrouve ! »

Un été, un peu par hasard, elle ira visiter l'une de ses sœurs dans les Cantons-de-l'Est. Elle s'y sentira bien. Elle louera une petite maison, cultivera un jardin, y plantera des tomates. À l'automne, elle retournera à Westmount, reviendra dans sa campagne l'été suivant, s'y sentira de mieux en mieux, achètera la petite maison, allongera son séjour. Une autre année, elle vendra la maisonnette et en achètera une nouvelle, beaucoup plus confortable, avec un vaste terrain. Elle le parcourra. Elle y plantera des fleurs, fera des boutures, le peuplera de géraniums.

Elle y recevra ses amis. Pas trop souvent, mais oui, tout de même. Sa fille aussi, et son petit-fils devenu grand. Dans sa campagne, Monique Leyrac soulignera ses anniversaires.

Le 25 février 2019, elle a célébré ses 91 ans.

Épilogue

Au début du printemps, au terme de cette rencontre fortuite à l'épicerie, Monique m'avait promis sa visite pour l'automne suivant. Un soir du début d'octobre, je la vis arriver comme c'était convenu.

La journée avait été chaude. L'air était encore rose et les érables, en flammes. Les insectes bourdonnaient, ne semblant avoir aucune conscience de la fin imminente de l'été. À l'intérieur, le pot-au-feu promis mijotait, répandant une chaleur et une odeur réconfortantes dans la maison. Quand Monique porta un toast à la vie avec ce bien nommé Saint-Amour qu'elle nous avait offert, j'eus le pressentiment que la soirée serait magique.

Et Dieu qu'elle le fut !

Comme elle l'avait déjà fait par le passé, notre invitée nous raconta sa vie en y ajoutant des détails inédits. La soirée s'écoulait lentement. Le vin aussi. On ouvrit une autre bouteille qui connut le même sort que la première. Infatigable, notre amie continuait à se raconter simplement, sans gêne, avec moult détails, de sa voix aux inflexions uniques, joliment traînante.

La conversation revenait régulièrement sur cette décision qu'elle avait prise et à laquelle elle n'avait jamais dérogé depuis plus de 25 années : ne plus chanter, ni en public ni en privé. Je revenais à la charge, incapable de me résigner à ne plus l'entendre autrement que par l'entremise d'enregistrements.

— Un fantasme, rigolait-elle doucement. Tu veux revivre un fantasme. Mais je te l'ai déjà dit : je désire que l'on se souvienne du meilleur de ce que j'ai été, pas d'une vieille chanteuse. Pourquoi s'accrocher ?

— Mais, Monique, pour nous trois seulement, dans la moiteur du soir.

Pour toute réponse, elle éclata de rire et se versa un dernier verre de vin.

C'est alors que, sans arrière-pensée, mû par un mécanisme inconscient, une sorte de réflexe musical, je me dirigeai vers le piano et commençai à jouer les premières mesures de cette fameuse chanson qui, jadis, nous avait tous ensorcelés, *Pour cet amour*. Mine de rien, je modulai vers sa tonalité…

Et le miracle se produisit.

Comme elle l'avait fait des milliers de fois depuis ses débuts, tranquillement, posément, Monique se leva et s'approcha de l'instrument. Elle se mit bien droite, redressa la tête, ferma les yeux, et d'une voix aussi puissante et assurée que dans ses grandes années, elle chanta pour deux auditeurs émus aux larmes, dans le silence de la nuit qui tombait. Elle chanta comme la grande artiste qu'elle avait été, qu'elle était encore et qu'elle sera toujours.

Debout !

En commençant la rédaction de ce livre, j'avais le sentiment de partir en promenade, d'entreprendre une sorte de randonnée pédestre agréable, en compagnie d'une femme que j'admirais à maints égards. Quelques années plus tard, avec le recul, je me rends compte que le cheminement a été plus ardu que je ne l'avais prévu, la route plus rocailleuse, les paysages plus spectaculaires, ma compagne de route décidément plus insaisissable et complexe que ce que j'aurais cru d'emblée.

Monique Leyrac est en quelque sorte un morceau de notre patrimoine, la « voix poignante d'un peuple », pour citer Marcel Dubé. On n'a pas fini d'évaluer la portée historique de son apport, son influence auprès des Québécois entre les années 60 et 90. Bien que discrète sur ses convictions politiques profondes, elle a prêté sa voix aux poètes de son pays et incarné les aspirations de tout un peuple. Hors des frontières du Québec, au Canada et ailleurs dans le monde, elle a su, par sa seule présence sur scène, répondre aux interrogations que l'on se posait sur nous-mêmes. Dans la mouvance de la Révolution tranquille et de la prise de conscience des Québécois comme peuple distinct, Monique Leyrac a joué, à ce moment précis de notre Histoire, un rôle majeur.

Remerciements

JE VEUX REMERCIER SINCÈREMENT CELLES ET CEUX QUI m'ont soutenu dans cette aventure.

Tout d'abord, Monique Leyrac elle-même, qui a passé de longues heures à fouiller ses archives et sa mémoire.

Sa fille, Sophie Gironnay, qui m'a permis de réajuster le tir en cours d'écriture en m'informant de points de vue et de faits nouveaux sur la vie de sa mère.

Celles et ceux qui m'ont précisé leur rôle dans la vie et la carrière de Monique :

Marie Bernard, Michel-Marc Bouchard, Denis Chartrand, André Gagnon, Denis Larochelle, Jacques Lavallée, Jean Marchand, Yvan Ouellette, Lorraine Pintal et Luc Plamondon.

Celles et ceux qui m'ont fourni des renseignements ou qui ont lu les premières versions du texte :

Jacques Godbout qui, le premier, a pris connaissance de ce que j'avais écrit.

Lucie Boileau, Hélène Cabana, Jacinthe Dompierre, Rachel Dompierre, François Douville, Louise Forestier, Louise Fortin, Mario Girard, Monique Giroux, Céline Grosleau, François Guérin, Claude Laporte, Jean-Pierre Lefebvre, Diane Maheux, Mouffe et Anne-Marie Voyer.

Mes quatre enfants, Fred, Violaine, Jeanne et Philippe.

Un gros merci à Lucie Bourgouin pour l'obtention des droits de reproduction des extraits de chansons.

Et un merci tout spécial à Éric Fourlanty, qui a guidé mes pas dans le dernier droit, avant la publication de ce livre.

Table des matières

Cet ouvrage a été achevé d'imprimer en mars 2019
sur les presses de Marquis, à Montmagny (Québec)

RECYCLÉ
Papier fait à partir
de matériaux recyclés
FSC® C103567
FSC
www.fsc.org